矿山法城市隧道渗流场演变及防排水问题研究

STUDY ON THE EVOLUTION OF SEEPAGE FIELD AND THE WATERPRO OF AND DRAINAGE OF THE URBAN MINED TUNNEL

李　铮　郭德平　张明金　仉文岗 ■ 著

重庆大学出版社

图书在版编目(CIP)数据

矿山法城市隧道渗流场演变及防排水问题研究/李铮等著. --重庆：重庆大学出版社，2020.3

ISBN 978-7-5689-2064-3

Ⅰ.①矿… Ⅱ.①李… Ⅲ.①城市隧道—渗流—演变—研究②城市隧道—防水—研究③城市隧道—排水工程—研究 Ⅳ.①U459.9

中国版本图书馆 CIP 数据核字(2020)第 044512 号

矿山法城市隧道渗流场演变及防排水问题研究

李 铮 郭德平 张明金 仉文岗 著

策划编辑:林青山

责任编辑:李定群　　版式设计:林青山

责任校对:谢 芳　　责任印制:赵 晟

*

重庆大学出版社出版发行

出版人:饶帮华

社址:重庆市沙坪坝区大学城西路 21 号

邮编:401331

电话:(023) 88617190　88617185(中小学)

传真:(023) 88617186　88617166

网址:http://www.cqup.com.cn

邮箱:fxk@cqup.com.cn (营销中心)

全国新华书店经销

重庆升光电力印务有限公司印刷

*

开本:787mm×1092mm　1/16　印张:9.75　字数:245 千

2020 年 3 月第 1 版　　2020 年 3 月第 1 次印刷

ISBN 978-7-5689-2064-3　定价:59.00 元

序

由李铮博士等人费心撰写的这本著作《矿山法城市隧道渗流场演变及防排水问题研究》即将出版，承李铮博士的邀约，要我为本书作序，我乐意效劳。

众所周知，我国基建工程大力发展，被誉为"基建狂魔"。鉴于隧道工程具备隐蔽性和节约地面空间的特点，已出现了越来越多的大型城市隧道。其中，矿山法施工工艺成熟，造价可控，因此成为市政交通工程中的首选，但随之出现的水害问题却时常困扰市政工程管理者和隧道设计人员，也在很大程度上增加了建设风险和难度，降低了城市隧道的运营寿命。

本书针对富水区城市隧道全寿命周期渗流场演变规律和防排水问题介绍了多种研究方法，为研究人员提供了很好的研究思路。文中的研究内容系统且完整，涵盖了施工期和运营期的渗流场特性、排水量和水压力主要影响因素与计算方法，对矿山法城市隧道的设计和运营具有重要意义。

我喜见本书的出版，能够对我国城市隧道建设贡献一点绵薄之力。

长江学者奖励计划特聘教授

国家杰出青年科学基金获得者

2020 年 3 月 20 日

前 言

隧道工程能够有效提升地下空间的利用率，对降低城市环境污染、保证机动车低能耗、提高交通安全高效运营性具有积极作用。随着"绿水青山就是金山银山"环保理念的深入，城市隧道已成为我国城市低碳生活的标志之一。

在我国隧道工程大力发展的同时，引发的安全问题也不容忽视，尤其对矿山法城市隧道，涉及其结构安全、防排水体系、地质条件等多方面的影响因素均需要具体考虑。通过对我国发生安全问题的57座隧道调查统计后发现，除人为因素引起的质量问题外，水害对隧道工程安全影响高达58%。因此，解决隧道渗漏水问题成为保证矿山法城市隧道运营安全和长期运营稳定的关键。

对于具体工程而言，矿山法城市隧道不同阶段所处的渗流场环境也各不相同。若管理人员对隧道围岩-支护体系服役状态判断不清，会大大影响隧道防排水的方案设计和评价效果。因此，本书主要针对矿山法城市隧道渗流场演变及防排水问题的研究方法和取得的研究成果进行阐述。

本书主要分为7章：第1章对本书的研究意义进行了详细介绍，并对国内外相关研究成果进行了调研和整理，获取了其中存在的主要问题；第2章介绍了在渗流场环境中的矿山法城市隧道的主要研究方法，包括流固耦合的基本原理、涌水量预测模型的建立方法、室内试验系统的成套建立方式和理论推导的具体过程；第3章通过有限元模拟对矿山法隧道施工期围岩-支护体系特征及渗流场影响范围进行分析，得出了隧道开挖步对围岩-支护体系的影响，并明确了隧道施工期渗流场的影响范围；第4章从相似材料的确定、试验系统的研制等方面详细介绍了施工期隧道涌水量预测模型试验；第5章对不同影响因素下的运营期隧道渗流场分布进行了详细分析，包括不同注浆圈和特殊地层的影响；第6章介绍了矿山法城市隧道运营期排水量和水压力的关系，结合围岩-支护结构精细化模型和气象因素，分别对高、低水位隧道运营期排水量和二衬外水压力进行理论推导，提出了一种全新的（半）解析方法；第7章初步介绍了在渗流场环境中的隧道工程是如何建立长期监测的，并调研若干具有代表性的隧道工程长期监测系统。

限于编者的水平，书中疏漏之处在所难免，敬请广大读者批评指正！

著 者

2019年11月

目 录

第1章 综 述

1.1 问题的提出

随着我国经济的不断发展,原有的交通系统已难以满足日益增长的交通量需求,造成地面交通拥堵,运行效率低下[1]。隧道工程作为地下空间的一种有效利用形式,在提高土地利用效率、缓解地面交通、减少环境污染、保持城市历史文化景观等方面都具有十分显著的作用,已成为现代化交通建设的重点[2-3]。依据隧道位置可将其分为以下三大类:为缩短距离和避免大坡道而从山岭或丘陵下穿越的山岭隧道[4];为穿越河流或海峡而从河下或海底通过的水下隧道[5];为完善城市路网结构、缩短城区间距离而在城市地下穿越的城市隧道[6]。我国近年来加快了修建城市隧道的步伐,尤其在寸土寸金的大中城市,城市隧道大大提高了土体利用率,降低对环境的污染,机动车在隧道内高速度、低能耗和安全高效地运营成为低碳生活的好榜样[7]。此外,各城市,特别是一些重要的政治、经济、文化中心城市,对民防的要求较高,城市隧道不失为一个平战结合的好方案[8]。

城市隧道尽管与铁路隧道、公路隧道有许多共同点,但考虑其使用功能的多样性和地理位置的特殊性,城市隧道也存在一些显著特点[9]。由于受地形、城市规划用地及既有构(建)筑物的限制,城市隧道通常埋深较浅[10],为保证既有线路的畅通和地面建筑的正常使用,又无法采用明挖法施工[11-12],其空间位置和平面位置均难以满足现有的公路和铁路隧道设计规范的要求,线间净距甚至只有 10 m 左右,如深圳梧桐山隧道[13]、重庆朝天门隧道[14]等。同时,城市交通量较大,为避免交通瓶颈现象,城市隧道常选择大断面甚至特大断面修建,从经济角度考虑,其高度不宜增加太多,这样的扁平大断面隧道受力较差,导致设计和施工难度增加[15],加之城市隧道运营管理设施复杂、出入口通道较多、外观要求高等特点,大型地下互通立交应运而生。因此,矿山法是城市大型地下互通立交隧道的首选工法[6,16]。

隧道工程的蓬勃发展面临着越来越多的问题,涉及结构安全、防排水体系、地质条件、环境保护及通风照明等多方面因素,由此可能导致在隧道工程施工期与运营期间发生安全隐患[17-18]。在对我国施工期间初期支护发生安全问题的 57 座隧道进行统计后发现,除人为因素引起的施工质量问题外,水害问题(地下水、降雨等)对隧道工程安全影响最为普遍[19-21],由地下水引发的安全问题占隧道总数的 58%。隧道长期渗漏水,可能导致隧道外地下水大量流失、地下水位下降、地表水源枯竭,伴随着水土流失、植被破坏、地面塌陷等发生[22-24];对于隧道结构而言，渗漏水易造成衬砌变形、拱顶塌方、加速锚杆和拱架的腐蚀[25]，同时侵蚀隧道内附属设施；此外，路面积水还会使行车环境恶化，影响行车安全，破坏路面质量。由此可见，解决隧道渗漏水问题将有助于隧道结构安全、延长其使用寿命、保护周围生态环境，隧道防排水已成为影响工程成败的关键因素。而根据城市隧道所处的特殊地理环境和使用功能要求，需配置通风、照明、交通监控、有线广播和无线通信系统的各种电缆、电线和设备，洞内保持干燥才能确保各种仪器、仪表的正常使用，这也是城市隧道防水标准远高于公路、铁路隧道的关键原因[26-28]。

针对具体工程，考虑其所处位置受复杂的水文地质条件影响，隧道建设各个阶段的地下渗流场也不尽相同，导致难以有效判断隧道围岩-支护体系的实际状态，这极大地影响了隧道的防排水效果，甚至关乎隧道的使用寿命。此外，隧道渗流场和防排水问题也牵涉地下水与周边环境的共生协调，应结合项目自身及周边环境的特点有针对性地展开研究。如何有效做到地下水的适量排放与衬砌结构安全性、经济性的合理统一，如何掌握隧道施工各阶段地下渗流场的演变，如何预测隧道施工期涌水量，如何判断施工及运营期隧道渗流影响范围等问题均亟待解决[29-32]。

基于此，本书拟开展矿山法城市隧道渗流场演变及防排水问题的相关研究，从施工期到运营期，对隧道存在的主要水问题进行系统论述，剖析施工各阶段地下水渗流规律和涌水量预测等问题，探讨隧道渗流场影响范围及其主要影响因素的作用，分析隧道排水系统排水量与围岩-支护结构承受的水压力之间的关系，对保障工程安全具有重要的指导作用与实际意义。同时，可将研究成果推广应用于地下水控制严格的矿山法城市隧道设计及施工中，加快我国在隧道工程防排水系统和防水衬砌设计方面的发展，应用前景广阔，并为未来制定规范提供理论和实践依据，继而为国家节约大量投资，其社会效益和经济效益是巨大的。

1.2 国内外研究现状

对地下水环境控制严格的大型矿山法城市隧道，尤其在一些富水环境中，考虑地质条件复杂且地下水渗流通道发达，开挖极易形成新的泄水通道导致地下水聚集，直接关系隧道的安全施工和使用寿命，也会对周围环境造成较大的影响。目前，关于类似富水地层中修建隧道各阶段渗流场变化情况以及隧道防排水问题等相关研究主要集中在定性方面，采用的研究方法主要包括理论分析、数值模拟、模型试验以及现场监测等，其内容主要包括隧道渗流场计算分析、隧道涌水量预测和隧道水压力等方面。

1.2.1 隧道渗流场相关研究

国内学者对隧道渗流场相关问题进行了大量分析研究，卓越等[33]通过现场实验和 FLAC 数值模拟计算，研究隧道埋深、施工工序、围岩松动圈渗透系数等关键因素对连拱隧道地下水渗流场的影响，提出特殊地段的注浆加固措施。吴金刚[34]结合现场测试数据，利用复变函数、“圆岛模型”等解析方法研究了均匀介质中稳定流的渗流场，推导出高水压岩溶隧道周边地层水压分布规律的计算表达式。任文峰[35]基于复变函数保角变换法，总结推导出承压地下水隧道开挖后稳定渗流场分布公式,为隧道注浆加固提供理论基础。杨志锡等[36]通过解析方法推导出圆形坑道二维稳定渗流场中流量、水头及流函数公式。杜朝伟等[37]以复变函数和地下水水力学理论为基础,推导出由围岩、注浆圈、衬砌混凝土组成的水下隧道渗流场计算公式,并结合现场实测数据对堵水限排情况下的衬砌水压力取值提出建议。耿萍等[38]运用离散元理论建立垂直交叉节理岩体模型,研究富水区节理岩体中隧道开挖渗流场重分布的影响因素,并分析得出开挖前后隧道渗流水压力变化的原因,为进一步研究隧道及围岩稳定性提供参考。严绍洋等[39]根据隧道工程现场地质条件与隧道设计参数,利用 $FLAC^{3D}$ 流固耦合模块对饱水状况下隧道开挖过程中渗流场分布情况进行研究,提出了富水地层隧道的适宜性设计。赵瑞等[40]采用 Visual-modflow 软件对岩溶地区隧道施工阶段及运营期地下水渗流场分布进行模拟分析,并通过现场测试验证了渗流场数值计算的可靠性。蔡臣等[41]利用 Visual-modflow 软件建立隧道局部典型区域渗流场模型,分析得到了高渗透性地层隧道最大渗流速度和压力水头。华福才[42]基于考虑初衬和注浆圈的解析解,利用 MATLAB 和 $FLAC^{3D}$ 软件分析作用水头、隧道半径、围岩和衬砌渗透系数与隧道涌水量、外水压力的相互关系,为隧道衬砌设计和注浆参数设计提供了参考依据。李德等[43]利用数值模拟软件分析全排水、注浆堵水和盲沟排水 3 种工况下隧道开挖后地下水渗流场变化规律,为隧道排水设计提供了一定的参考。贾善坡等[44]通过建立有限元损伤数值分析模型,得到了考虑开挖过程围岩损伤以及应力场耦合效应下隧道渗流演变规律,为进一步分析渗流过程水力耦合特性提供了理论基础。黎春林等[45]基于渗流场和温度场控制方程及边界条件的相似性,将 ANSYS 温度场分析功能用于研究盾构隧道施工渗流场分布特点,进一步开发渗流力计算模块研究其对隧道结构及临近土层的影响。刘福胜等[46]假定圆形隧道周围存在各向同性的径向稳定渗流场,理论推导了地下水渗透压力分布规律,并结合实例证明渗透压力分布具有非线性特征。张社荣[47]、李海枫等[48]分别通过三维有限元渗流计算、三维渗流网络搜索及恒定流分析程序等方法研究裂隙岩体渗流场分布规律。在国外专家学者的研究中,Bouvard[49]假定地下水在隧道周围径向流动,从而推导出渗流计算公式。Strelsova[50-51]提出双重介质渗流模型,认为裂隙中的水流是水平流,岩体中的水流是垂向流,并推导出承压含水层中渗流偏微分方程。Chapuis[52]采用类似于蓄水池和管道的有限元单元进行复杂边界条件下地下水渗流场数值模拟,并利用抽水试验、变水头渗透试验等例子证明其适用性。

1.2.2 隧道涌水量相关研究

对隧道涌水量的预测,尹士清[53]采用古德曼公式、裘布依公式等多种解析理论预测以裂隙构造水为主的长大深埋隧道的涌水量,通过与施工期实测涌水量对比得出各预测理论的准确度。熊浩等[54]采用复变函数解决孔口问题的基本方法,对土体进行共形映射坐标变换,根据层间流量相等原则,理论推导出深埋海底隧道渗流量和衬砌周边水头的解析表达式。林传年等[55]认为岩溶地区隧道涌水量估算需在区域岩溶水动力分带等水文地质分析基础上进行方法优选,由此提出了岩溶地区合理的涌水量预测公式,并通过实际工程进行验证。徐帮树等[56]通过马卡斯特经验解析法和数值模拟法计算隧道涌水量,对比得出两种方法的适用情况。成建梅等[57]以某火山岩体围岩隧道为研究对象,分析了隧道区蓄水构造类型与隧道涌水特征,运用多种解析方法和数值模拟方法对隧道区典型断层带涌水量进行了计算,并与实测数据进行了对比,总结出各种方法的适用性。房倩等[58]采用数值方法,对不同边界条件下的山岭隧道和海底隧道开挖后渗流场进行研究,得到了基于各向同性渗透系数下圆形隧道稳定渗流的涌水量解析解。郭牡丹等[59]利用 FLAC^{3D}建立与实际相符的三维涌水量数值模型,研究得出基于流固耦合理论的隧道涌水量预测方法,为富水区隧道设计和施工提供重要参考。王纯祥等[60]考虑降雨渗透补给、初始地下水位等影响,利用地理信息系统(GIS)和 FLAC^{3D}建立三维数值模型,对隧道开挖阶段和运营期涌水量进行时空预测和分析,并提出一种环境影响评价方法。陈英姿[61]采用 Modflow 软件对水文地质条件进行拟合,建立岩溶地区隧道渗流场三维数值模型以预测隧道涌水量,并结合水文地质比拟法等理论,对比得出隧道涌水量大小。李豫馨等[62]利用 MATLAB 程序对 Visual-modflow 地下水模拟软件进行二次开发,将施工过程视为动态变化的边界条件,从而动态模拟理想条件下的隧道涌水量,为隧道施工过程涌水量预测提供理论参考。王媛等[63]通过理论分析,提出以断裂控水模型宏观预测为基础的多因素综合评价方法,在预测隧道涌突水位置时结合地热、地应力等条件采取多因素评判法进行修正,同时,该方法有利于预测隧道总涌水量。

基于以裘布依公式(1875)[64]为代表的稳定渗流理论和以泰斯公式(1935)[65-66]为代表的非稳定渗流理论,国外学者提出了许多隧道涌水量预测表达式,如日本的佐藤邦明公式[67]、落合敏郎公式[68];苏联的科斯嘉可夫公式、吉林斯基公式和福希海默公式等[69]。Muskat[70](1937)首次理论推导出地下水流问题解析表达式,Jacob(1955)基于此求解得到跨越不同地层的地下水流量[71];Carslaw[72](1959)推导出隧道涌水量解析计算式;Stohlman(1965)基于水文学理论,运用数值分析法求解含水地层渗透系数[73];Klute(1965)成功推导出非线性水文流体解析式;Rubin(1968)、Knnehko(1975)、Witherspoon(1981)等先后提出地下水渗流公式[74];Meiri(1985)利用有限元法得到地下水流动计算模型[75-76];Barton[77](1985)考虑多场耦合作用,对特殊地层隧道涌水量进行研究;Heuer[78](1995)以经验公式结合现场测试结果对隧道涌水量进行了预测;Hwang[79](2007)利用经典地下水理论和 convolution-deconvolution 理论,将地下水问题转换为恒流问题,提出了一种半解析法分析隧道涌水量。

1.2.3 隧道水压力相关研究

对隧道结构影响最直接的是水压力的作用,针对隧道水压力相关研究,张祉道[80]应用半经验半理论方法详细推导了有帷幕注浆时隧道衬砌水压的计算公式,举例说明了抗水压衬砌水压力计算方法。丁浩等[81]通过相似模型试验,研究水头高度与外水压力和折减系数之间的关系,认为工程类比时水头高度的相似关系为平方关系。崔岩[82]、刘立鹏等[83]分别通过模型试验、水岩分算等研究隧道衬砌外水压力折减系数的取值方法。高新强[84]利用模型试验和理论分析方法,研究深埋高地下水位铁路隧道围岩、注浆圈、衬砌背后水压力分布规律,归纳得出水压力作用系数的概念,为相似工程设计提供参考。张民庆等[85]通过某岩溶隧道水压力实测数据,研究隧道初始水压力值的影响因素及注浆后水压力变化情况,为岩溶隧道堵水治理提供参考。张鹏[86]利用水土共同作用模型试验台架系统和光纤光栅应变测试系统,通过模型试验得到了注浆圈外及衬砌背后水压力在不同排水方式和水头高度下的分布变化规律,为海底隧道结构设计提供试验基础。宋凯等[87]利用自行设计隧道试验模型及其渗流场水压力测试装置系统,研究不同介质、不同防排水条件下隧道修建过程中衬砌背后水压力的变化规律,得到隧道结构水压力折减系数的影响因素。汪优等[88]建立关于隧道稳定渗流场的流固耦合计算模型,用以研究海底隧道的排水量、水压力等问题。许金华等[89]采用ABAQUS有限元软件对施工期盾构隧道围岩及主体结构的渗流场和应力场进行流固耦合分析,得到了高水压作用下隧道围岩和主体结构的受力特征。王志杰等[90]利用基于等效周长替代原理的轴对称解析法以及有限差分 $FLAC^{3D}$ 软件,研究在不同衬砌渗透系数、不同注浆半径和不同衬砌厚度情况下,方形隧道衬砌水压力、渗透量、内力、偏心距以及安全系数,为探索方形隧道断面衬砌水压力及内力分布提供参考。李鹏飞等[91]采用理论分析和数值模拟方法,研究了海底隧道注浆加固区的合理参数,并理论推导得到隧道水压力的计算公式。

国外学者 Bober[92-93]通过建立有水和无水围岩中衬砌应力的解析模型,开创性地研究了不同渗流量下衬砌结构的内力。Lee 和 Nam[94-95]通过数值模拟和模型试验,研究越江隧道支护结构承受的水压力大小。结果表明,在采用透水垫层持续排水的情况下,支护结构仍承担约等于 20% 静水压大小的渗流水压力。Nam 和 Bobet[96-97]对深埋水下排水隧道渗流场进行研究,得到衬砌渗流水压分布规律。

通过上述对国内外大量文献调研可知,现阶段关于隧道渗流场及防排水的相关问题,研究方向广泛、手段丰富,并已取得了一定的成果。但针对施工期及运营期隧道渗流场演变、涌(排)水量与衬砌背后水压力间的关系等关键问题涉及较少,研究不够系统。

1.3　存在的问题

截至目前,国内外针对矿山法城市隧道渗流场演变及防排水等相关问题的研究不够深入,也并未在施工期和运营期形成系统的研究成果,对以下方面仍需做进一步深入研究:

①隧道开挖的各个阶段,地下渗流场会随之改变,围岩-支护体系受力状态尤其复杂,现有文献对此涉及甚少,有必要对矿山法城市隧道施工过程中的流固耦合问题开展相关研究,剖析开挖步对围岩-支护体系的影响及施工过程中的渗流影响范围等关键问题。

②富水区隧道施工过程中极其易产生涌突水问题,为保证隧道及施工人员安全,预测施工期隧道涌水量格外重要,已有的预测方法多以经验或类比法为主,预测误差较大,不利于隧道设计和施工,有待进一步探讨。

③判断运营期隧道渗流影响范围,分析其主要影响因素,进而较为准确地分析地下水对围岩-支护体系的影响程度,才能找到有效治理渗漏水的方法,而现有文献所述有限,难以有效解决该问题;注浆加固是隧道修建的常规辅助手段,尤其在富水区修建隧道,其优越的防渗性能往往成为工程顺利施工的保障,但注浆圈渗透性能对隧道水压力和渗流状态的影响目前尚无定论。

④控制型防排水技术通过主动控制隧道运营期排水量,调节二衬外水压力,是富水地区隧道防排水措施的最优选择,而分析隧道运营期排水量和二衬外水压力的关系也成为隧道设计中的关键问题,进一步探明该问题,对提升隧道耐久性、延长其使用寿命有较大帮助。

第 2 章 矿山法隧道渗流场、涌水量及水压力研究方法

对矿山法城市隧道渗流场的研究方法通常采用流固耦合进行模拟，涌水量可采用模型试验的方式进行模拟，水压力可通过流固耦合结合理论推导的方式进行分析。以上研究方法相辅相成，从隧道施工阶段至运营期间，针对矿山法城市隧道渗流场演变及防排水问题开展深入研究。本书以深圳某大型地下立交工程为依托，其主要研究方法如下：

2.1 依托工程

深圳某大型地下立交工程位于深圳市罗湖区，地处梧桐山以西，西起爱国路立交，毗邻深圳水库，由主隧道及匝道组成，双线并列布置，按城市快速路标准设计。主线（南线、北线）采用双向六车道，设计车速 60 km/h，其路线大致为东西走向，西起布心路，于深圳水库大坝下游穿越东湖公园，以隧道形式与东部过境高速近期实施段相接，于东、南向匝道分岔口以西采用双向四车道与布心路相连接。分岔口往东南设置两个单向两车道的东、南向匝道，设计车速 50 km/h，其中，东向南与现状沿河北路相接，南向东接入主隧道（见图 2.1）。

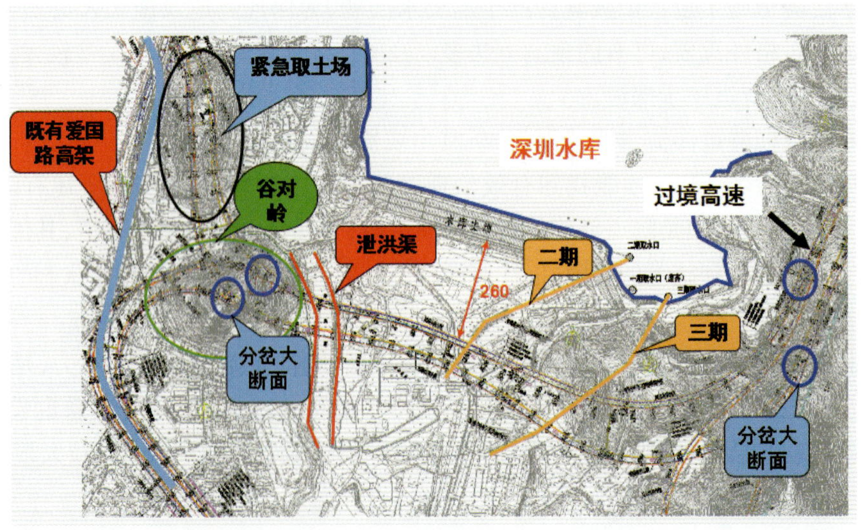

图 2.1　深圳某大型地下立交工程概况图

本工程为大型地下互通立交，隧道全线（双线）总长约 8.6 km，沿线穿越输水管线、泄洪渠、谷对岭（含人防工事）等重要节点，与布心路及沿河北路搭接段市政设施复杂，有高压电缆隧道、低（中、高）压燃气管道、供（排）水管道、排洪箱涵以及通信光缆、交通控制电缆等通过。隧道沿线微地貌发育主要为低山丘陵、冲洪积平原、山间凹地以及冲洪积台地地貌，地势起伏较大（见图 2.2）。隧址区以第四系全新统人工堆积层、冲洪积层、石炭系变质岩层和构造岩为主，大部分区段为Ⅴ，Ⅵ级围岩，具有广东地区典型的上软下硬地层特点，裂隙发育，地层渗流通道发达，开挖极易形成新的泄水通道导致地下水聚集。此外，场区内有多条规模不等的断层通过，隧道施工可能诱发较大的涌突水灾害。

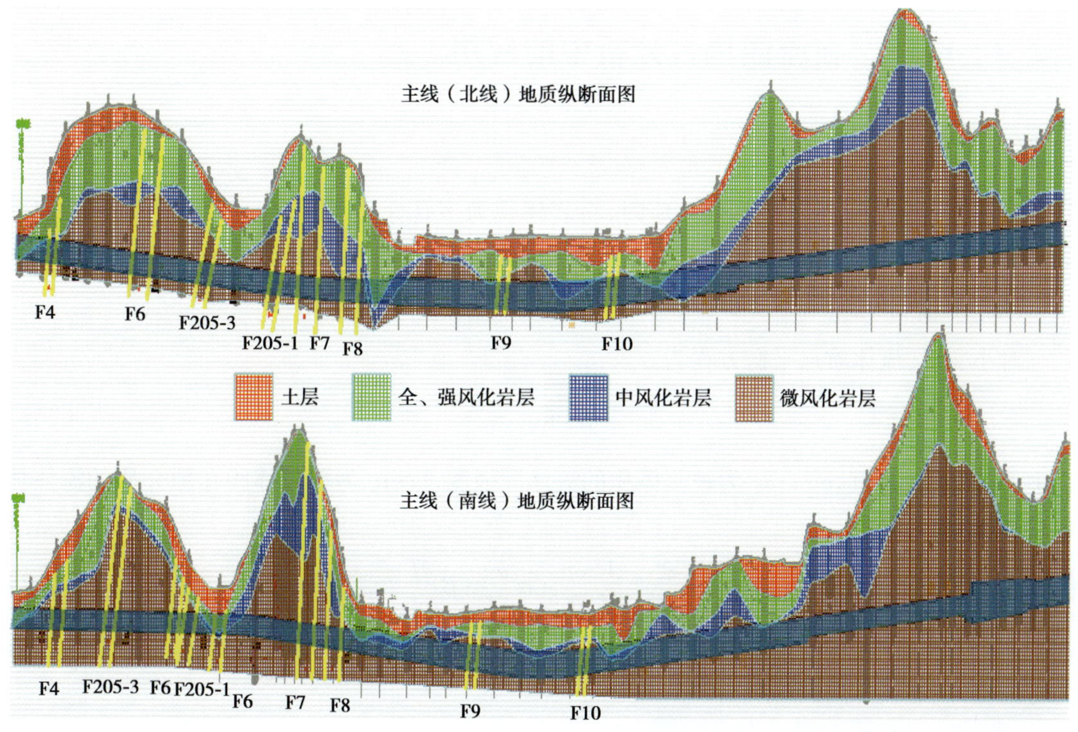

图 2.2　隧道主线地质纵断面图

隧道工程场地所在位置属深圳河流域，深圳河及其支流莲塘水是深圳市与香港地区的界河。深圳水库在深圳河上取山形狭峙处拦河筑坝而成，属中型水库，总库容 4 496 万 m^3，正常库容 3 348 万 m^3，常年蓄水，水库水位标高约 26.2 m，水库警戒水位标高为 27.6 m。隧道全线位于水库水位之下，隧址区水文地质条件复杂，工程主体段距深圳水库大坝最近处距离为 260 m，工程设计难度大，通行运营管理要求高，工程规模、复杂程度及设计施工难度均属国内城市隧道之首。

2.2　流固耦合研究方法

2.2.1　有限差分法理论

有限差分法（FDM）是计算机数值模拟最早采用的方法之一[98-99]。该方法将求解域划分为差分网格,用有限个网格节点代替连续的求解域。有限差分法以 Taylor 级数展开等方法,用网格节点上函数值的差商代替控制方程中的导数进行离散,从而建立以网格节点上的值为未知数的代数方程[100]。

美国 ITASCA 公司推出的 FLAC(Fast Lagrangian Analysis of Continua)快速拉格朗日分析软件,分为用于二维计算的 $FLAC^{2D}$ 和三维计算的 $FLAC^{3D}$ 两个版本。因其求解功能强大、应用范围广泛、结果可靠度高,故现已成为享有盛誉的连续介质力学分析模拟软件[101]。其中,三维显示有限差分软件 $FLAC^{3D}$ 在模拟岩土材料流固耦合方面的应用已得到岩土力学界普遍认可,为模拟岩体内渗流状态提供了有效的分析工具[102-104]。

2.2.2 $FLAC^{3D}$ 在流固耦合分析中的应用

1)基本方程

$FLAC^{3D}$ 计算岩土体流固耦合效应时,将岩体视为多孔介质,流体在孔隙介质中流动依据 Darcy 定律,同时满足 Biot 方程[105-106]。进行流固耦合计算时,主要有以下 4 个方程[107]:

(1)平衡方程

对小变形,流体质点平衡方程为

$$-q_{i,j}+q_{\mathrm{V}}=\frac{\partial\zeta}{\partial t} \tag{2.1}$$

式中,$q_{i,j}$ 为渗流速度,m/s;q_{V} 为被测体积的流体源强度,1/s;ζ 为单位体积孔隙介质的流体体积变化量,则

$$\frac{\partial\zeta}{\partial t}=\frac{1}{M}\frac{\partial p}{\partial t}+\alpha\frac{\partial\varepsilon}{\partial t}-\beta\frac{\partial T}{\partial t} \tag{2.2}$$

式中,M 为 Biot 模量,N/m^2;p 为孔隙压力,Pa;α 为 Biot 系数;ε 为体积应变;T 为温度,℃;β 为考虑流体和颗粒热膨胀系数,1/℃。

(2)运动方程

流体运动用 Darcy 定律来描述,对均质、各向同性固体和流体密度是常数的情况,该方程为

$$q_i=-k(p-p_f x_j g_j) \tag{2.3}$$

式中,k 为介质的渗流系数,m/s;p_f 为流体密度,kg/m^3;$g_j(j=1,2,3)$ 为重力加速度的 3 个分量,m/s^2;x_j 为 3 个方向上的距离梯度。

(3)本构方程

体积应变的改变引起流体孔隙压力的变化;反之,孔隙压力的变化也导致体积应变的发生。孔隙介质本构方程的形式为

$$\Delta\sigma_{i,j}+\alpha\Delta p\delta_{i,j}=H_{i,j}(\sigma_{i,j},\Delta\varepsilon_{i,j}) \tag{2.4}$$

式中,$\Delta\sigma_{i,j}$ 为应力增量;Δp 为孔隙水压力增量;$H_{i,j}$ 为给定的函数;$\Delta\varepsilon_{i,j}$ 为总应变增量。

(4)相容方程

应变率和速度梯度之间的关系为

$$\varepsilon_{i,j}=0.5\left[\frac{\partial u_i}{\partial x_j}+\frac{\partial u_j}{\partial x_i}\right] \tag{2.5}$$

式中，u 为介质中某点的速度。

2）边界条件

岩土体渗流发生在特定空间流场内，唯一确定该渗流场的条件称为边界条件[108]。基于稳定渗流场的数学模型，确定基本微分方程的边界条件如下：

（1）已知水头边界条件

已知水头边界条件又称第一类边界条件，其表达式为

$$\begin{cases}H(x,y,z)\mid_{\Gamma_1}=\varphi(x,y,z,t)\\(x,y,z)\in S_1\end{cases} \tag{2.6}$$

式中，$\varphi(x,y,z,t)$ 为已知的水头分布函数；S_1 为区域内水头已知的边界集合。

（2）流量边界条件

流量边界条件又称第二类边界条件，其表达式为

$$\begin{cases}k\dfrac{\partial H}{\partial n}\mid_{\Gamma_2}=q(x,y,z)\\(x,y,x)\in S_2\end{cases} \tag{2.7}$$

式中，q 为渗流区域边界上单位面积流入（出）量；S_2 为区域内法向流速已知的边界集合；n 为边界法向方向。

（3）自由面边界和溢出面边界条件

自由面边界条件为

$$\begin{cases}\dfrac{\partial H}{\partial n}=0\\H(x,y,z)\mid_{\Gamma_3}=z(x,y)\\(x,y,z)\in S_3\end{cases} \tag{2.8}$$

溢出面边界条件为

$$\begin{cases}\dfrac{\partial H}{\partial n}=0\\H(x,y,z)\mid_{\Gamma_4}=z(x,y)\\(x,y,z)\in S_4\end{cases} \tag{2.9}$$

式中，$z(x,y)$ 为流场内位置点的高程；S_3、S_4 分别为自由面边界和溢出面边界。

2.3　施工期隧道涌水量预测模型试验研究方法

通过大量配比试验，以控制渗透系数为核心，研制出适用于矿山法隧道渗流试验的围岩、注浆圈、初衬等新型相似材料及其原料配比。同时，利用自主研发的大型施工及运营期矿山法隧道渗流模型试验系统，对注浆圈和初衬在不同渗透系数下，不考虑开挖扰动影响的施工

期隧道涌水量进行预测,并以 Visual-modflow 软件进行数值建模分析,具体研究方法将在第 4 章进行说明。

2.4 运营期隧道渗流场分布及其影响因素研究

首先,利用理论分析和室内模型试验手段对富水区城市隧道渗流场分布规律进行研究,分析注浆半径、注浆圈渗透系数和衬砌渗透系数等可变因素对隧道渗流场的影响;然后,针对渗流影响最直接的地下水头,研究不同高度的动、静作用水头对水压力、排水量及渗流场的影响,对隧道渗流场有较大影响的注浆圈渗透系数,以室内渗流模型试验研究不同注浆圈渗透系数下隧道运营期水压力变化特征,并与施工期进行对比;最后,利用 Visual-modflow 三维可视化渗流软件,分析注浆加固对特殊水文地质条件下(过断层带、下穿泄洪渠段等)渗流场演变的影响。

2.5 矿山法隧道运营期排水量与水压力的关系

首先,针对高水位和低水位隧道运营期排水量及二衬外水压力进行理论推导,对不同注浆圈渗透系数和厚度条件下城市隧道排水量及水压力之间的关系进行理论研究;然后,利用数值模拟($FLAC^{3D}$)手段进行流固耦合分析,对隧道排水系统正常排水和不排水状态下,隧道结构各特征部位水压分布进行研究,剖析主动控制隧道排水量调节二衬外水压的效果,并对每种排水量工况考虑不同的注浆效果以测试其对水压力的影响;最后,以室内模型试验复核有限元分析所得排水量与水压力的关系。

第3章 矿山法隧道施工期围岩-支护体系特征及渗流场影响范围

3.1 隧道开挖步对围岩-支护体系的影响

在富水地区,矿山法城市隧道各施工环节均会对地下渗流场产生不同的影响,这一现实导致了施工期围岩-支护结构的应力状态和水压力特征不同于运营期,易出现围岩大变形、掌子面涌水等不利施工状态。此外,施工工法的选择也对隧道工程施工期安全有重要影响,合理的施工工法主要取决于现场水文地质环境,还需结合开挖断面大小、工期要求、机械设备情况、隧道长度、施工单位技术力量及经济效益等,依托项目综合考虑后决定采用中隔壁法(CD法)进行施工。

3.1.1 计算模型建立

北线里程(BXK0 +998)位于谷对岭北岭地区,以碎裂岩、角砾岩为主,局部存在破碎带,F6 断层小角度斜穿该区域,受区域地质构造影响,构造破碎带中存在裂隙水,隧道所处地层设计围岩等级为Ⅳ级,隧道埋深 59.5 m,地下水位线在地表以下 28.5 m 处,地层从上到下主要为强风化变质砂岩、中风化碎裂岩化混合花岗岩和微风化花岗片麻岩。该里程处隧道断面设计为单向双车道,隧道结构如图 3.1 所示。初期支护采用 C25 混凝土,厚 0.28 m,注浆圈厚 4 m。参考岩土体物理力学性能现场试验结果以及本工程地勘报告,并结合《公路隧道设计规范》(JTG D70—2014)[109]中相关参数的取值,围岩-支护结构计算参数见表 3.1。围岩超前加固区(注浆圈)模拟是将该部位围岩参数近似提高一个级别的方法来实现的。

考虑流固耦合边界效应,计算模型在洞室左右取 4 ~5 倍洞径长度,洞室下侧取约 5 倍洞径,洞室上侧取至地表,以隧道轴线方向为 z 轴,水平面内平行于地表方向为 x 轴,竖直于地表方向为 y 轴,建立模型范围为 120 m×127.36 m×32 m。施工期隧道支护体系仅包含超前加固区、初期支护和 CD 法中的临时中隔壁,计算模型中岩土体选择 Mohr-Coulomb 本构模型,初期支护为 Elastic 弹性模型,除中隔壁建立壳单元外,其余围岩-支护结构均采用实体单元。位移边界条件为模型侧面和底面固定,地表为自由边界,渗流边界条件为模型侧面和底面设置为不透水边界,而将地下水位线处设置为保持不变的透水边界,建立计算模型如图 3.2 所示。

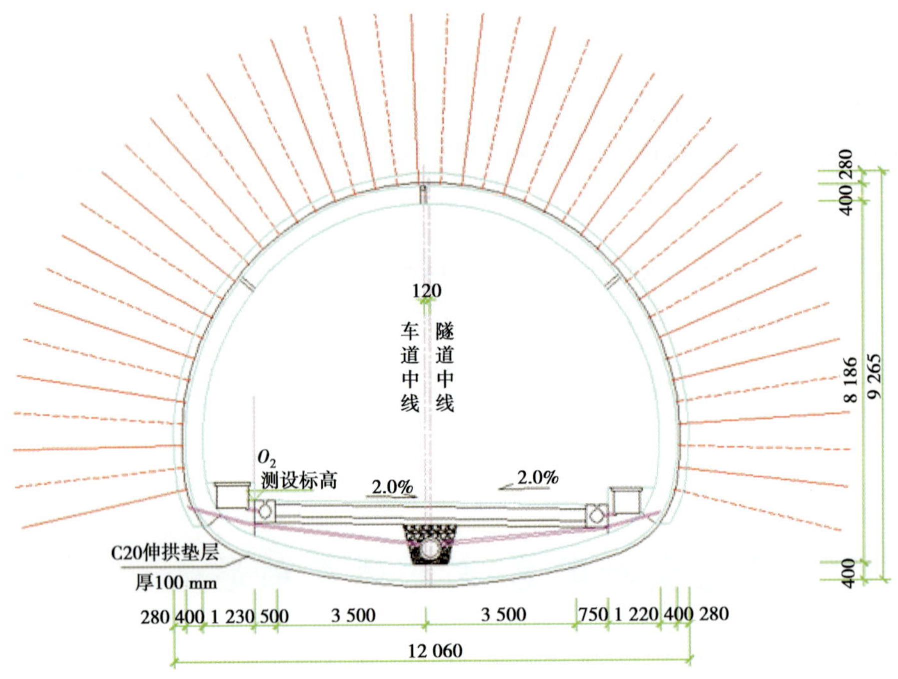

图 3.1　计算选取隧道断面图

表 3.1　围岩-支护结构计算参数

材　料	弹模 E (GPa)	泊松比	内摩擦角 φ(°)	粘聚力 C (Pa)	渗透系数 (m/d)	孔隙率 (%)	干密度 (kg/m³)
强风化变质砂岩	0.52	0.40	28	5×10^{4}	1	0.45	2 100
中风化碎裂岩化混合花岗岩	1.3	0.35	33	0.3×10^{6}	0.1	0.35	2 300
微风化花岗片麻岩	3	0.25	42.8	1.37×10^{6}	0.2	0.3	2 720
超前注浆区	1.56	0.29	39.6	0.36×10^{6}	0.05	0.29	2 720
初期支护	22	0.3	—	—	8.64×10^{-3}	0.2	2 500
临时中隔壁	30	0.2	—	—	8.64×10^{-4}	0.05	2 500

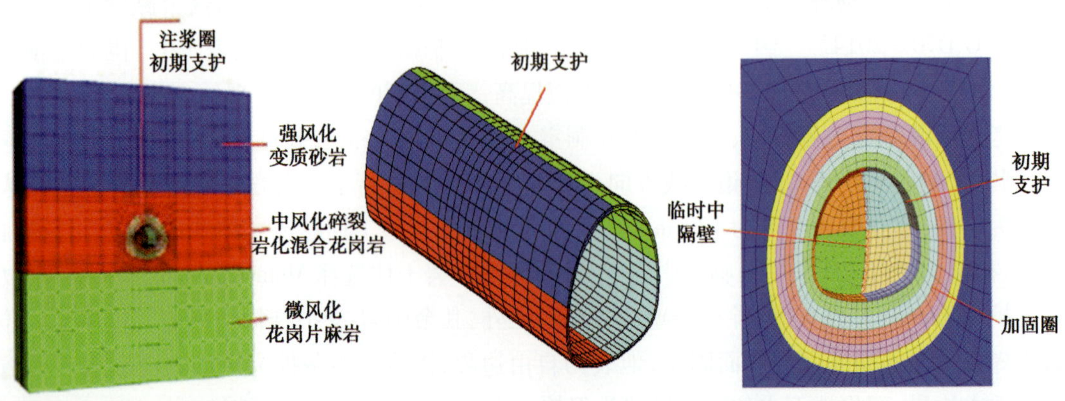

图 3.2　计算模型图

为得到 CD 法开挖时各施工阶段围岩-支护结构的应力、位移、水压力等分布特征，在计算模型中设定隧道轴向的中间面为目标面。为消除边界效应对计算结果准确性的影响，目标面前后均采用全断面一次开挖成型，分别为 15 m 和 16 m，而目标面（即开挖进尺）为 1 m，给出 CD 法开挖步骤，如图 3.3 所示。

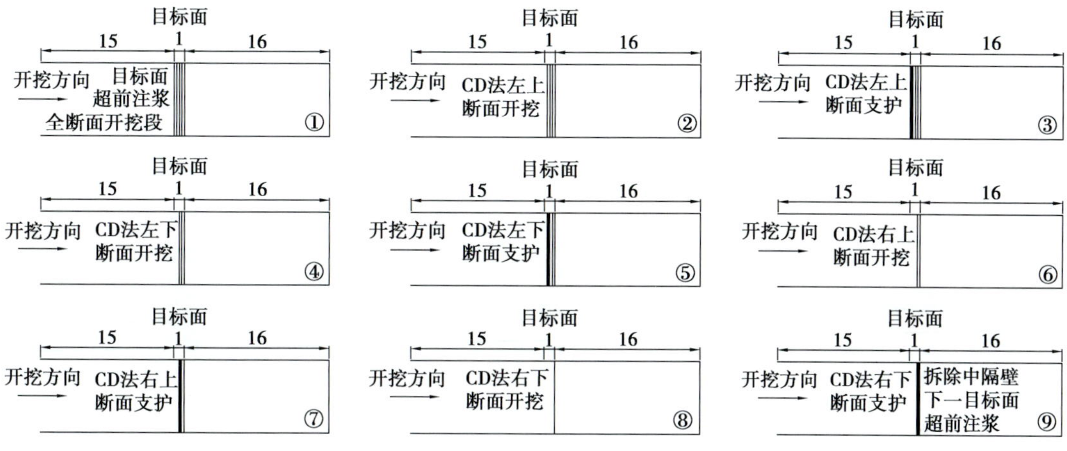

图 3.3 计算时模拟开挖步骤

3.1.2 围岩应力结果分析

为探究隧道围岩-支护结构应力与施工步骤的对应关系，给出 CD 法开挖后目标研究面的围岩主应力云图，如图 3.4 所示。同时，约定图 3.4 中受拉为正，受压为负。各开挖步围岩主应力值见表 3.2。

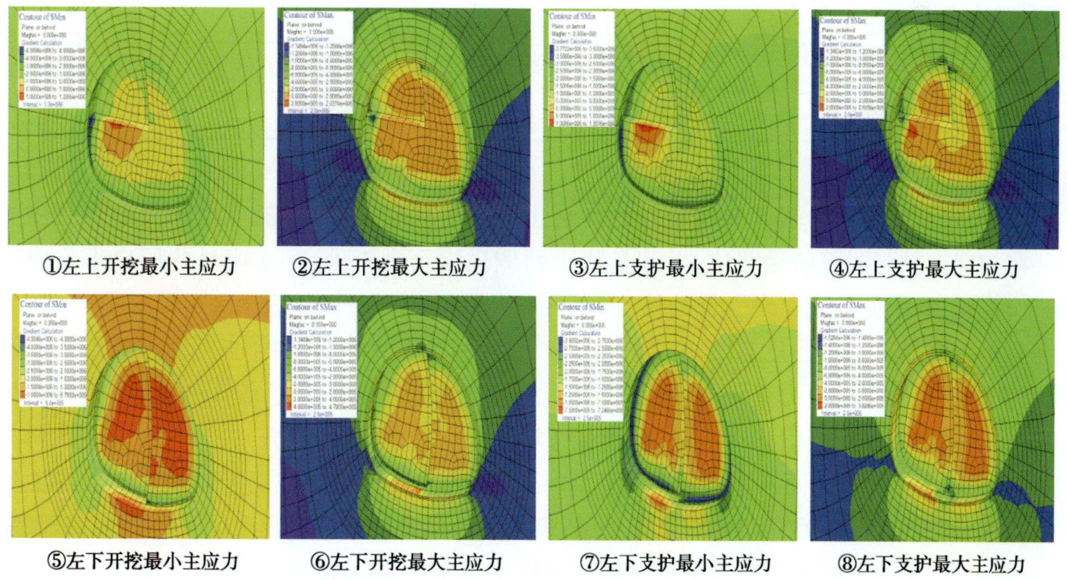

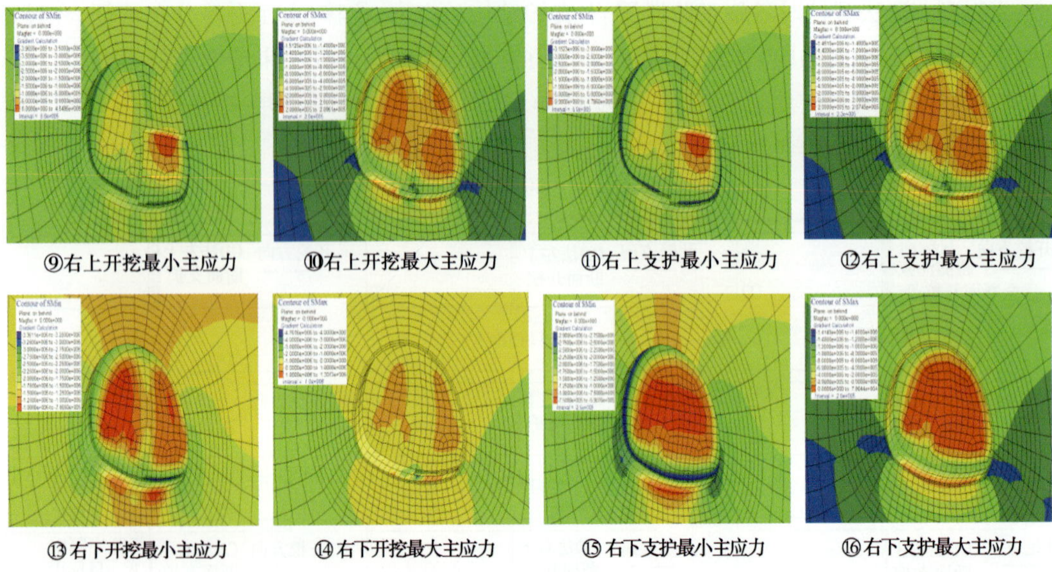

⑨右上开挖最小主应力　⑩右上开挖最大主应力　⑪右上支护最小主应力　⑫右上支护最大主应力

⑬右下开挖最小主应力　⑭右下开挖最大主应力　⑮右下支护最小主应力　⑯右下支护最大主应力

图 3.4　不同开挖步下围岩主应力云图(单位:Pa)

表 3.2　不同开挖步下围岩主应力值

单位:MPa

CD 法开挖	应力值			
	开　挖		支　护	
	主压应力	主拉应力	主压应力	主拉应力
左上断面	-4.57	0.20	-3.77	0.28
左下断面	-4.00	0.48	-2.87	0.30
右上断面	-3.97	0.21	-3.15	0.21
右下断面	-3.36	1.30	-2.90	0.08

由图 3.4 可知,CD 法各开挖步骤的围岩主应力变化特征明显,隧道目标面围岩总体受压,在初期支护与洞壁接触部位,尤其是隧道两侧拱腰至拱脚处,存在明显的压应力集中现象,而拱底、掌子面部则出现少量的拉应力集中。从量值上分析(见表 3.2),最小主应力(主压应力)均随着开挖进程逐渐减小,集中在 -4.57 ~ -2.90 MPa,其中左上断面至左下断面开挖及支护过程中主压应力变化幅度最大,表明此开挖步对围岩产生了较大的扰动,而施作初期支护后围岩主压应力值均有一定幅度的下降;最大主应力(主拉应力)在施作初期支护前集中在 0.20 ~1.30 MPa,而施作后集中在 0.08 ~0.30 MPa,因开挖完成后及时施作初期支护且有临时中隔壁的存在,目标面岩体总体受压,仅在拱底处出现了一定程度的拉应力集中现象,其量值不大,而右下断面开挖和支护过程中,围岩产生较大的主拉应力变化,其主要原因是初期支护施作后拆除了中隔壁;从右下断面支护完成后主压应力值(-2.90 MPa)和主拉应力值(0.08 MPa)来看,初期支护封闭成环使围岩应力维持在一个较低水平,开挖产生的释放应力在围岩与初期支护的相互作用下易达到新的平衡,结构受力合理。

3.1.3　初期支护应力结果分析

为进一步揭示各开挖步初期支护的受力特征,图 3.5 分别给出了各开挖步初支的主应力云图。由图 3.5 可知,初期支护压应力最大值基本位于洞口处拱脚内侧,拱脚至拱腰部次之,拱底内侧最小;而靠近目标面的拱底内侧均存在一定量值的拉应力。

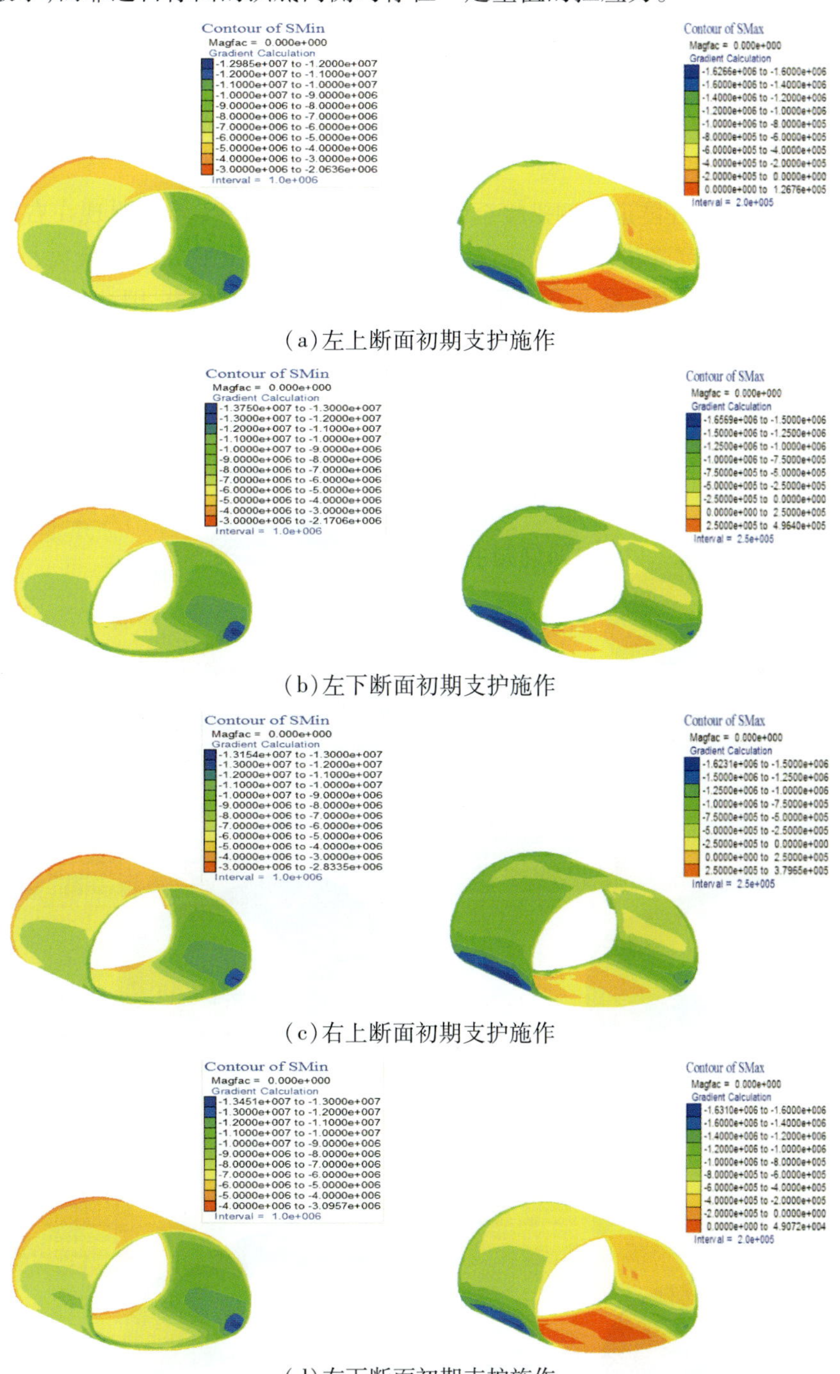

(a)左上断面初期支护施作

(b)左下断面初期支护施作

(c)右上断面初期支护施作

(d)右下断面初期支护施作

图 3.5　不同开挖步初期支护应力云图(单位:Pa)

从各开挖步初期支护主应力量值来看，最大压应力为 - 13.75 ~ - 12.99 MPa，随隧道开挖进程变化幅度较小，以 C25 混凝土抗压强度 16.7 MPa 作为评判标准，同时考虑计算中并未施作二衬，可知初期支护具有一定的安全储备；最大拉应力为 0.05 ~ 0.50 MPa，其中在右下断面初期支护施作完成后拆除临时中隔壁，主拉应力值有明显减小，各开挖步中初衬的最大拉力值均未超过混凝土的抗拉设计强度值。

3.1.4 初期支护位移结果分析

不同开挖步隧道初衬结构水平方向及竖直方向位移如图 3.6 所示。各施工步变形量值较为稳定，均满足位移控制要求。

水平最大位移集中在隧道两侧拱腰至拱肩处，其量值为 1.41 mm，出现在右上断面支护完成后；竖直方向最大沉降位于拱顶处，量值为 8.00 mm，而拱底处隆起最大，量值为 6.65 mm。由于采用刚性临时中隔壁并及时施作初衬，易保证掌子面稳定，因此，开挖后围岩变形能很快收敛。

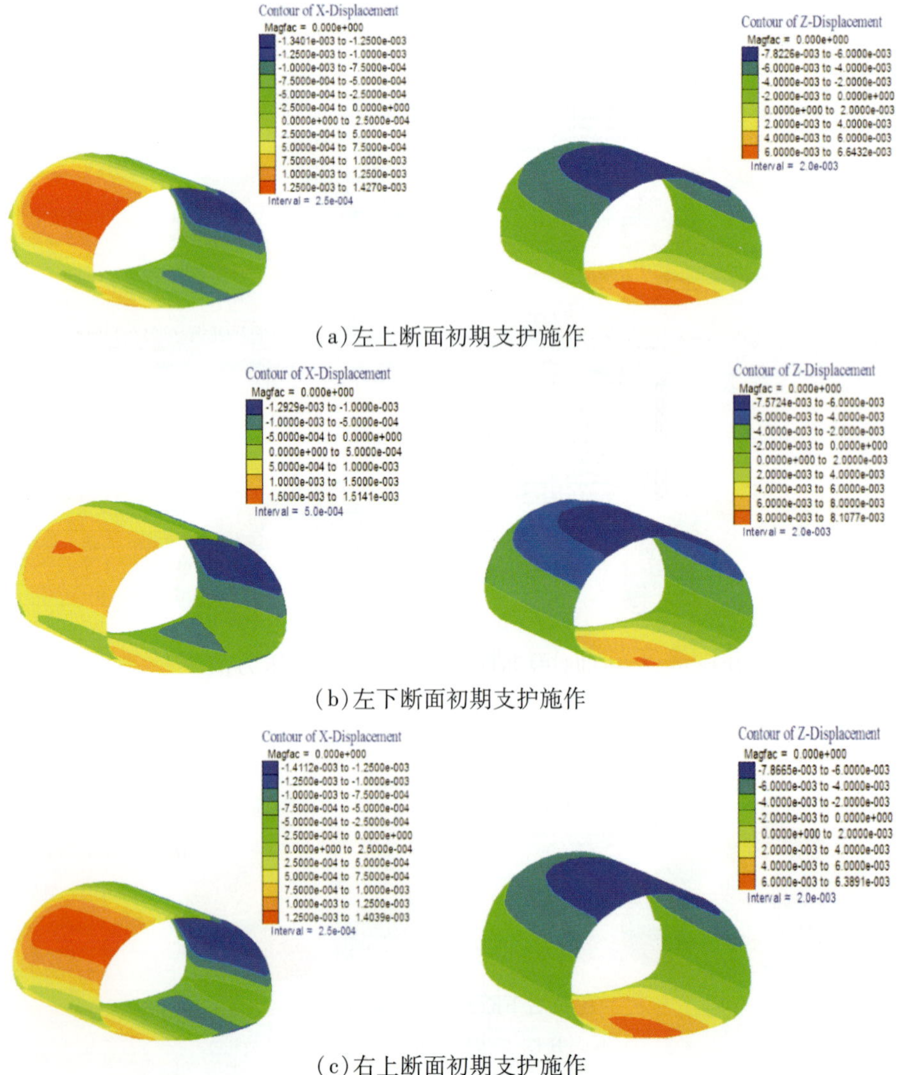

(a)左上断面初期支护施作

(b)左下断面初期支护施作

(c)右上断面初期支护施作

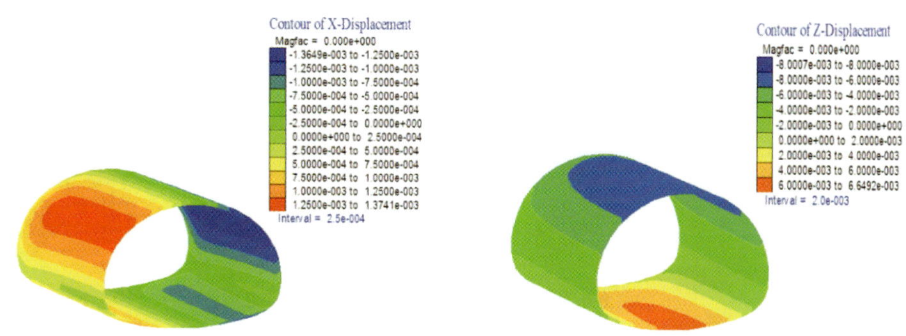

(d)右下断面初期支护施作

图 3.6　不同开挖步初期支护位移云图(单位:m)

3.1.5　围岩水压力分析

为探明各开挖步初衬及注浆圈附近围岩的水压力变化特征,计算选取目标面(A 断面)和距离目标面 3 m 的已开挖断面(B 断面),并于所选断面上的初期支护外侧至 4 m 注浆圈外侧范围内每间隔 1 m 布置一个水压力观测点,如图 3.7 所示。

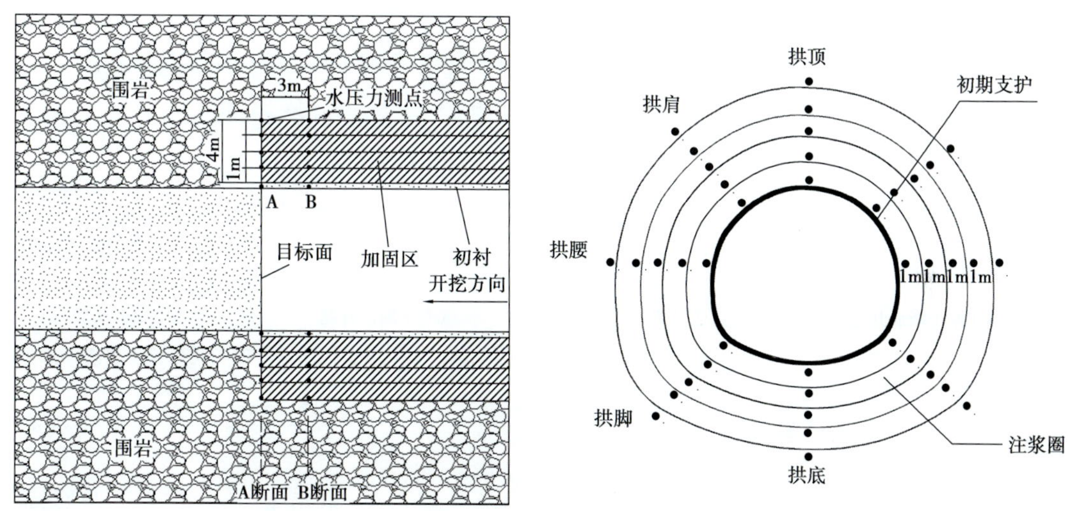

图 3.7　水压力观测点布置

隧道施工期不同开挖步,A 断面(目标面)上各观测点水压力值如图 3.8 所示,B 断面上各观测点水压力值如图 3.9 所示。

A 断面即隧道开挖掌子面。由图 3.8 可知,由于超前注浆的阻水作用,隧道各特征部位的水压力均呈现出从注浆圈外侧至初期支护外侧逐渐减小,各环向特征点呈现出水压力从拱顶至拱底逐渐增大的趋势;隧道开挖还未施作初期支护的部位,水压力衰减幅度远大于其他位置,且靠近开挖轮廓时其水压力接近于0,表明地下水可自由从开挖区涌出,此时相邻未开挖部位特征点的水压力值也有较小幅度的下降;开挖部位施作初期支护后,开挖区初衬外侧各观测点的水压力均有明显的提升,且越靠近洞室其水压力增长幅度越大;各特征点水压力最大值出现在左下断面支护完成后,而掌子面全环支护完成后,各特征点水压力分布基本对称。

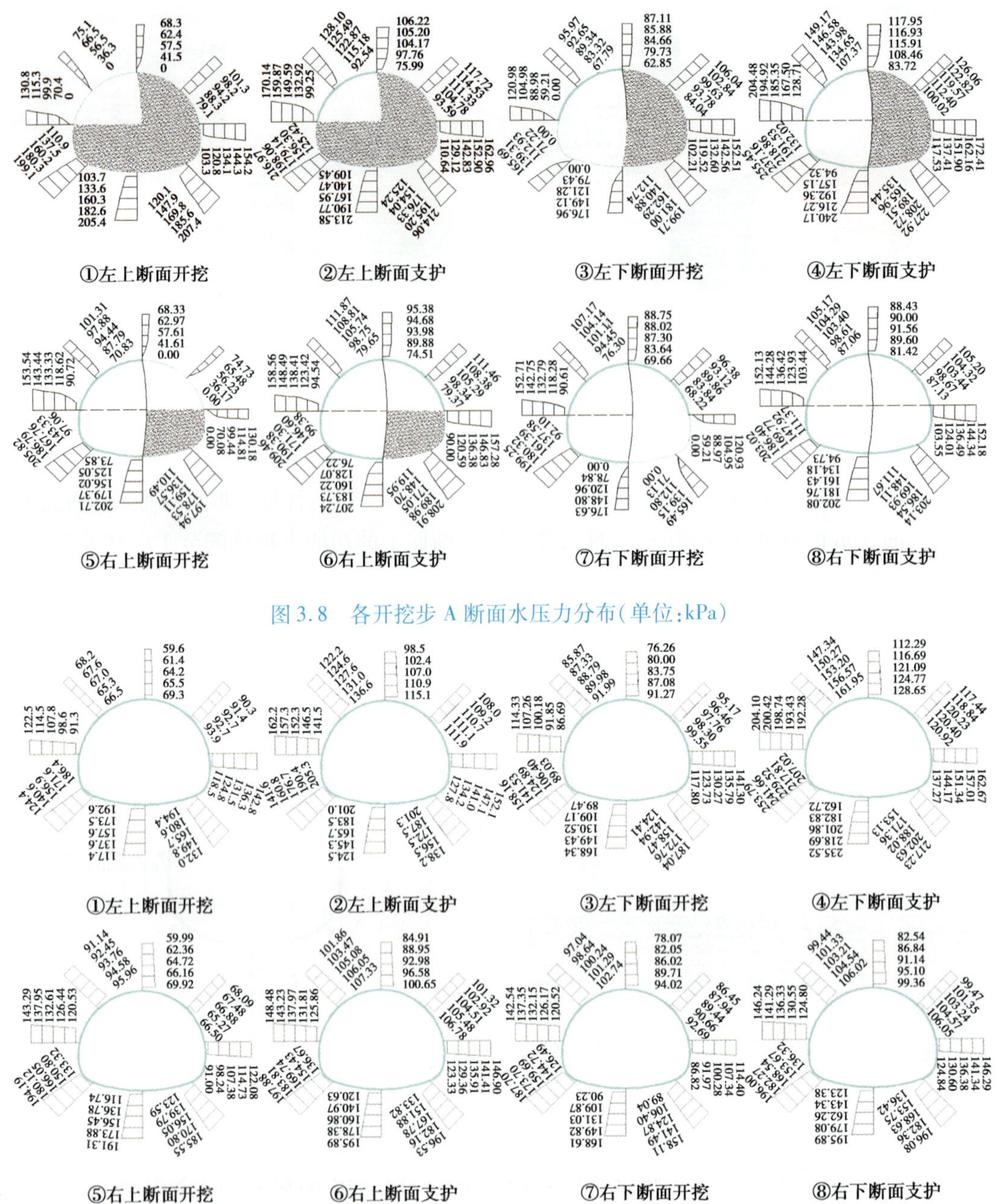

图 3.8　各开挖步 A 断面水压力分布(单位:kPa)

图 3.9　各开挖步 B 断面水压力分布(单位:kPa)

B 断面位于已开挖区域,距掌子面(A 断面)3 m。由图 3.9 可知,隧道拱腰以上部位各特征点水压力呈现出从注浆圈外侧至初期支护外侧逐渐增大,而拱腰及其以下部位各特征点水压力呈现出从注浆圈外侧至初期支护外侧逐渐减小,环向特征点仍然呈现出水压力从拱顶至拱底逐渐增大的趋势;掌子面开挖和支护,开挖区域在 B 断面相应位置特征点的水压力也会产生较大的影响;掌子面全环支护完成后,各特征点水压力分布基本对称且小于 A 断面相应特征点的水压力。

3.1.6　初期支护水压力分析

为揭示初期支护各开挖步的水压力分布特征，由图 3.10 可知，初期支护外侧水压力最大值集中于已开挖段隧道洞口附近，最大水压力 0.23 MPa（左下断面支护完成后），越靠近目标面，其水压力越小，主要是由于地下水从目标面涌出导致水压力大幅降低，而同一横断面初衬下部结构所承受的水压力更大。

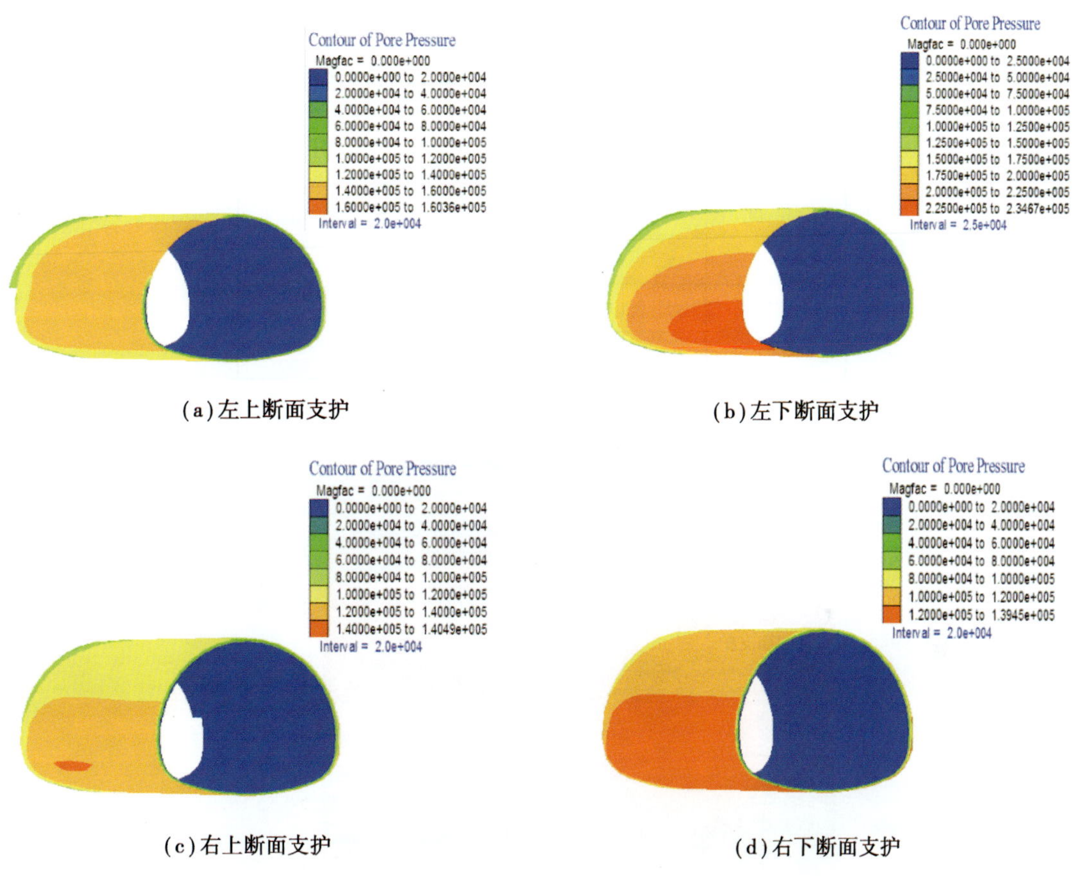

（a）左上断面支护　　（b）左下断面支护

（c）右上断面支护　　（d）右下断面支护

图 3.10　初期支护水压力分布图（单位：Pa）

随着隧道开挖掘进，掌子面上初期支护外水压力呈现逐渐增大的规律，隧道开挖过程中不断扰动围岩，地下水大量涌入隧道，使得开挖轮廓周围水压力较小，随着初期支护封闭成环，其水压力逐渐增加说明初衬起到有效降低地下水渗入的作用。

3.2　隧道施工期渗流影响范围研究

城市隧道在富水地层中施工，必然会导致周围渗流场发生较大改变，合理预测施工期渗流影响范围，对布置监控方案、选择施工工艺、保护生态环境等都有较大帮助。然而，隧道施工沿线水文地质条件千差万别，其渗流影响范围势必存在较大差别，故对不同地下水位和围岩条件下的隧道施工期渗流影响范围进行研究。

3.2.1 不同地下水位的隧道施工期渗流影响范围

计算选用谷对岭地区北线里程 BXK1 +500 处隧道及周边围岩建立模型，此处地层从上到下依次为强风化变质砂岩、中风化碎裂岩化混合花岗岩和微风化花岗片麻岩，隧道埋深 28.3 m，其建模过程及计算参数如 3.1.1 节所述，建立模型范围为 80 m×80 m×54 m。

为探究施工期隧道在不同地下水位时的渗流变化，分别设定 3 种不同的地下水位进行研究（见表 3.3），并以隧道开挖至模型中部位置进行施工期模拟。计算模型如图 3.11 所示。选择上部地层强风化变质砂岩与中部地层中风化碎裂岩化混合花岗岩的交界面为目标面，计算不同水头时目标面水压力分布状态，分析其对局部渗流场的影响。

表 3.3 地下水位工况设置

工 况	地下水位	目标面
一	地表	地表以下 18.18 m
二	地表以下 7.27 m	
三	地表以下 14.54 m	

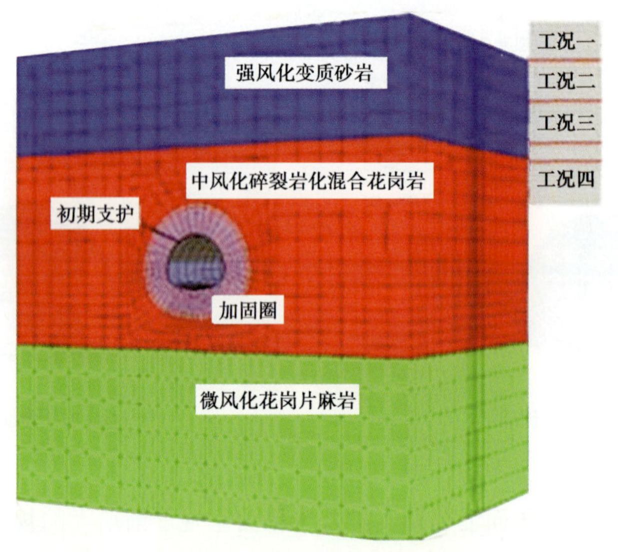

图 3.11 计算模型

隧道开挖后，洞室周边水环境发生改变，围岩中原有的渗流场平衡被打破，随着施工进程重分布并于运营期达到新的平衡状态。不同地下水位的隧道施工期渗流影响范围不尽相同，掌子面开挖完成并施作初期支护后，其横向水压分布如图 3.12 所示，纵向水压分布如图 3.13 所示。

如图 3.12 所示，隧道开挖前初始水压呈等值线分布，隧道开挖后掌子面横向水压分布呈向隧道内凹陷的漏斗状对称分布，偏离隧道中心一定距离后逐渐收敛；不同工况的收敛半径（即渗流横向影响范围）有明显差别，工况一、工况二、工况三分别为 36.39 m，31.98 m，28.77 m，减小幅度为 12.12% 和 10.04%，表明随着作用水头降低，施工期隧道的横向影响范围逐渐减小，接近线性变化趋势。

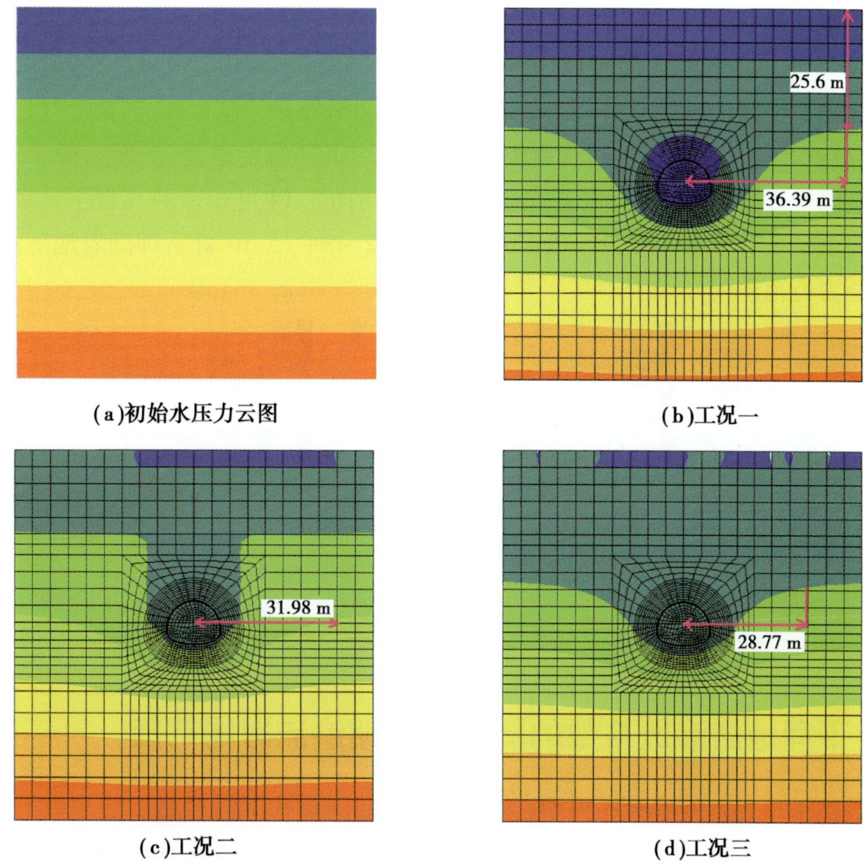

图 3.12　施工期隧道掌子面横向水压分布

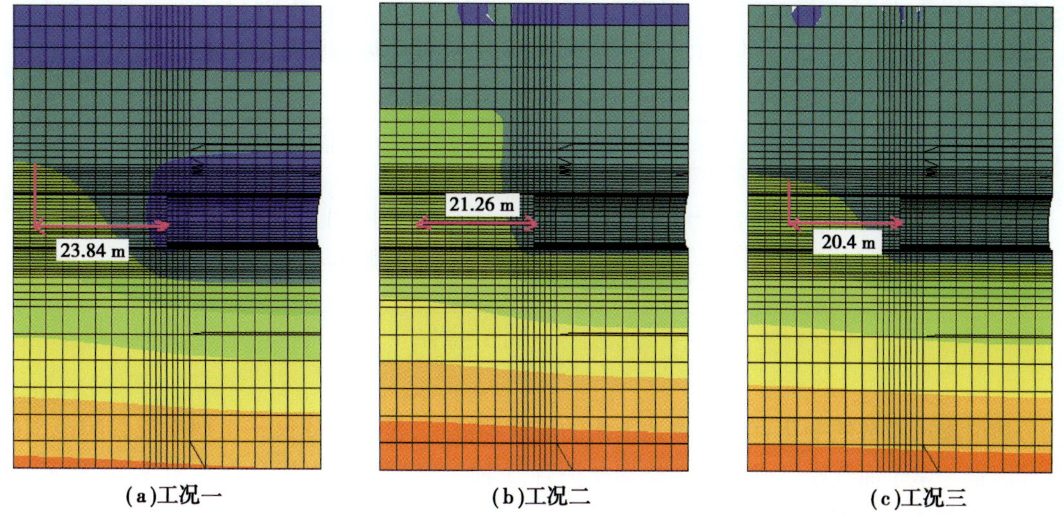

图 3.13　施工期隧道纵向水压分布

如图 3.13 所示，隧道开挖后纵断面水压分布呈向掌子面下方倾斜的弧形分布，表明隧道有良好的泄水性能，距掌子面前方一定距离后逐渐收敛；不同工况的收敛范围（即渗流纵向影响范围）有明显差别，工况一、工况二、工况三分别距掌子面为 23.84 m，21.26 m，20.4 m，减小幅度为 10.82% 和 4.05%，表明随着作用水头降低，施工期隧道的纵向影响范围减小明显，其减小幅度小于渗流横向影响范围。

如图 3.14 所示为不同工况下目标面(地表以下 18.18 m 处)水压分布,隧道掌子面位于横向和纵向中部位置($X=0$ m,$Y=27$ m 处),其水压力分布规律基本相同,向已开挖隧道方向凹陷,表明隧道开挖导致地下水向洞室内排泄,工况一下凹幅度最大,工况三最小,其横向和纵向影响范围均表现为工况一 > 工况二 > 工况三。由图 3.14 可知,3 种工况下目标面水压力范围分别为 156.8 ~170.9 kPa,95.46 ~104.1 kPa,32.48 ~35.16 kPa,即随着地下水位下降,目标面水压力值范围明显减小。

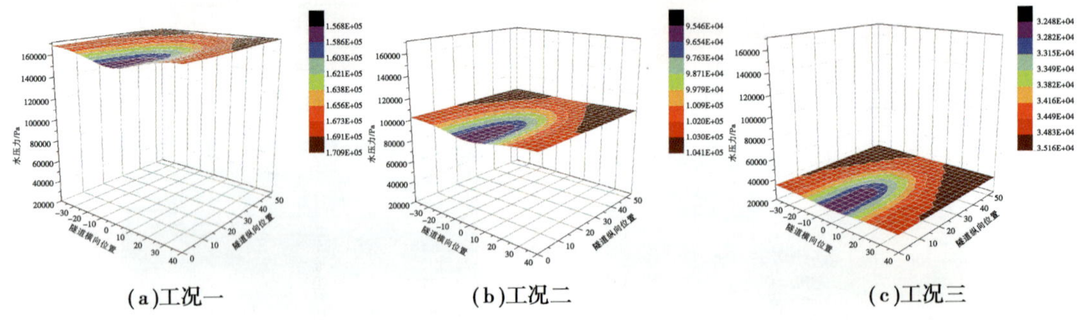

图 3.14　不同工况目标面水压分布

3.2.2　不同地层渗透系数的隧道施工期渗流影响范围

计算仍然采用3.2.1 节所述模型,为探究施工期隧道在不同地层渗透系数下的渗流状态,改变上部地层强风化变质砂岩的渗透系数 K_1,设定 3 种工况进行研究(见表 3.4),将计算水头设置到地表,并以隧道开挖至模型中部位置进行施工期模拟。计算模型如图 3.15 所示。选择地表以下 7.27 m 的平面为目标面一,地表以下 14.54 m 的平面为目标面二(见图 3.15),计算不同地层渗透系数时目标面水压力分布状态,分析其对局部渗流场的影响。

表 3.4　地层渗透系数工况设置

工　况	渗透系数	目标面
一	$0.5K_1$	目标面一:地表以下 7.27 m 目标面二:地表以下 14.54 m
二	K_1	
三	$2K_1$	

注:K_1 为隧道上方地层(强风化变质砂岩)的渗透系数。

地层渗透系数的变化直接影响地下水的流速和流量,是决定隧道施工期渗流影响范围的主导因素。掌子面开挖完成并施作初期支护后,3 种工况下横向水压分布如图 3.16 所示,纵向水压分布如图 3.17 所示。

如图 3.16 所示,隧道开挖后掌子面横向水压分布呈向隧道内凹陷的漏斗状对称分布,偏离隧道中心一定距离后逐渐收敛;改变上部地层渗透系数后,其收敛半径(即渗流横向影响范围)有一定的差别,工况一、工况二、工况三分别为 35.92 m,36.39 m,36.92 m,表明随着上部地层的渗透系数变大,施工期隧道的横向影响范围也逐渐增大,但增幅有限。

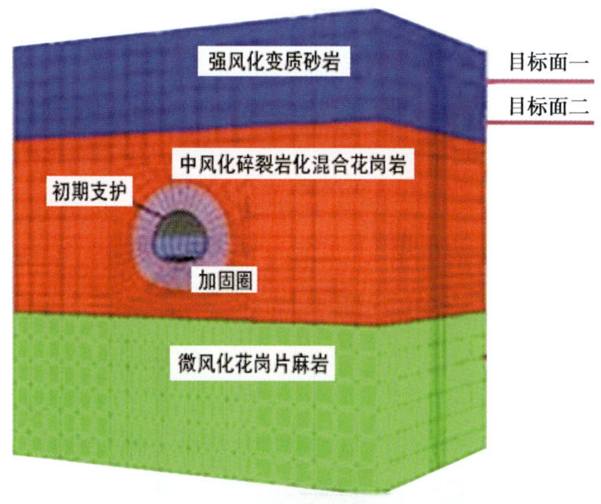

图 3.15　计算模型

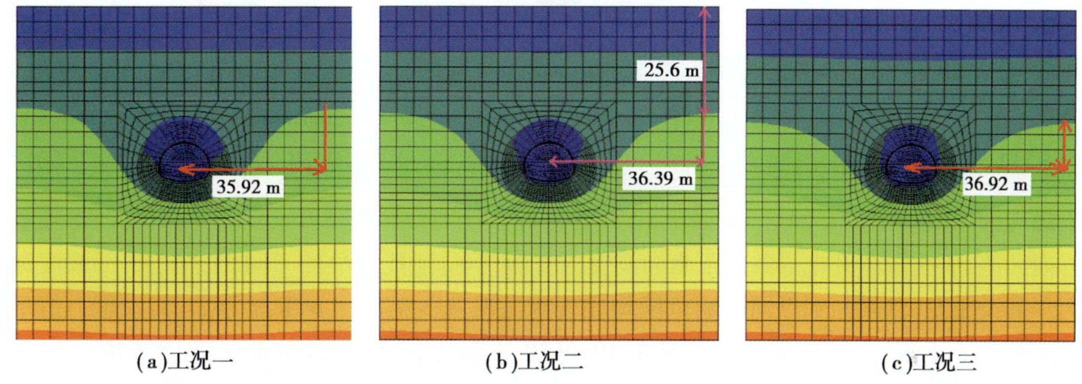

(a)工况一　(b)工况二　(c)工况三

图 3.16　施工期隧道掌子面横向水压分布

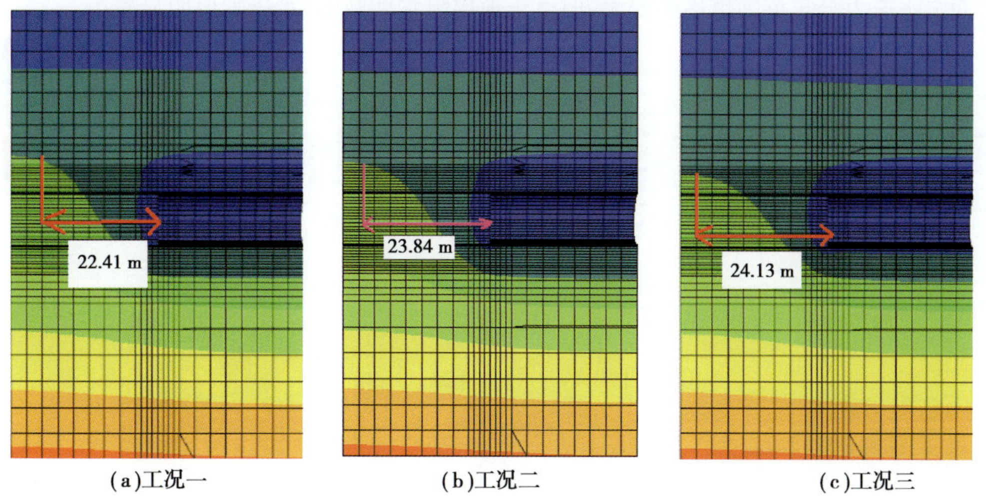

(a)工况一　(b)工况二　(c)工况三

图 3.17　施工期隧道纵向水压分布

如图 3.17 所示，隧道开挖后纵断面水压分布呈向掌子面下方倾斜的弧形分布，距掌子面前方一定距离后逐渐收敛；不同工况的收敛范围（即渗流纵向影响范围）有一定的差别，工况一、工况二、工况三分别距掌子面为 22.41 m，23.84 m，24.13 m，表明随着上部地层的渗透系数逐渐增大，施工期隧道的纵向影响范围也逐步变大，即透水性好的地层在隧道施工期的渗流场影响范围较大。

如图 3.18 所示为不同工况下目标面一(地表以下 7.27 m 处)水压分布。隧道掌子面位于横向和纵向中部位置($X=0$ m,$Y=27$ m 处),其水压力分布规律基本相同,向已开挖隧道方向凹陷,表明隧道开挖导致地下水向洞室内排泄,工况三下凹幅度最大,工况一最小,其横向和纵向影响范围均表现为工况三 > 工况二 > 工况一。由图 3.18 可知,3 种工况下目标面水压力范围分别为 67.67 ~ 70.33 kPa,63.56 ~ 68.10 kPa,56.90 ~ 64.04 kPa,即随着上部地层的渗透系数增大,目标面-水压力值范围也逐渐变大。

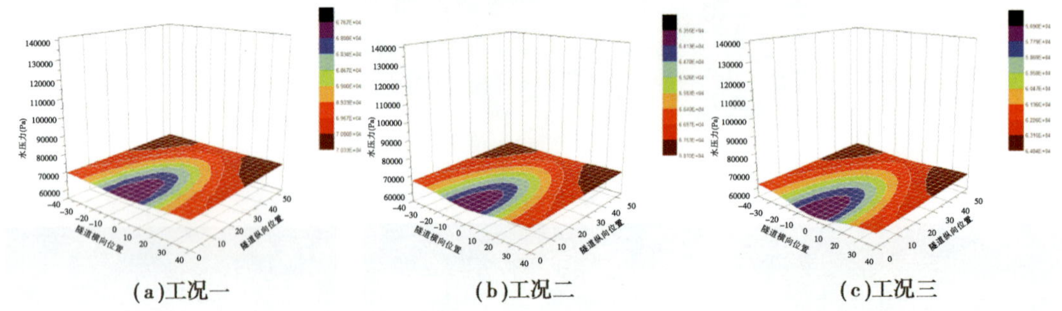

图 3.18　不同工况目标面-水压分布

如图 3.19 所示为不同工况下目标面二(地表以下 14.54 m 处)水压分布,隧道掌子面位于横向和纵向中部位置($X=0$ m,$Y=27$ m 处),其水压力分布规律有一定差异,向已开挖隧道方向凹陷,表明隧道开挖导致地下水向洞室内排泄,但排泄能力显然不同,工况三下凹幅度远大于其余工况,其横向和纵向影响范围均表现为工况三 > 工况二 > 工况一,但其水压力值呈现工况一 > 工况二 > 工况三。由图 3.19 可知,3 种工况下目标面水压力值范围分别为 134.8 ~ 140.8 kPa,126.2 ~ 136.5 kPa,112.4 ~ 128.6 kPa,即随着上部地层的渗透系数增大,目标面二水压力分布范围也逐渐变大,但由于地层阻水性减弱,水压力值明显减小。

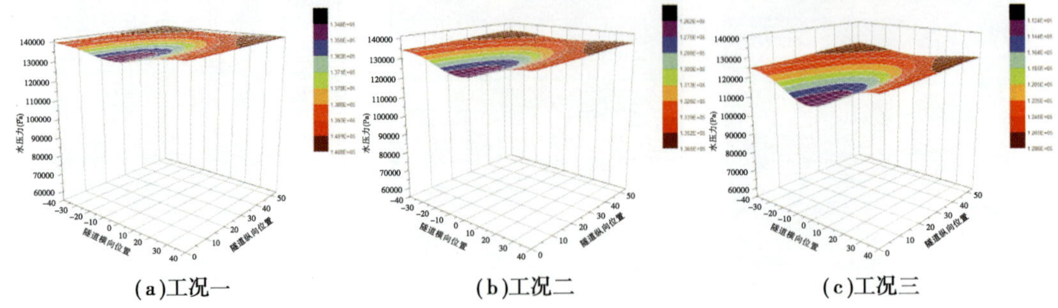

图 3.19　不同工况目标面二水压分布

第 4 章 施工期隧道涌水量预测模型试验

合理预测隧道涌水量关系注浆措施的选择、衬砌背后水压力的判定、排水管材和蓄水池容量的确立等，是隧道防排水设计的重中之重[30]。富水地区隧道涌水也是施工期间最常见的问题，它不但影响工程进度，增加建设成本，还威胁施工人员和设备的安全，大量涌水更会造成地下水位下降。因此，对周边生态环境有更高要求的城市隧道，需尽可能地避免影响居民生产和生活用水，维护地下水环境的稳定。近年来，随着人们环保意识的不断提高，由隧道施工过程中涌、突水而导致的环境问题逐渐引起了工程界的关注[60,110]。

4.1 概　述

预测隧道涌水量常采用经验解析法、工程类比法和数值分析法等，国内外学者对此做了大量研究，也取得了一定的成果。比较成熟的有大岛洋志对隧道施工初期最大涌水量的预测公式、佐藤邦明对隧道递减涌水量的研究、落合敏郎对隧道经常涌水量的分析、马卡斯特和小林芳正对海底隧道涌水量的解析解计算及王建宇基于达西定理和水流连续性方程得出的隧道涌水量公式。此外，还有 Goodman 公式、Karlsrud 公式、《铁路工程水文地质勘察规范》（TB 10049—2014）推荐公式等[111-115]。上述理论多把隧道涌水量看成平面渗流问题，难以考虑真实水文地质环境中存在如断层带、密集裂隙带和承压水环境等造成的影响，且理论推导中包含许多假设，导致其预测结果与实际有较大差距。同样，由于隧道涌水机制复杂且影响因素众多，不同工程环境千差万别，工程类比法只能对隧道涌水量进行粗略估算，结果缺乏可靠性[116]。三维数值模型预测隧道涌水量较为合理，许多大中型工程中已成功应用，其成果主要集中在隧道毛洞或运营期水量的预测中，对施工期间的涌水量预测鲜有涉及[104]。施工期隧道渗流属于非稳态渗流问题，伴随隧道开挖，围岩损伤逐步发展，导水能力不断加强[44]，此过程十分复杂，难以有效模拟。为简化研究，在富水区域分析施工期隧道时忽略开挖过程，采用及时洞周注浆和掌子面前方全断面注浆等措施减小对围岩的扰动，将不考虑开挖扰动影响的状态定义为非扰动开挖状态[117]，测试其涌水量并分析注浆加固效果对隧道涌水量的影响，具有切实的工程意义。

采用室内隧道渗流模型试验方法可真实、直观地反映工程实际情况，是研究隧道涌（排）水量的一种重要手段。本章选择莲塘山地区典型水文地质区段，利用自主研发的大型施工及运营期矿山法隧道渗流模型试验系统，对注浆圈和初衬在不同渗透系数下不考虑开挖扰动影响时的施工期隧道涌水量进行预测，并采用三维地下水流和溶质运移模拟标准可视化专业软件（Visual-modflow）建模对比分析，其成果对类似工程设计和施工具有一定的指导作用。

4.2 模型试验的工程背景

针对施工期隧道模型的涌水量预测研究，选择隧道开挖至距离水库大坝最近的莲塘山地区 NXK2 +980 附近为原型（见图 4.1），根据现场水文地质勘察及物探资料显示［见图 4.2（a）］，该区段埋深约 40.4 m，水头位于地表以下 10.6 m，以中风化至微风化基岩为主，包含多个小规模次级裂隙密集带，大多数裂隙发育、岩体破碎，局部具硅化特征或石英富集，铁质侵染明显，岩芯表面多见水蚀溶孔及溶隙，地下水活动频繁，特别是裂隙密集带易成为地下水向

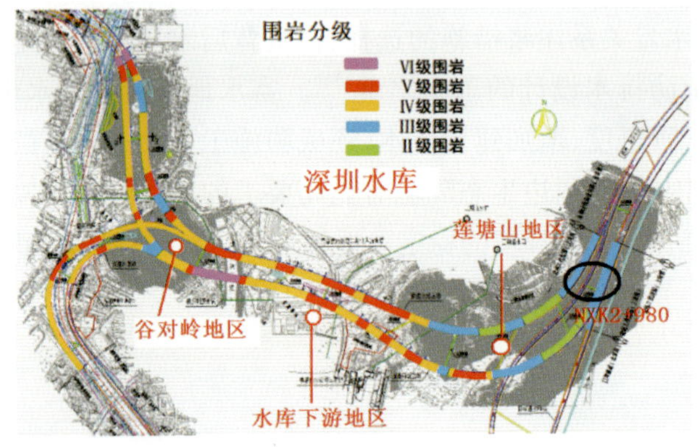

图 4.1　莲塘山地区 NXK2 +980 附近工程概况图

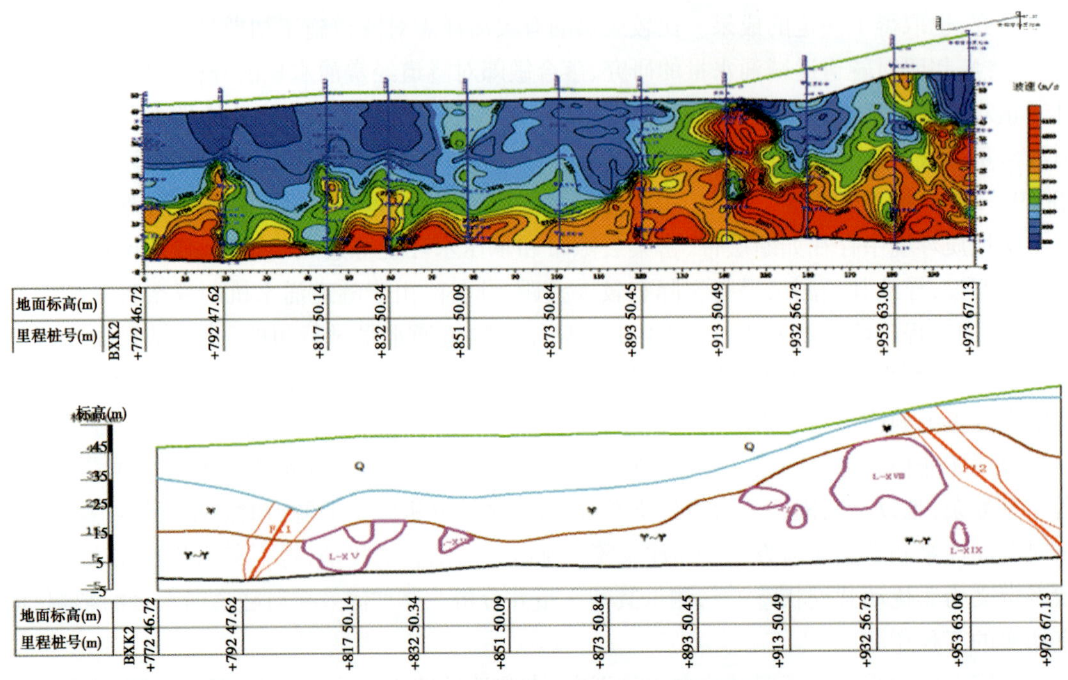

(a) 地震CT解译莲塘山段基岩裂隙密集带

(b) 现场抽、注水试验

图 4.2　莲塘山地区现场勘察与试验

隧道渗透的潜在通道，隧道注浆加固效果或喷射初期支护相对较差地段，施工可能产生涌水、突水事故。可见，预测施工期隧道涌水量及研究注浆、初期支护等施工效果对涌水量的影响已成为保证该区域安全施工的核心。考虑裂隙节理分布离散、各向异性等特征，地下水流动具有不均一性，通过现场抽、注水试验确定其平均渗透系数为 0.135 m/d[见图 4.2(b)]。设计隧道为三车道，注浆圈厚度 4.5 m，马蹄形断面内轮廓宽 14.216 m，高 9.813 m。

4.3　模型试验相似材料的研制

随着模型试验技术的不断发展，越来越多的原料按照不同配比制作成各类相似材料，正确地选择相似材料是模型试验成功的前提和保证[118]。对于隧道渗流试验而言，其实质是模拟隧道施工前后地下渗流场的演变过程及隧道防排水体系，合理地研制符合围岩及隧道各个结构渗透系数的相似材料成为试验重点。国内外有大量学者对用于隧道渗流试验的相似材料进行了研究，张杰等[119]通过对骨料、胶凝剂和添加剂等材料的选择和配比，研制了“固-液”两相模型材料，解决了固体模型材料遇水崩解的问题；黄庆享等[120]通过强度、塑形和水理性的配比试验，研究隔水层的应力-应变全程相似和水理性相似的“固-液”耦合材料；李术才等[121]应用地质力学模型试验的流-固耦合相似理论，研制了一种由砂、重晶石粉、水泥及凡士林等组成的新型流-固耦合相似材料；胡指南等[122]在水泥混凝土中掺入聚丙烯纤维、膨润土和粉煤灰等制成弹性模量低、强度高的隧道模型相似材料；HYUK Sangjung 等[123]利用泡沫混凝土和可渗性混凝土等材料建立隧道模型，对既有隧道排水系统的沉淀物治理进行研究；WANG Xiuying 等[124]采用砂、水泥和硅酸钠等材料模拟隧道围岩及注浆圈等结构，研究高水位隧道的衬砌外水压力。以上研究普遍具有两个问题：一是因试验目的不同，多数相似材料注重配制后的物理力学特性，忽略了对材料渗透系数的有效控制，故不适用于以地下水渗流理论为出发点的隧道渗流及防排水问题；二是现有研究集中在围岩相似材料的配比和研制上，未对如注浆圈、初衬、二衬等隧道防排水体系进行合理渗透系数的相似材料研究，试验模型整体相似度较差。因此，有必要以控制相似材料的渗透系数为核心，对配制隧道渗流试验中涉及的围岩、注浆圈、初衬等结构做进一步研究。

4.3.1 模型试验相似理论

模型试验应遵循一定的相似规律，试验中涉及的 n 个物理量包含 k 个相互独立的基本因次，而这个物理过程可由 $n-k$ 个无因次量所表达的关系来描述，这符合相似第二定理的特征[125-127]。

假设某一现象的自变量和因变量可由方程组表示为

$$D_l(x_1,x_2,\cdots,x_k,x_{k+1},\cdots,x_n)=0 \qquad (l=1,2,\cdots,m) \tag{4.1}$$

经过第二种相似变换，可将式(4.1)转化为无因次的相似准则 $\pi_1,\pi_1,\cdots,\pi_{n-k}$之间的函数关系，即

$$F_l(\pi_1,\pi_2,\cdots,\pi_{n-k})=0 \tag{4.2}$$

式中，$\pi_1,\pi_1,\cdots,\pi_{n-k}$均为相似准则，它们以乘因子的形式出现，且有 $n-k$ 个。以后将式(4.2)称为准则关系式或 π 关系式，也将相似第二定理称为 π 定理。

对彼此相似的现象，在对应点和对应时刻上相似准则都保持同值。因此，它们的 π 关系式也应当是相同的，对原型(p)和模型(m)分别为

$$\left.\begin{aligned}F_l(\pi_1,\pi_2,\cdots,\pi_{n-k})_p=0\\F_l(\pi_1,\pi_2,\cdots,\pi_{n-k})_m=0\end{aligned}\right\} \tag{4.3}$$

其中，必有

$$\left.\begin{aligned}&\pi_{1m}=\pi_{1p}\\&\pi_{2m}=\pi_{2p}\\&\vdots\\&\pi_{(n-k)m}=\pi_{(n-k)p}\end{aligned}\right\} \tag{4.4}$$

针对本矿山法城市隧道渗流试验，研究核心是以地下水渗流理论为出发点的隧道渗流及防排水等问题，其水压力和排(涌)水量值主要与隧道洞径、作用水头、渗流影响半径以及围岩-支护体系的渗透系数等参数相关，而与围岩、注浆圈、初衬等材料的物理力学特性关联不大[113,128]。因此，忽略围岩-支护体系的物理力学特性和变形稳定性[129]，以控制相似材料的渗透系数为核心，认为二衬为不透水结构，渗进初衬的水通过二衬背后的排水系统导出并收集，主要研究隧道排(涌)水量 Q、水压力 P 等。

渗透是液体在多孔介质中运动的现象，而渗透系数是表达介质渗透能力的定量指标，故选定以渗透系数相似比 C_K、几何相似比 C_L 和重度相似比 C_γ 为基础相似比。本次隧道渗流模型试验中，选定几何相似比 $C_L=1/30$，渗透系数相似比 $C_K=1$，重度相似比 $C_\gamma=1$。

因此，以相似第二定理为理论基础，采用量纲分析法推导出相似关系[130-131]，见表4.1。

表4.1 渗流试验相似关系表

相似比	计算公式	量 值
几何相似比	$C_L=\dfrac{l_m}{l_p}$	$\dfrac{1}{30}$
渗透系数相似比	$C_K=\dfrac{k_m}{k_p}$	1

续表

相似比	计算公式	量　值
重度相似比	$C_\gamma = \dfrac{\gamma_m}{\gamma_p}$	1
水头高度相似比	$C_H = C_L$	$\dfrac{1}{30}$
时间相似比	$C_T = \dfrac{C_H}{C_K}$	$\dfrac{1}{30}$
水压力相似比	$C_P = C_{\gamma_w} C_H$	$\dfrac{1}{30}$
排水量相似比	$C_Q = \dfrac{C_H^3}{C_T}$	$\dfrac{1}{900}$

4.3.2　围岩相似材料

本工程中的围岩主要由粉质黏土、变质砂岩、花岗片麻岩及混合花岗岩等构成，经过现场注水与抽水试验，测得其渗透系数集中在 0.06 ~ 0.25 m/d，波动范围较大。因此，试验中围岩相似材料拟采用渗透系数较小的黏土和渗透系数较大的细砂进行配比，并适当添加弹性系数和抗拉强度较高而吸水性小的玻璃纤维，以增强其粘聚力，避免配制的围岩遇水形成贯通裂缝，使渗透更为均匀(见图 4.3)。

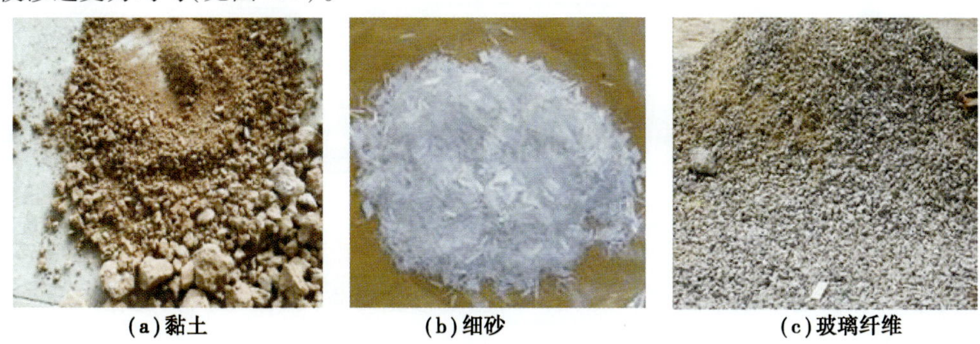

(a)黏土　(b)细砂　(c)玻璃纤维

图 4.3　围岩相似材料的基本成分

考虑本次试验材料以细粒土为主且渗透系数总体较小，采用变水头试验仪(见图 4.4)，试样配制过程及渗透系数测试主要步骤如下(见图 4.5)：

①将黏土和细砂筛分成不同粒径的颗粒，放入干燥箱 8 h 后测试其密度、含水率和干密度。

②按试验需求将不同配比的黏土、细砂和玻璃纤维严格按照比例称取，并加水混合搅拌均匀，配制完成后用隔离膜密封 24 h，放置于常温室内使试样充分饱和。

③渗流试验前，在变水头试验仪的套筒内壁涂一层凡士林，将装有试样的环刀装入仪器中并压紧止水垫圈，对黏土比例较大且不易透水的试样，进行抽气饱和。

④改变变水头管中的水位高度，待水位稳定后再记录水头变化值、时间和温度，重复试验 3 ~5 次，至不同初始水头下测试的渗透系数在允许的误差范围之内，试验终止。

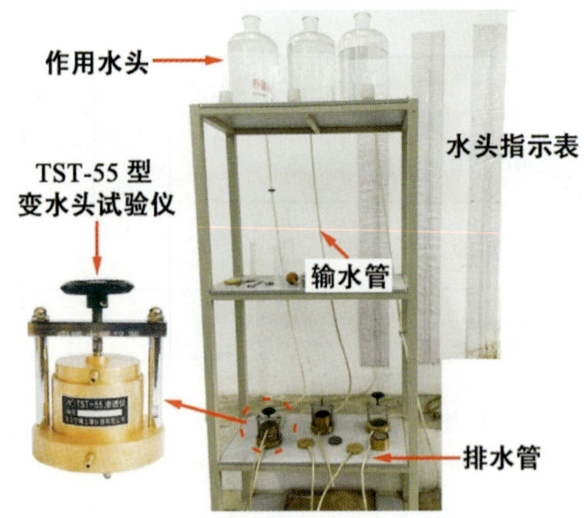

图 4.4 变水头试验仪及测试装置

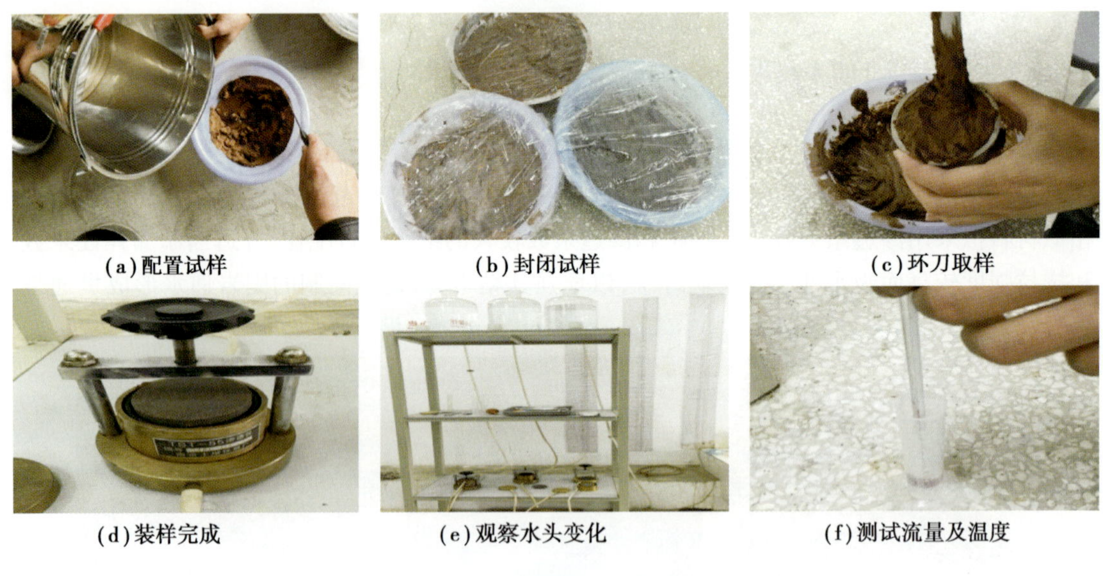

图 4.5 试样配制及试验步骤

变水头计算渗透系数采用式(4.5)计算,温度修正可查阅《土工试验规程》(SL 237—1999)[132],即

$$K_T = 2.3\frac{aL}{A(t_2 - t_1)}\lg\frac{h_1}{h_2} \tag{4.5}$$

式中,K_T 为计算渗透系数;a 为变水头管的断面面积;2.3 为 ln 和 lg 的变换因数;L 为渗流路径(试样高度);t_1,t_2 为测读水头的起始和终止时间;h_1,h_2 为起始和终止水头;A 为试样过水面积。

通过对单一原料在不同粒径下的多次渗透系数测试可知:

黏土:粒径≤0.075 mm 的平均渗透系数为 0.001 9 m/d;粒径≤0.15 mm 的平均渗透系数为 0.002 3 m/d;粒径≤0.3 mm 的平均渗透系数为 0.003 2 m/d。

细砂:粒径≤0.15 mm 的平均渗透系数为 0.205 6 m/d;粒径≤0.3 mm 的平均渗透系数为 0.548 2 m/d;粒径≤0.6 mm 的平均渗透系数为 0.757 4 m/d。

可见,试样粒径对渗透系数的影响较大,而细砂在相同级配变化下的渗透系数增长幅度远大于黏土，即可通过配比不同级配的黏土和细砂研制出满足工程实际需求的围岩相似材料[133-134]。

图 4.6 中所用黏土粒径≤0.075 mm，细砂粒径≤0.3 mm。由试验结果可知，随着细砂含量加大，相似材料的渗透系数呈非线性增长，初始增速较快，表明细砂会大幅削弱黏土的致密性，以提高其渗透能力。当黏土和细砂质量比超过 1∶1.8 时，渗透系数增速逐渐减缓，但单次渗透系数离散性增大，表明过大的细砂比例会减弱相似材料的稳定性。当黏土和细砂比例达到 1∶3时，平均渗透系数变化趋于收敛，此时渗透系数为 0.236 6 m/d。此外，试验在相同配比的相似材料中增加玻璃纤维的含量，其渗透系数并无明显改变，黏土∶细砂∶玻璃纤维（质量比）=1∶3∶0.05 时，平均渗透系数为 0.233 4 m/d。

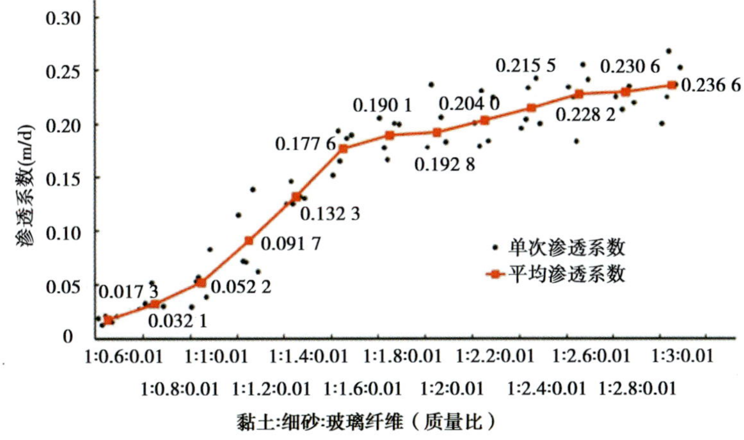

图 4.6　围岩相似材料渗透系数影响曲线

4.3.3　注浆圈相似材料

以围岩、加固圈等为渗流路径，地下水集中于二衬背后，对结构形成长期水压力，从而引发渗漏水等病害。隧道加固圈是通过对岩土体注浆，有效改善围岩的物理力学性质和渗流特性，减小其渗透系数并增强了阻水性能。当注浆圈厚度一定时，隧道排（涌）水量随注浆圈渗透系数降低而减小，但注浆圈与围岩的渗透系数比小于 1/50 时，隧道排（涌）水量不再明显减小[135-136]。依据前述研究成果及国内隧道注浆工艺，确定本工程注浆圈渗透系数控制值为 0.006 ~0.05 m/d，试验拟采用普通硅酸盐水泥和炭渣（粒径≤2 mm）进行配比。

加固圈渗透系数试验采用自制恒水头渗透仪。它主要由渗透容器、循环水箱、测压管、测压板、透水石等组成（见图 4.7）。试样配制过程及渗透系数测试主要步骤如下：

①将水泥、过筛的炭渣和水按不同配比搅拌均匀，组装并调试恒水头渗透仪，检查其密封性。

②容器底部铺 2 cm 砾石作为缓冲层，以防止原料颗粒堵塞进水孔，同时使水流全断面均匀渗透。将配制的相似材料装入容器中，分层铺设测压管并连接透水石，出管孔涂抹玻璃胶密封。

③开启循环水箱供水，养护试样至饱和后进行恒水头渗透试验，并记录水头、渗水量、测压管水位差、时间及温度等参数。

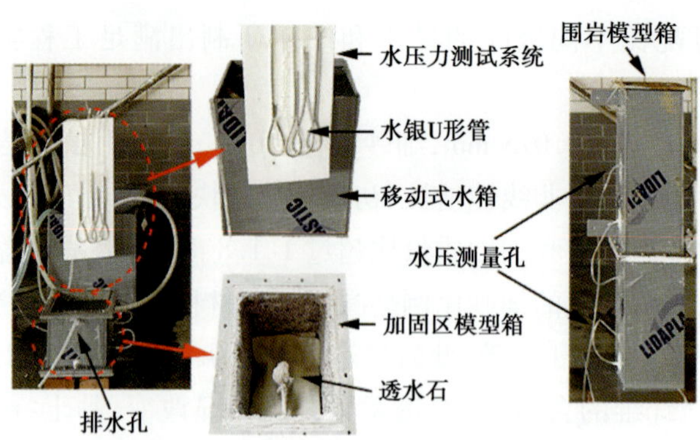

图 4.7 恒水头渗透仪

④对相同配比的试样重复测试渗水量和水温，当不同水力坡降下测定的数据接近时，结束试验。

恒水头计算渗透系数采用式(4.6)计算，温度修正可查阅《土工试验规程》(SL 237—1999)[132]，即

$$k_T = \frac{QL}{AHt} \tag{4.6}$$

式中，k_T 为水温 T 摄氏度时的渗透系数；A 为试样断面面积；Q 为时间 t 内的渗水量；L 为两测压管间的距离；t 为测读水头的起始和终止时间；H 为平均水位差。

水泥和炭渣配制的注浆圈相似材料渗透系数试验结果如图 4.8 所示，其值随着炭渣含量增加近于线性增长。当水泥和炭渣质量比为 1∶4 ~ 1∶12 时，试验渗透系数为 0.005 5 ~ 0.031 4 m/d，且在 1.35 m 和 2.50 m 水头下的测试值较为接近。当水泥和炭渣比超过 1∶12 时，随炭渣含量增加渗透系数增速加快，2.50 m 水头下的试验值较 1.35 m 水头时更大，最大相差21.19%(水泥∶炭渣(质量比)=1∶18)。试验结果表明，当相似材料中的炭渣含量超过一定比例时，结构整体性开始下降，较大的水压使炭渣内原本闭合的孔道逐渐疏通，从而导致其渗透系数增大。

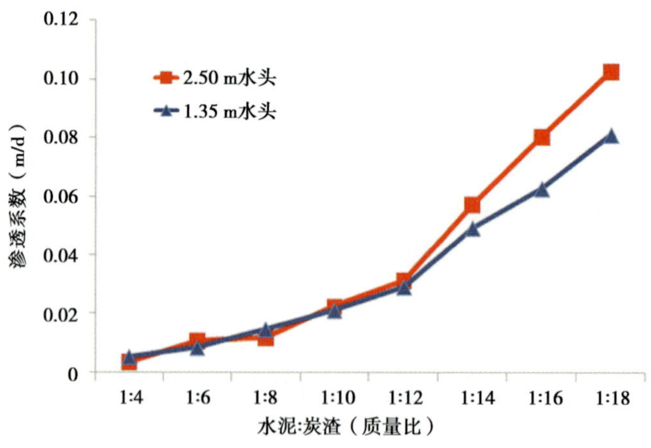

图 4.8 注浆圈相似材料渗透系数影响曲线

4.3.4 初期支护相似材料

初衬是隧道防排水体系中的重要组成部分。试验拟采用具有一定渗透能力的编织土工布(丙乙纶扁丝原料)模拟初衬相似材料。考虑实际初衬渗透系数约为 8.64×10^{-3} m/d，而单

层土工编制布出厂渗透系数为0.303～0.371 m/d，故采取多层叠放的形式测试其综合渗透系数，以满足需求。

试验采用自制的多层土工布垂直渗透系数试验装置。其构造如图4.9所示。它主要由进水管、储水量筒、渗流室及连通管构成。渗流室内依次紧贴放置多个相同的圆环状土工布台架，台架上下部固定编织土工布，以达到不同层数的测试效果。仪器设有水头差控制仪，可根据试验土工布类型调节适宜的水头差 ΔH，在同一组试验中，也可利用多组试验水头差进行测试并分析结果。本装置能准确地测试单层或多层土工布的渗透系数，并减少水压作用和边界渗水效应对试验精度的影响。

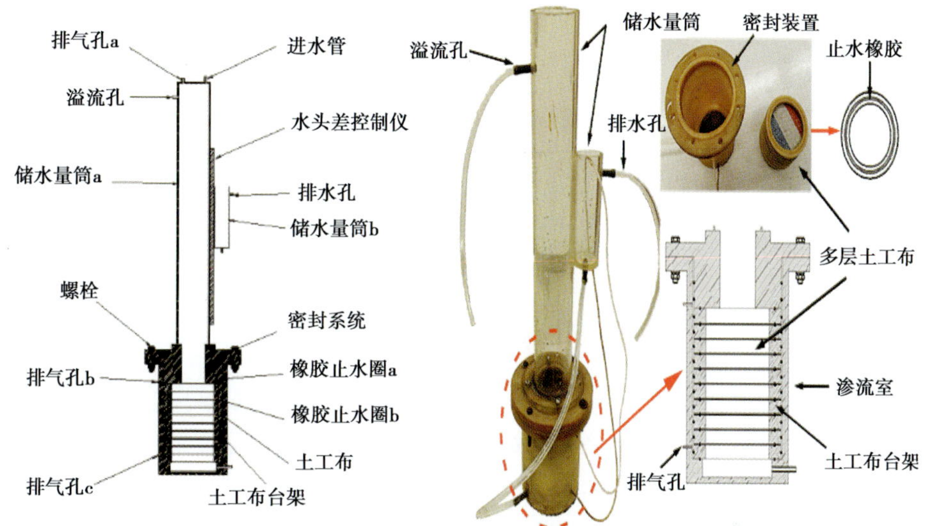

图4.9　多层土工布垂直渗透系数试验装置

试样配制过程及渗透系数测试主要步骤如下(见图4.10)：

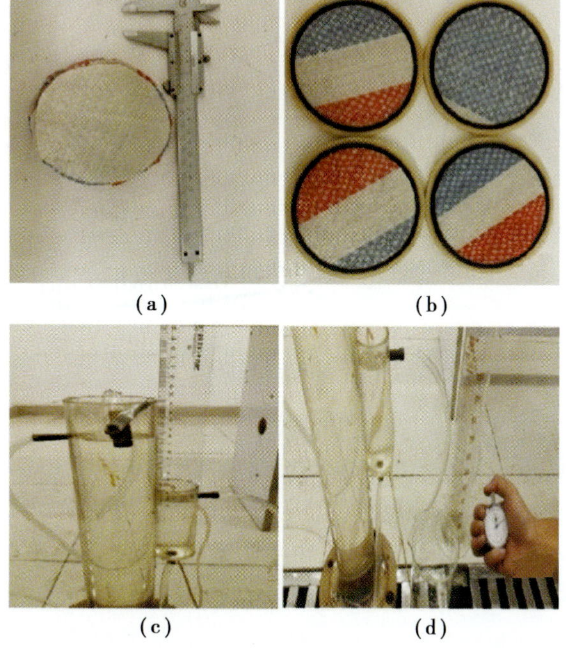

图4.10　多层编织土工布渗透系数试验过程

①将编织土工布按土工布台架尺寸裁剪，测试不同层数编织土工布的厚度并浸泡水中至少 12 h，保证试样充分湿润以隔离空气。

②将浸泡后的试样取出，逐层安置于土工布台架上下侧，并用橡胶密封圈压实。

③从上部开口向装置内持续注水至溢流孔有均匀水体流出，待排水孔流量稳定时，测试出水量和时间。若水头在 5 min 内不能平衡，应检查仪器中是否有隐藏空气，并重新实施本程序。

④调整水头差，重新进行步骤③，并记录数据，精确到 1 mm，时间精确到秒。

⑤每组试样均在不同水头差下进行多次试验，求取综合渗透系数平均值。

当在恒定水头作用下测定水流垂直通过多层且无法向负荷的编织土工布时，其流速指数及渗透系数公式如下，温度修正可查阅《土工布及其有关产品　无负荷时垂直渗透特性的测定》(GB/T 15789—2005)，即

$$v_{20} = \frac{VR_T}{At} \tag{4.7}$$

式中，V 为水的体积；R_T 为 20 ℃水文校正系数；A 为试样过水面积；t 为达到水的体积 V 对应的时间。又

$$k = \frac{v}{i} = \frac{v\delta}{H} \tag{4.8}$$

式中，k 为土工布垂直渗透系数；v 为垂直于土工布平面的水流速；i 为土工布试样两侧的水力梯度；δ 为土工布试样厚度；H 为土工布试样两侧的水头差。

初衬相似材料的渗透系数影响曲线如图 4.11 所示。结果表明，采用多层编织土工布模拟隧道初衬结构是可行的。随着叠加层数增加，其平均渗透系数呈现快速减小并逐渐收敛的趋势，且单次渗透系数测试结果也趋于稳定。当叠加超过 6 层时，试验平均渗透系数值为 0.012 5～0.007 35 m/d。

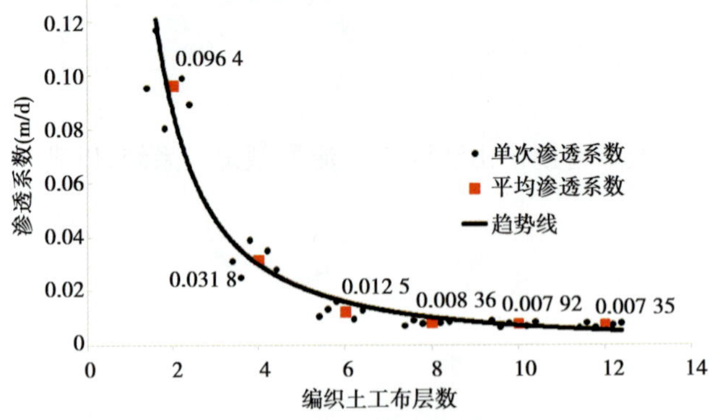

图 4.11　初衬相似材料渗透系数影响曲线

通过大量配比试验，以控制渗透系数为核心，研制出适用于矿山法隧道渗流试验的围岩、注浆圈、初衬等新型相似材料及其原料配比(见图 4.6、图 4.8、图 4.11)。3 种相似材料渗透系数随原料配比的变化规律是不同的，围岩和注浆圈相似材料配比与其渗透系数值成正比，而用以模拟初衬的编织土工布层数与其渗透系数值成反比，其根本在于所用原材料渗透性能的差异，加之不同试验原理和测量仪器，但其精度均可满足工程试验需求。

4.4　渗流模型试验系统的研制

4.4.1　研制目的和意义

渗流研究的实质是通过研制针对性极强的试验装置，运用适宜的试验方法分析特定情况下的渗流规律[137]。国内对隧道渗流试验的研究还处于起步阶段：何川等[138]研制了盾构隧道-地层复合体模拟试验系统，并通过钢绞线箍紧管片环衬砌结构的围箍力施加水压的方式得到了层状复合地层条件下衬砌内力随水压力变化的关系，为模拟隧道水问题提供了一种方法；谭忠盛等[139]采用 260 cm×100 cm×180 cm 的试验台架、光纤光栅测试技术和预制钢筋混凝土衬砌，对厦门翔安海底隧道的支护结构受力特征进行分析，认为水土压共同作用下，地下水渗流场和应力场的耦合作用显著增大；高新强等[129]利用自行研制的 2 m×1 m×1.3 m 模型箱和测压管，对设置注浆圈前后二衬背后水压力作用系数进行研究，得到了注浆施作可明显减小隧道内的排水量并增加注浆圈外表面水压力作用系数的结论；李术才等[140]研制了可用于模拟准三维平面应力和平面应变的流固耦合装置，用以揭示海底隧道施工过程中洞壁压力和围岩位移场、渗流场等的变化规律，认为隧道拱底位置的渗透压力受分布开挖影响较小且开挖对围岩渗流场的影响范围约为 1 倍的洞径。目前，隧道渗流模型试验多用于盾构隧道或海底隧道的研究中，针对矿山法隧道，试验装置使用时存在较大局限：

①隧道施工期是隧道修建的重要阶段，掌握施工期隧道渗流场演变规律、预测涌水量等对工程能否顺利完成至关重要，而现有试验装置难以实现其模拟效果。

②注浆圈作为隧道防水体系的重要组成部分，直接影响地下渗流场和结构水压力分布，现有装置未考虑注浆圈或在试验中不便调整，仅依靠预埋相似土体材料进行模拟，操作烦琐，对试验结果干扰大。

因此，有必要研制一套能准确模拟矿山法隧道围岩-支护体系，并适用于施工及运营期的隧道渗流模型试验系统。基于前述以控制渗透系数为核心而研制的围岩-支护体系相似材料，自主研发了大型施工及运营期矿山法隧道渗流模型试验系统，以满足渗流试验的目的和要求。

4.4.2　渗流模型试验系统的构造

施工及运营期矿山法隧道渗流模型试验系统主要包括渗流模型箱、加固区模拟装置、排（涌）水量采集装置、移动式循环水箱装置及数据采集装置，整体尺寸为 3 m×3 m×2 m（宽×高×厚），如图 4.12 所示。

渗流模型箱由 10 mm 厚加劲钢板组成。其前后壁均设有马蹄形门洞，按照 1∶30 的几何相似比，隧道洞径宽 430 mm，高 330 mm，距边壁均约 4 倍洞径，以消除渗流边界影响。门洞上安装有双层法兰盘，双层法兰盘上有内外两圈螺栓，内螺栓用于固定渗流模型箱内的 B 钢筋笼，B 钢筋笼和双层法兰盘的连接口设有可封堵两侧门洞的有机玻璃盖板，有机玻璃盖板下侧设有集水开关，双层法兰盘与渗流模型箱箱壁的接触面和螺栓连接口处均设置密封胶垫。

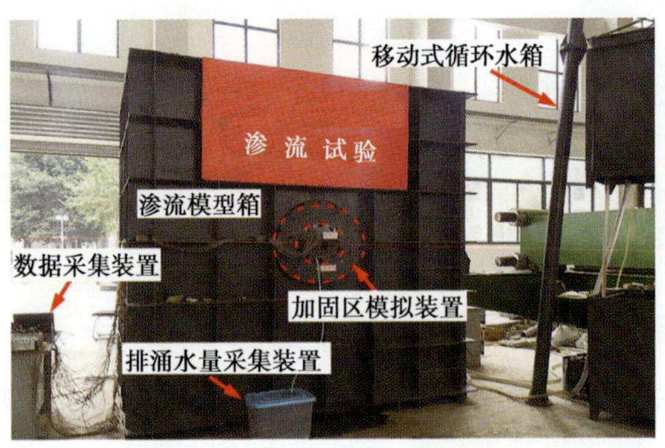

图 4.12　施工及运营期矿山法隧道渗流模型试验系统

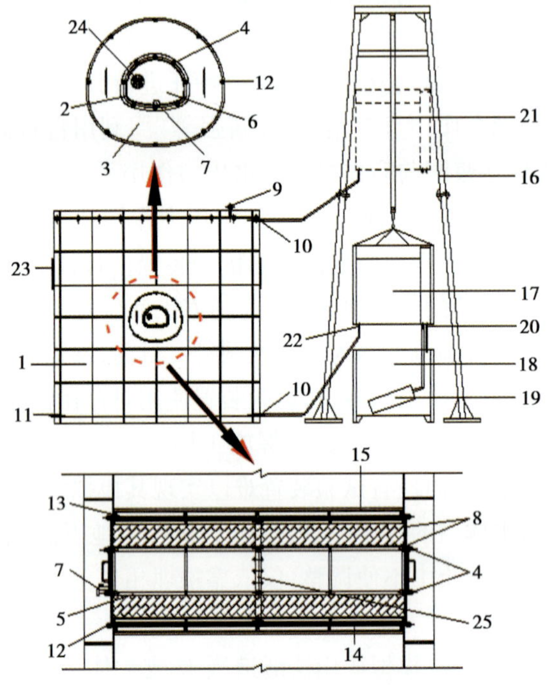

图 4.13　隧道渗流模型试验系统结构图

1—加劲钢板;2—马蹄形门洞;3—双层法兰盘;4—内螺栓;5—B 钢筋笼;6—有机玻璃盖板;
7—集水开关;8—密封胶垫;9—压力表;10—进水孔;11—排水孔;12—外螺栓;13—A 钢筋笼;
14—焊接钢筋笼;15—隔土层;16—升降式水箱架;17—移动式水箱;18—固定式水箱;19—潜水泵;
20—溢流孔;21—手拉葫芦;22—出水孔;23—集线钢板;24—集线孔;25—掌子面隔土板

所述渗流模型箱顶部有压力表和进水孔,底部有进水孔和排水孔,如图 4.13 所示。

双层法兰盘外螺栓与渗流模型箱箱壁的连接处设有卡槽,采用直径 20 mm 的冷拉钢筋焊接出具有足够承载力并可精确固定隧道和注浆圈等结构的 A,B 钢筋笼,A 钢筋笼放置于卡槽上,A,B 钢筋笼之间形成加固区模拟装置。反滤层作为隔土透水层,紧贴 A 钢筋笼外侧有焊接在箱壁两侧的马蹄形钢筋笼,焊接钢筋笼外缠绕塑料滤网和无纺布以形成隔土层,如图 4.14所示。

移动式循环水箱装置包括放置于地面的升降式水箱架、上部移动式水箱、下部固定式水箱及置于固定式水箱内的潜水泵。潜水泵用软管连接移动式水箱底端,移动式水箱上侧的溢流孔将溢出水引回固定式水箱中形成循环系统。此外,移动式水箱利用手拉葫芦进行升降,其底部出水孔有软管与渗流模型箱底部进水孔连接,向试验提供作用水头。

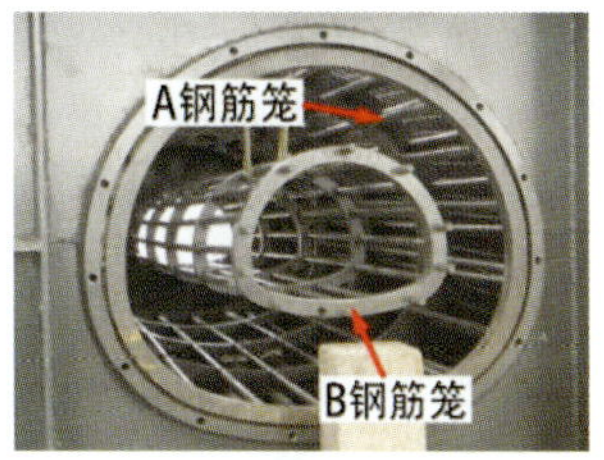

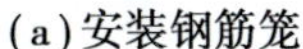
(a)安装钢筋笼

(b)设置反滤层

图 4.14　钢筋笼及反滤层

数据采集装置包括水压力采集装置和排(涌)水量采集装置。渗流模型箱两侧均设有集线钢板,有机玻璃盖板上设有集线孔,供孔隙水压力计出线使用,水压力计外接静态应变测试分析仪读取水压力值(见图 4.15)。排(涌)水量采集依靠软管连接集水开关和带刻度的水箱进行,集水开关后方软管引伸至二衬背后拱顶位置采集水量。

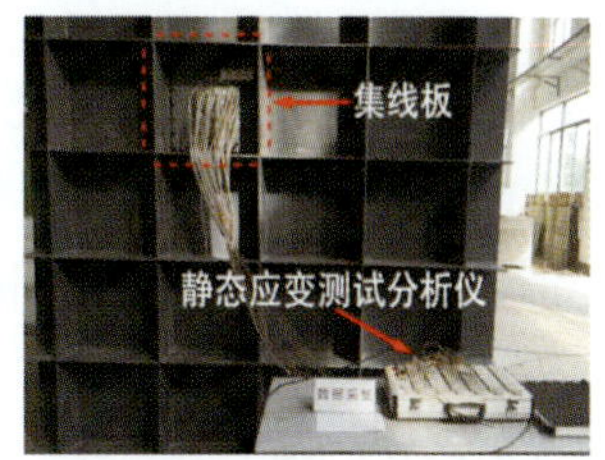

图 4.15　水压力采集装置图

模型试验系统可由隧道运营期渗流状态转换为隧道施工期渗流状态,利用 4 块钢支撑板和掌子面隔土板组合拼装,并用螺栓连接临时固结于 A 钢筋笼中部,掌子面隔土板前方绑扎塑料滤网和无纺布作为反滤层,紧贴反滤层可设置注浆区模拟全断面帷幕注浆效果,再填充围岩相似材料,以此形成隧道施工(非扰动开挖)状态,如图 4.16 所示。

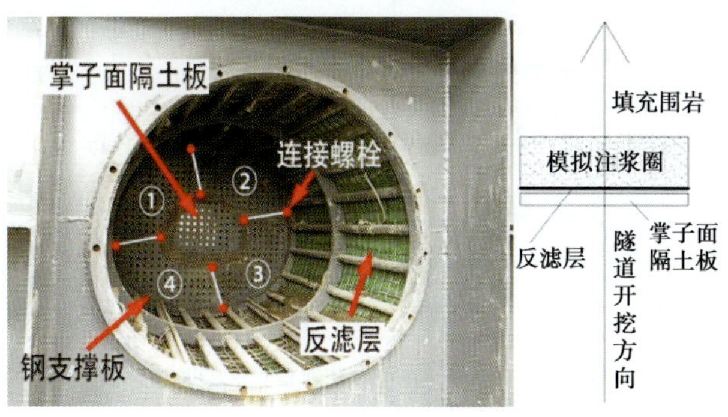

图 4.16　施工期隧道渗流试验布置图

由上述装置共同作用,可形成一套结构齐备、功能完善的矿山法隧道渗流系统,适用于隧道建设(非扰动开挖期)至运营的各个阶段。

4.4.3　渗流模型试验系统的优势

通过施工及运营期隧道渗流模型试验系统,能方便、准确地测试矿山法隧道各个施工阶段的水压力、排(涌)水量和渗流场变化,并可根据试验需求对不同水头作用下的围岩、注浆圈、掌子面预注浆区域和初衬等进行配置和更换,最大限度地还原隧道及其周边渗流场状态。其优势如下:

①可对不同水文地质条件的围岩进行有效模拟,并通过控制移动式水箱装置,对隧道处于静水头和动水头的状态进行研究。

②试验过程中能更换不同渗透系数和厚度的注浆圈,也可对施工期掌子面进行不同渗透系数的注浆区域模拟,还能根据试验需求调节隧道初衬、二衬等参数,操作方便,实用性强。

③利用掌子面隔土板可灵活进行隧道施工(非扰动开挖)状态和运营期状态的转换,并通过数据采集装置测量围岩-支护体系的水压力和隧道排(涌)水量,直观观察渗流场演变过程。

④采用双层法兰盘可单独控制加固区和隧道结构,提高试验可操作性,并在关键部位均设有密封胶垫加强水密型,保证试验顺利进行。

4.5 施工期隧道涌水量试验预测

试验首先结合工程现场测试的材料参数,确定了所用相似材料配比,利用施工及运营期矿山法隧道渗流模型试验系统,对不考虑开挖扰动影响的隧道涌水量进行预测,并更换不同渗透系数的注浆圈和初衬,分析其对施工期隧道涌水量的影响。

4.5.1 试验工况及流程

依据前述模型试验相似材料研制成果,本次矿山法隧道渗流试验所用的围岩、注浆圈、初衬等新型相似材料及其原料配比,见表4.2。

表4.2 模型试验相似材料配比

隧道结构试验配置	围　岩	注浆圈	初期支护
试验设备	变水头试验仪 TST-55	自制恒水头 渗透仪	自制多层编织土工布 渗透系数试验装置
实际渗透系数(m/d)	0.135	0.016	8.64×10^{-3}
相似材料 配比	黏土:细砂: 玻璃纤维(质量比) =1:1.4:0.01	水泥:炭渣=1:10 厚度为150 mm	8层编织土工布 厚度为5.924 mm

注:表中所用黏土粒径≤0.075 mm,细砂粒径≤0.3 mm,炭渣粒径≤2 mm。

本次试验研究城市隧道施工期(非扰动状态)的涌水量,并分析不同注浆圈和初衬渗透系数对其的影响。由于试验为局部渗流模型,因此,可考虑为无限补给作用水头[114]。涌水量采集依靠输水软管连接调水阀和带刻度的水箱进行,注浆圈采用自制模具成型(打开转换阀,取出内模具,填充注浆圈相似材料可实现全断面帷幕注浆区的预制),环间接缝涂抹高标号防水水泥连接,确保地下水经过指定线路渗流。模拟施工期隧道渗流时,采用在渗流模型箱中部临时固结掌子面隔土板,隔土板前方绑扎塑料滤网和无纺布作为反滤层,在不影响地下水流的情况下形成非扰动开挖状态，如图 4.17 所示。

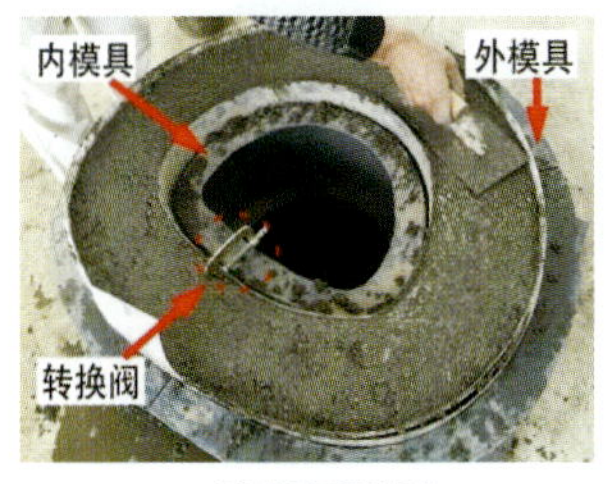

(a)注浆圈研制

(b)非扰动开挖状态布置

图 4.17　模型试验准备工作

试验拟分别采用 3 种注浆圈渗透系数和 3 种初衬渗透系数进行研究。其中，注浆模拟范围包括已开挖隧道和掌子面前方 20 cm 处，结合工程实际施工效果和大量相似材料配比，各试验工况见表 4.3。

表 4.3　施工期隧道涌水量预测试验工况

工　况	隧道结构		
	初期支护	注浆圈	说　明
工况一	无初衬	无注浆圈（即注浆圈与围岩渗透系数相同）	
工况二	初衬渗透系数为 8.64 × 10^{-3} m/d（8 层编织土工布，厚度为 5.924 mm）	注浆圈渗透系数为 0.028 m/d（水泥：炭渣 = 1：12，厚度为 150 mm）	工况二、工况三、工况四为分析不同注浆圈渗透系数对施工期涌水量的影响
工况三	初衬渗透系数为 8.64 × 10^{-3} m/d（8 层编织土工布，厚度为 5.924 mm）	注浆圈渗透系数为 0.016 m/d（水泥：炭渣 = 1：10，厚度为 150 mm）	
工况四	初衬渗透系数为 8.64 × 10^{-3} m/d（8 层编织土工布，厚度为 5.924 mm）	注浆圈渗透系数为 0.006 m/d（水泥：炭渣 = 1：6，厚度为 150 mm）	工况四、工况五、工况六为分析不同初衬渗透系数对施工期涌水量的影响
工况五	初衬渗透系数为 0.012 5 m/d（6 层编织土工布，厚度为4.443 mm）	注浆圈渗透系数为 0.016 m/d（水泥：炭渣 = 1：10，厚度为 150 mm）	
工况六	初衬渗透系数为 0.007 35 m/d（12 层编织土工布，厚度为 8.886 mm）	注浆圈渗透系数为 0.016 m/d（水泥：炭渣 = 1：10：厚度为150 mm）	

注：试验渗透系数与实际渗透系数相同，炭渣粒径≤2 mm，全断面帷幕注浆区渗透系数为 0.028 m/d。

本次试验流程如下（见图 4.18）：

①在渗流模型箱中分层铺设配制的围岩相似材料，压实后环刀取样检测其渗透系数以满足试验要求，在箱壁四周设置一层 50 mm 厚碎石层，以形成均匀渗流场，并加快试验渗流

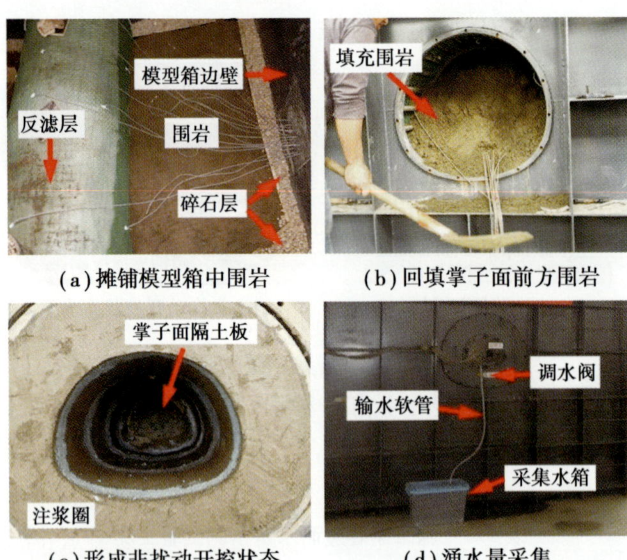

图 4.18　试验过程照片

速度。

②在模型箱中部临时固结掌子面隔土板，双层钢筋笼内依次安装预制的注浆圈、初衬等隧道结构，并在钢筋笼外侧及掌子面隔土板前方敷设反滤层，紧贴反滤层设置全断面帷幕注浆区，在其后回填围岩并压实保证其渗透系数，形成非扰动开挖状态(见图 4.19)。

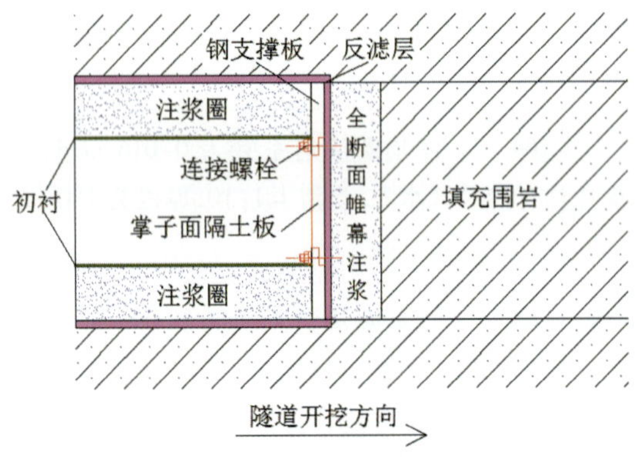

图 4.19　非扰动开挖示意图

③封闭双层法兰盘和模型箱顶盖，在各构件和螺栓接口处设置防水密封橡胶，以保证水密性，控制移动式循环水箱装置保证稳定的试验水头向模型箱中补给。

④试验中同组工况下多次测量涌水量值，然后依据设计工况，打开已开挖隧道一侧的双层法兰盘，更换注浆圈或初衬相似材料，再次进行试验。

4.5.2　试验结果分析

试验观察可知，掌子面是主要涌水来源，而注浆圈或初衬部位以滴落水为主，少见间断性水流。每组试验工况待注浆圈或初衬开始有水稳定渗出后，连续采集 5 次涌水量。其结果如图 4.20 所示。

试验结果表明，不考虑开挖扰动影响的施工期隧道处于毛洞状态时(工况一)的涌水量最大，平均涌水量为 11.38 $m^3/(d \cdot m)$，设置注浆圈和初衬后，涌水量大幅度减小。随着注浆圈或初衬的渗透系数减小，其平均涌水量值均呈非线性下降的趋势。相比之下，降低注浆圈渗透系数对涌水量的影响更为明显，工况二、工况三、工况四的测试平均值分别为 2.789 $m^3/(d \cdot m)$，2.027 $m^3/(d \cdot m)$，1.664 $m^3/(d \cdot m)$，减小幅度达 27.3% 和 17.9%，远高于改变初衬渗透系数时（工况五、工况三、工况六）的 16.2% 和 7.7%。可知，注浆圈具有较强的阻水性，降低其渗透系数对改善隧道施工期涌水量起控制作用。

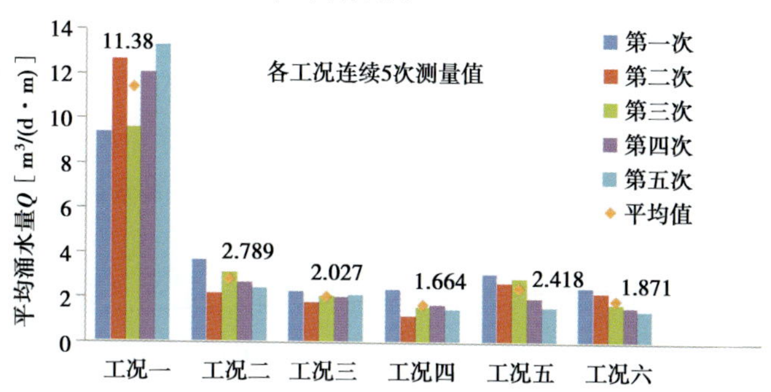

图 4.20　不同工况下施工期隧道涌水量采集结果

随着注浆圈或初衬的渗透系数减小，各工况测试的单次涌水量值离散性也逐渐减小，但在改变注浆圈和初衬渗透系数时，连续采集涌水量值的变化规律并不相同。改变注浆圈渗透系数，各工况连续采集涌水量结果呈先减小后增大至逐渐平衡的趋势，表明注浆圈饱和需要较长时间，其内部水压增大到一定程度后，使原本闭合的孔道逐渐疏通，对隧道周边地下水渗流场影响较大。而改变初衬渗透系数时，各工况连续采集涌水量结果呈逐渐减小直至平衡的趋势。

4.6　三维数值模型建立

地下水在岩土体中的运动是流体在孔隙介质中流动的宏观表现，由于岩土体纷繁复杂的内部结构导致了地下水流动微观上的不确定性[141]。岩土体中的水体渗流特点是由渗透介质的空间结构特征来描述的，表征这种特性的概念模型是建立岩土体渗流数学模型的基础。运用三维可视化软件 Visual-modflow，在收集和整理隧址区域水文地质资料的基础上，确定模拟范围，对所建立的模型边界、含水介质、地下水运动状态及水文地质参数等进行内部结构概化，为了便于与模型试验结果进行对比，三维数值模型采用与模型试验相同的施工（非扰动开挖）状态，实现对隧道涌水量的预测[142]。

4.6.1　地下水渗流数值模拟概述

工程实际中的水文地质条件往往较复杂：地形起伏多变，岩层不连续且时空分布不均，岩性差异大，含水层厚度不均一，非均质，各向异性，水文地质参数的时空变异性明显等。数值模型能对上述特点做到相对合理地表述，可尽量真实地还原地下水渗流场。

目前数值模拟方法很多，主要包括有限差分法（FDM）、有限单元法（FEM）、边界元法（BEM）及有限分析法（FAM）等[143]。随着计算机技术的发展，尤其近十几年，地下水系统数值模拟进步明显，并已发展为由二维模型转变为三维模型[144]。据地下水系统数值模拟的研究现状和发展趋势统计，多款地下水数值模拟软件在实际工程应用中取得了良好的效果[145]，尤其以 Visual-modflow 的模块化、可视化、交互性、求解方法多样化等优势功能得到广泛的使用，几乎占到了地下水数值模拟应用的一半以上。随着时间推移，Visual-modflow 功能已有了很大改善，操作更加人性化，提供了完善的输入、修改、分析和显示地下水模型的平台[146-148]。

利用数值软件分析地下水渗流问题遵循地下水渗流力学的一些基本理论，作为流体力学的一部分，其主要针对多孔介质进行研究[149]。地下水渗流运动需要同时满足质量守恒定律和能量守恒定律，质量守恒定律是俄国科学家罗蒙诺索夫于 1756 年最早发现的，拉瓦锡通过大量的定量试验，发现了在化学反应中，参加反应的各物质质量总和等于反应后生成各物质的质量总和。它是自然界普遍存在的基本定理之一，在地下渗流研究领域，质量守恒定律被诠释为区域水均衡原理。能量守恒定律即热力学第一定律，是指在一个封闭(孤立)系统的总能量保持不变。一般来说，总能量已不再只是动能与势能之和，而是静止能量(固有能量)、动能、势能三者的总量，其在地下渗流研究领域表现为达西定律。

地下水研究领域中的水均衡原理是指在一定的区域内，使区域内地下水总量增加(如降水垂直入渗量、上游断面流入量、注水回灌等)与减少(蒸发量、下游断面流出量、钻井抽水等)的总和等于区域内原有的地下水储存总量的变化量。在一般情况下，由于天然的环境下温度变化幅度有限，因此，水的体积受温度影响较小，通常也可用流体的体积来近似代替质量[150]。

达西定律由法国水力学家 H. -P. -G. 达西在 1852—1855 年通过大量实验得出，后来推广应用于其他土体如黏土和具有细裂隙的岩石等。达西定律广泛适用于水头损失与流速的一次方成正比、流速与水力梯度呈线性变化等的层流领域，而在流速与水力梯度呈非线性变化的紊流条件下则不再适用。用总水头表示在地下水运动场中某一点总能量大小为[151-152]

$$H = z + \frac{p}{\gamma} + \frac{u^2}{2g} \tag{4.9}$$

式中，H 为总水头；p 为该点处的静水压力；γ 为水的重度；u 为地下水的流速；g 为重力加速度；z 代表该点相对于参考位置的高度也是位置水头；$\frac{p}{\gamma}$为压力水头；$z+\frac{p}{\gamma}$统称为测压管水头；$\frac{u^2}{2g}$为速度水头。

不考虑水头损失，则总水头为一个常数，而通常地下水渗流的速度较小，速度水头又是渗流速度的二次项，因此，可忽略速度水头，从而得到

$$z + \frac{p}{\gamma} = C(\text{常数}) \tag{4.10}$$

同时，考虑水具有粘滞性，尤其可能含有丰富的可溶物或电解质等杂质，在地下渗流过程中容易产生摩擦阻力。总能量在摩擦阻力作用下减少，而达西定律论证得到水头损失和渗透速度以及渗流路径长度成正比，在一维渗流路径取微元时，得到达西定律的微分形式为

$$q = -K \cdot \mathrm{grad}H \tag{4.11}$$

式中，q 为渗透速度，即单位面积每秒流量；K 为渗透系数。

式(4.11)具有较为普遍的一般形式，当含水层各向异性，渗透性质差异较大时，可将上式

推广为三维流

$$\begin{cases} q_x = -K_{xx}\dfrac{\partial H}{\partial x} \\ q_y = -K_{yy}\dfrac{\partial H}{\partial y} \\ q_z = -K_{zz}\dfrac{\partial H}{\partial z} \end{cases} \tag{4.12}$$

式中，q_x，q_y，q_z 分别为 x，y，z 方向上的流速分量。

4.6.2　渗流场模拟软件（Visual-modflow）简介

美国地质调查局于 1984 年用 Fortran77 语言开发完成 Modflow，因为其原理简单、操作方便、功能强大，在地下水数值模拟领域得到了广泛的应用[153]。Visual-modflow 是在 Modflow 软件基础上，应用现代可视化技术开发研制的一款商用专业软件，其综合了已有的多款地下水模型，可进行三维水流模拟、溶质运移模拟和反应运移模拟。

Visual-modflow 最显著的特点是采用了模块化结构，将许多具有类似功能的子程序组合成为子程序包，用户可按实际工作需要选用其中某些子程序包对地下水运动进行数值模拟。软件主要包含 Modflow，MT3DMS，MODPATH，ZONE BUDGET 4 个功能模块。此外，Visual-modflow 已不局限于模拟地下水在孔隙介质中的流动，也可用来解决许多地下水在裂隙介质中的流动问题，甚至还可用来解决空气在土壤中的流动问题。

本次渗流数值模拟主要用到的程序包有计算单元间渗流子程序包（BCF）、河流子程序包（RIV）、补给子程序包（RCH）、井流子程序包（WEL）、沟渠子程序包（DRN）、蒸发子程序包（ET）、一般水位边界子程序包（GHB）及水平流障子程序包（HFB）。其中，渗流子程序包（BCF）用于计算相邻计算单元的地下水渗流量以及含水层储水量的变化所吸收或释放的水量，它主要通过渗透系数 K 以及储水系数 S_s 或给水度 S_y 来改变含水层性质控制地下水流动；河流子程序包（RIV）用以模拟地面水与地下水系统之间的交换，它的计算原理是对比河流与周围岩体之间的水位差；补给子程序包（RCH）是模拟地下水系统的面状补给，它的缺陷是无视地形地貌条件下的降雨入渗强度，因此，在输入降雨入渗系数时需要根据不同区域的特点划分与之匹配的入渗系数，在 Modflow 建模时分别赋值才能正确地表达研究区的入渗补给强度；井流子程序包（WEL）和沟渠子程序包（DRN）分别模拟井流对地下水的影响以及沟渠的排水效应；蒸发子程序包（ET）用于处理植被蒸腾和表土蒸发引起的潜水蒸发排泄；一般水位边界子程序包（GHB）用以处理一般性的已知水位边界；水平流障子程序包（HFB）用来模拟阻碍地下水水平流动的垂向伸展的薄层低渗透性物体[154-155]。

Visual-modflow 计算分为前处理、运行和后处理 3 个部分，仅对本次计算使用的 Modflow 模块计算流程进行简述。前处理是模型建立的参数输入模块，输入的参数包括地表起伏高程控制点、各个含水层标高、重要水文地质参数（渗透系数、孔隙度、给水度、储水系数等）、初始地下水位参数等。然后在横、纵、竖 3 个方向上划分合适的单元数量，并定义水均衡区，对各区域赋予降水补给和蒸发强度等条件，再根据地表水体的分布输入相应的溪水、河流、湖泊等水体参数，设置相应的边界条件。最后对全局输入初始水头，除地勘获取的地下水位资料外，可利用软件自带功能对全局进行插值获得。模型建立完毕后进入运行模块,可对模型选择稳定流和非稳定流计算,在 Modflow 模块中,按照计算需求在总的计算时间内划分若干应力期,每个应力期又可划分为多个时段。后处理可将计算后任一个时间步的计算结果显示出来,并提供 x,y,z 3 个方向上与轴线平行的任一处剖面图,显示计算结果。

4.6.3 模型建立

1) 模型概化

该矿山法城市隧道地处深圳水库下游,主线以穿越地势平坦的水库下游段为主,虽然部分跨过莲塘山分水岭,计算中并未将此处设置为流量边界,而对水量充沛的深圳河河谷,位于隧址区北边,设定为定水位补给边界,其余边界按照稳定流计算结果和现场实测水位确定为透水边界。深圳水库水位以定水位边界等效方式作用于水库大坝坝体之上,地表水库泄洪渠位于谷对岭地区和水库下游地区的分界线上,连接水库形成汇水条件,确定为河流边界条件,隧道结构采用排水管边界,如图 4.21 所示。

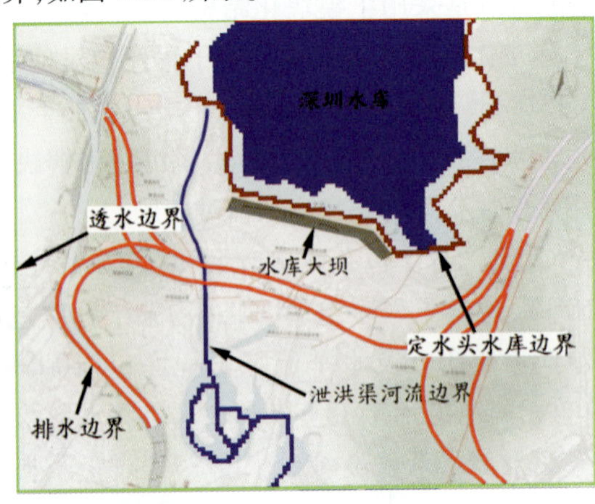

图 4.21　地表边界条件示意图

计算模型范围包括隧道、深圳水库、水库泄洪渠及周边可能与隧道有水力联系的矩形区域。模型范围为 x 方向(东西向):0 ~ 2 700 m;y 方向(南北向):−450 ~ 1 450 m;z 方向(高程):−50 ~ 200 m。平面总面积共计 5.13 km^2。为还原真实地形并消除渗流边界效应,z 方向覆盖了隧址区地表高程最高点和隧道拱底以下的可能影响范围。

根据模型的范围和单元长宽比例,将模型离散为 432 000 个单元,依据勘察所得实际地形等高线图输入高程控制点,采用距离平方反比法进行差值生成模型地表的高程曲面(见图 4.22),再利用钻孔测得的控制点地下水位高程与地表高程进行线性回归分析,得到模型的初始水位分布,建立的模型初步三维空间如图 4.23 所示。

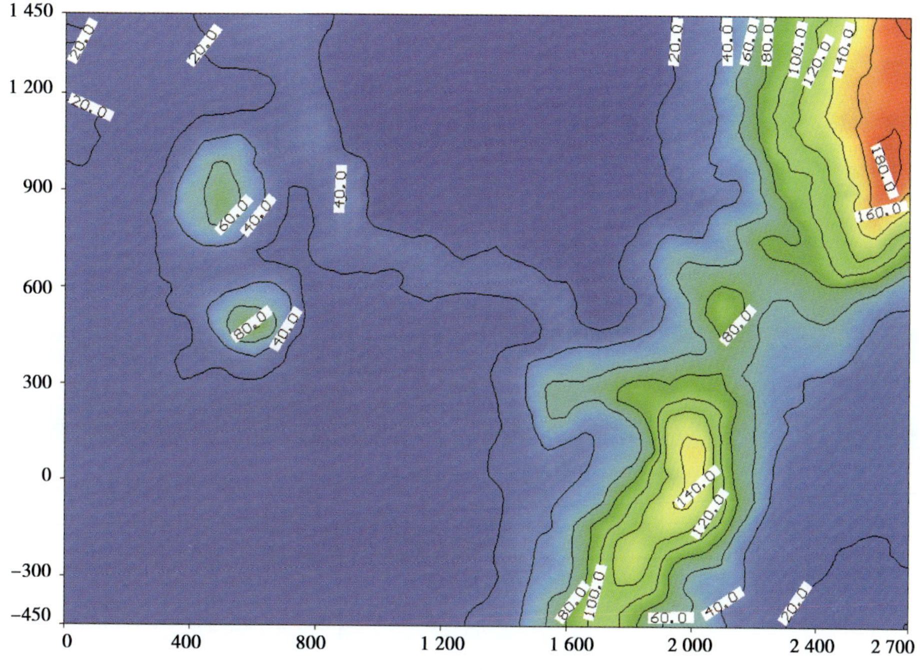

图 4.22　地表高程等值线云图

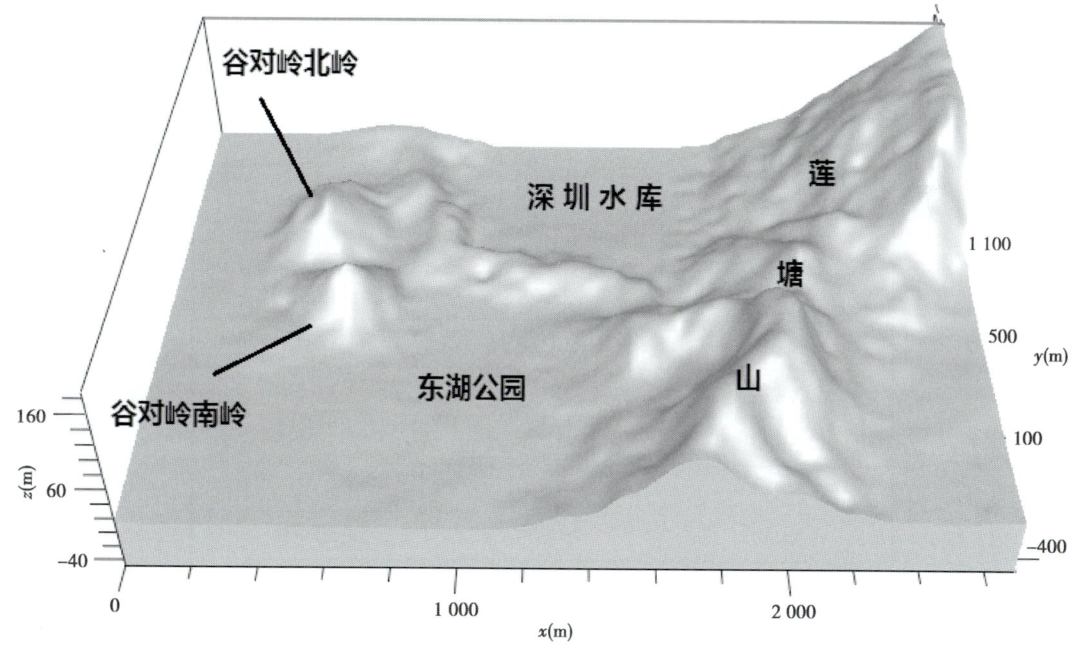

图 4.23　模型三维空间示意图

2) 模型参数

针对三维数值模型模拟隧道渗流场，初始水位设置的准确性至关重要，限于水文地质勘察只能获得场区主要控制点的地下水位，建模前还需对钻孔水位高程和野外观测井水位高程进行插值，从而得到满足计算需求的初始地下水位。场区部分钻孔布置图如图 4.24 所示，场区部分地下水位控制点资料见表 4.4。

图 4.24　场区部分钻孔布置图

表 4.4　场区部分地下水位控制点资料

钻孔编号	孔口标高(m)	水位高程(m)
ZCK1	66.13	36.47
ZCK5	57.06	34.54
FJ1	53.82	44.72
FJ3	53.76	44.16
SD4	19.14	16.34
XK1	33.18	30.38
XK2	32.56	29.86
XK11	24.68	20.78
XK12	23.79	19.69
XK24	18.33	14.13
XK25	18.27	14.17
XK43	6.85	6.29
XK44	9.51	7.41
XK59	67.75	50.85
XK69	30.67	26.17
XK95	70.89	61.69
XK96	61.22	53.02
XK125	117.93	65.53
XK126	134.71	80.11
XK127	115.91	67.61
XK132	81.82	67.42
XK161	12.18	9.18

续表

钻孔编号	孔口标高(m)	水位高程(m)
XK209	13.51	10.41
BK1	21.92	19.12
BK8	18.84	16.24
BK18	16.86	14.43
BK34	10.68	8.08
BK41	13.48	10.38
Z07	18.41	15.41
Z09	11.98	10.08

由表 4.4 可知，地表高程和水位高程之差集中于 0 ~ 50 m，将地表标高和地下水位标高进行线性回归分析，可得回归分析图，如图 4.25 所示。

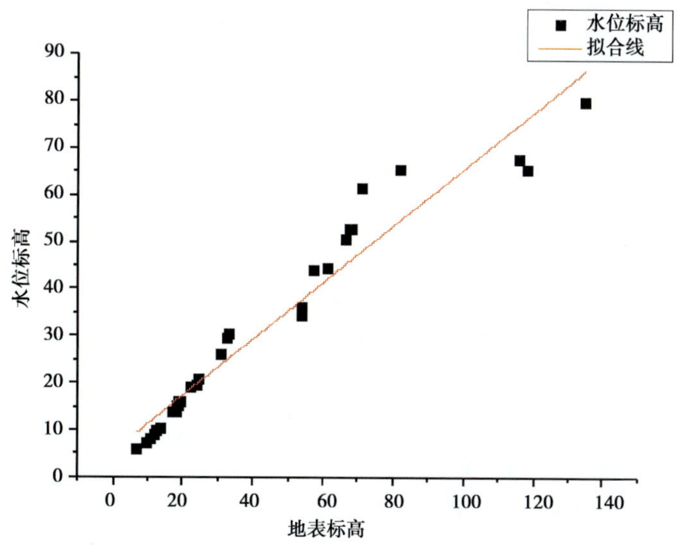

图 4.25　地表标高和地下水位标高回归分析图

通过线性回归分析，得到回归方程式(4.13)，其相关系数 $R^2=0.941$，即

$$H_w=0.601\ 53H+5.312\ 85 \tag{4.13}$$

隧址区各点初始水位依据式(4.13)进行计算，并赋予三维空间模型中，得到模型的初始水位分布，如图 4.26 所示。

隧址区地质条件相对复杂，隧道沿线地层从上至下主要包括人工填土、第四系全新统冲洪积层粉质黏土、有机质中粗砂、有机质粉质黏土、细砂、含卵石砾砂，第四系上更新统冲洪积层粉质黏土、粉细砂、含卵石中粗砂、第四系上更新统坡洪积层含碎石粉质黏土，第四系残积层粉质黏土、石炭系变质砂岩、加里东期混合花岗岩和震旦系花岗片麻岩，以及碎裂岩、糜棱岩等构造岩。此外，工程整体位于罗湖断裂带或其影响带内，虽然拟建场地内没有全新世活动断裂存在，但场区内仍有 F4，F6，F205-1，F205-2，F205-3，F205-4，F7，F8，F9，F10，F11 等多

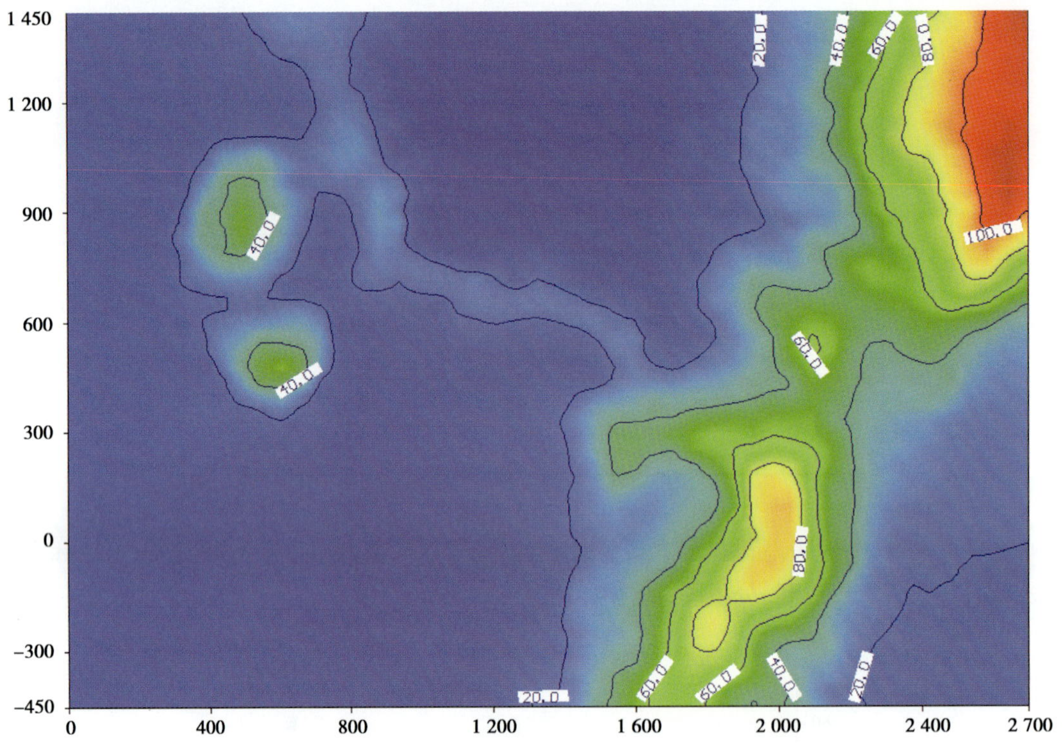

图 4.26　模型计算初始水位示意图

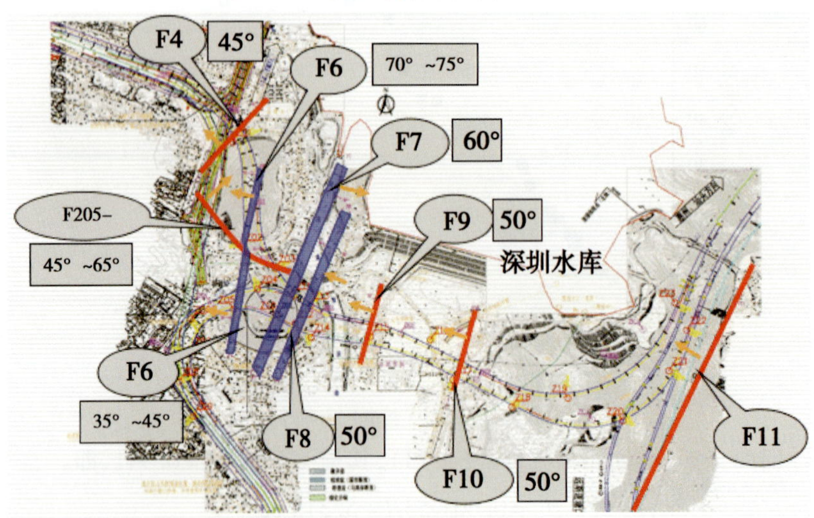

图 4.27　隧址区断层带分布图

条规模不等的断层通过(见图 4.27),可能还存在尚未揭露的次级断层。

为方便建立三维空间模型,在保证计算结果准确的同时,根据现场水文地质试验和工程勘察资料,对场区地质条件相似的地层进行合理的合并或简化,模型主要计算参数见表 4.5。分析施工期渗流状态时,与前述渗流模型试验参数相同,计算模型加固圈范围为 4.5 m,掌子面前方全断面帷幕注浆范围为 6 m。

表 4.5　模型主要计算参数

围岩-支护结构	K_x (m/d)	K_y (m/d)	K_z (m/d)	有效孔隙率 (%)	给水度 (%)
人工填土	0.2	0.2	0.1	3	2.4
强风化变质砂岩	0.5	0.5	0.25	15	11
中风化变质砂岩	0.5	0.5	0.3	12	9
微风化变质砂岩	0.15	0.15	0.075	10	7
强风化碎裂岩化混合花岗岩	0.5	0.5	0.25	5	3.3
微风化碎裂岩化混合花岗岩	0.2	0.2	0.1	3	2.1
强风化花岗片麻岩	0.4	0.4	0.2	4	3
微风化花岗片麻岩	0.08	0.08	0.04	2	1.5
断层带	0.01	0.01	0.01	10	6.8
密集裂隙带	1.0	1.0	0.5	30	15
初衬	8.64×10^{-3}	8.64×10^{-3}	8.64×10^{-3}	—	—
加固圈	0.02	0.02	0.02	2	1.5

综合前述地下水位资料、地表高程资料和模型主要计算参数，建立的地层模型平面分层图如图 4.28 所示。

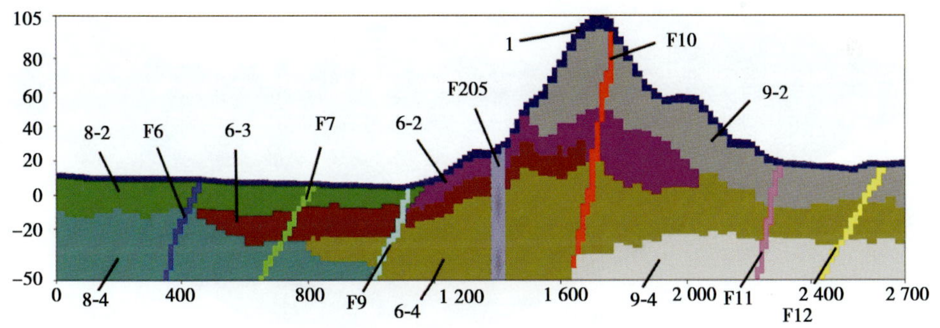

图 4.28　模型平面分层示意图

根据深圳市气象局相关资料，深圳在 1953—1982 年共 30 年间，年降雨量资料绘制成降雨量-时间关系曲线（见图 4.29）。可知，多年平均值为 1 933.3 mm，多数年份降雨量在平均线上下徘徊，最小降雨值出现在 1963 年，为 912.5 mm，而最大降雨值则发生在 1975 年，为 2 662.2 mm。综合分析，计算模型中设置年平均降水量为 1 935.8 mm，蒸发量为 1 449.9 mm，汛期降雨量为 1 020.6 mm。

综上所述，绘制深圳某大型地下立交工程三维空间渗流计算模型如图 4.30 所示。

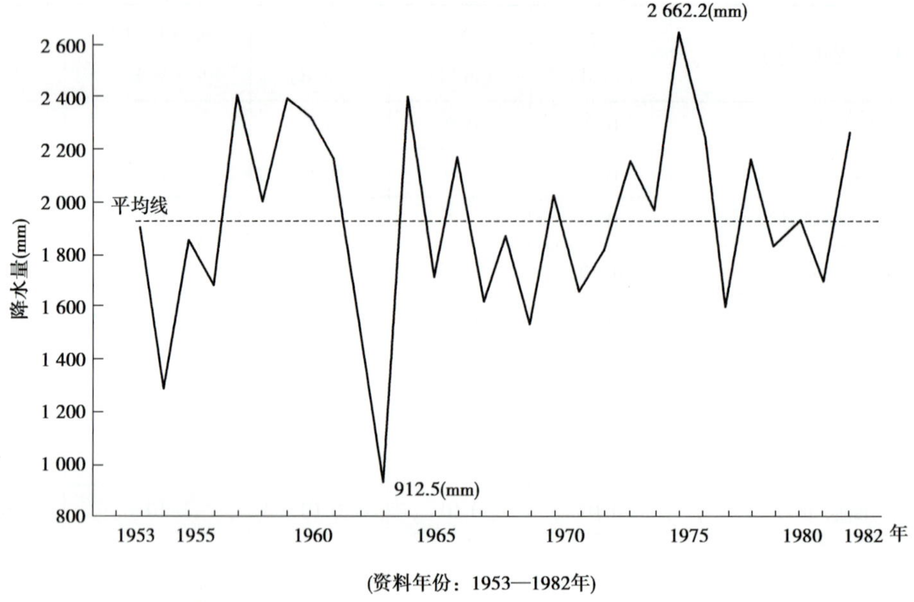

图 4.29　深圳年降水量曲线图

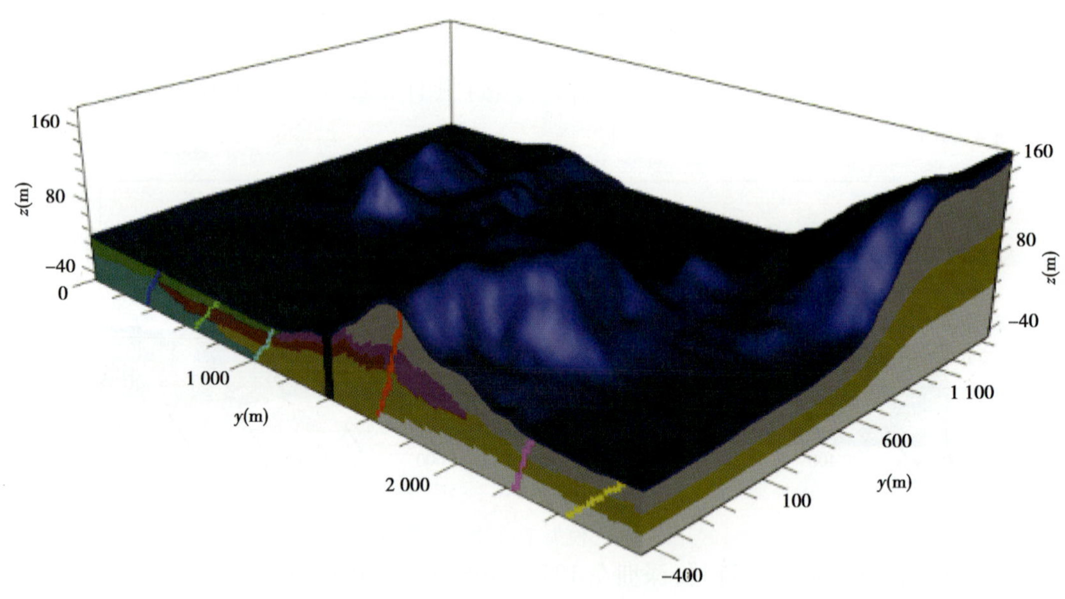

图 4.30　三维空间计算模型图

4.7　计算结果分析

本次渗流模拟分析中，选择工况见表 4.3。拟研究隧道开挖至莲塘山地区 NXK2 +980 时的施工（非扰动开挖）状态，计算模型中注浆加固效果如图 4.31 所示。

首先模拟隧道南线主隧道开挖后，未设置任何支护措施，也未设置注浆加固圈，对洞室处于毛洞状态下的涌水量进行分析预测，为方便与室内模型试验结果比较，提取掌子面前已开挖 30 m 范围内的隧道涌水量。然后依次按照各工况参数，改变注浆圈或初衬的渗透系数进行施工期隧道涌水量研究。以工况二、工况三、工况四为例，对渗流场平面分布进行研究，并提取各工况下掌子面已开挖区域(30 m 范围内)的涌水量，如图 4.32 所示；以工况一、工况三、工况四为例，对渗流场横断面分布进行研究，如图 4.33 所示。

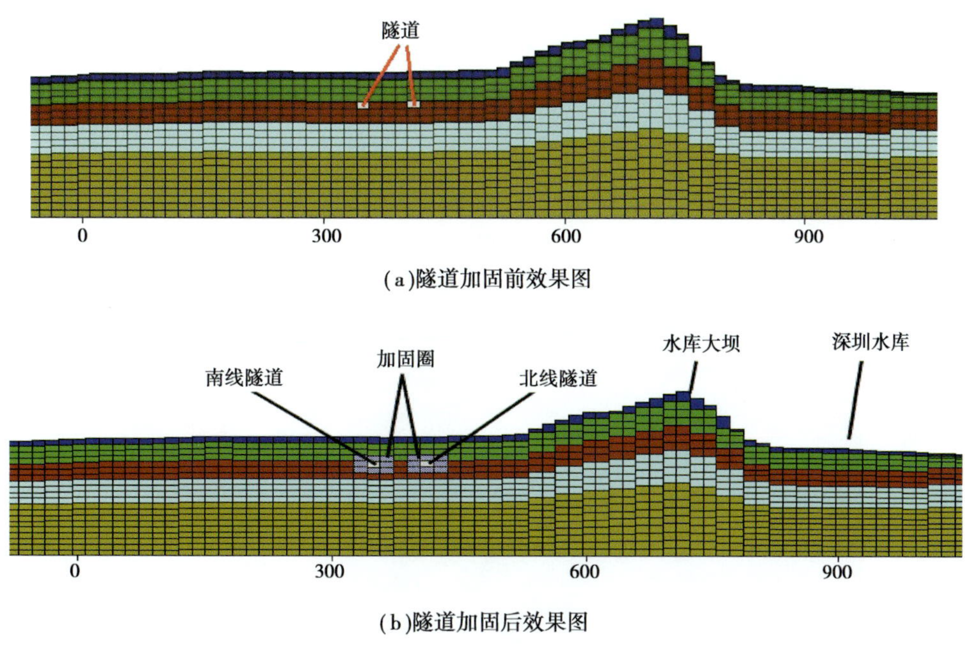

(a)隧道加固前效果图

(b)隧道加固后效果图

图 4.31　计算模型中注浆加固前后效果图

由图 4.32 可知，隧道开挖使隧址区内形成新的泄水通道，周边地下水呈明显向隧道内汇集的趋势，隧道周围的水力坡度明显增大，等水位线分布密集，与初始渗流场状态相比有较大区别。水库下游区域地势较低、隧道埋深浅，来自谷对岭、水库和莲塘山方向的地下水均有向低处流动的趋势，地下水流向几乎与隧道轴向垂直。莲塘山地区地下水位变化较为缓慢，掌子面附近等水位线沿隧道开挖方向凹陷，考虑基岩裂隙水和大气降水的补给，距隧道较远区域，地下水位没有出现明显变化。涌水量分析以工况二为例，不考虑开挖扰动时隧道掌子面附近涌水量为 2.485 $m^3/(d \cdot m)$，稍小于室内模型试验测试值 2.789 $m^3/(d \cdot m)$。

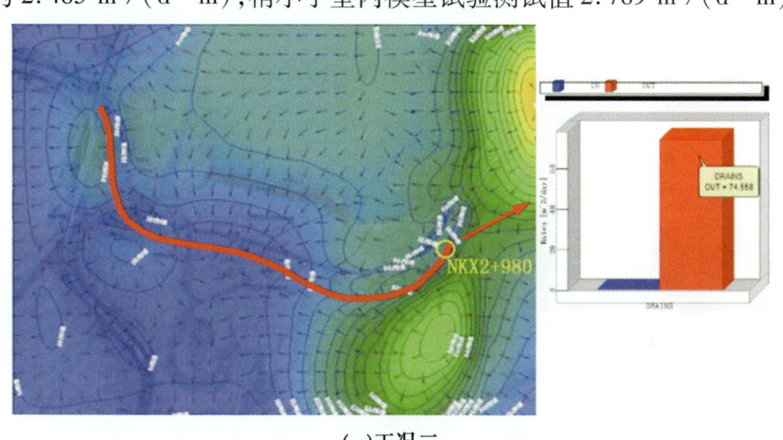

(a)工况二

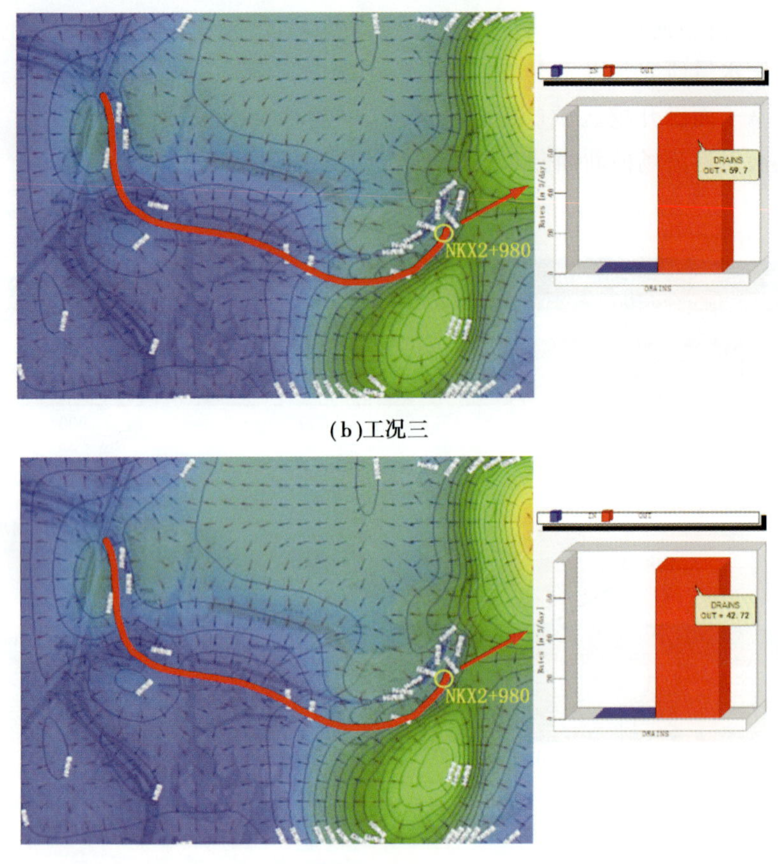

(b)工况三

(b)工况四

图 4.32　渗流场平面分布及涌水量采集

由图 4.33 可知,隧道开挖至莲塘山里程 NXK2 +980 时,基岩裂隙水垂直补给隧道,加之隧道及围岩均未采取任何防水措施(工况一),渗流影响范围极大。而随着注浆圈或初衬渗透系数降低,地下水向隧道内汇集的趋势减弱,表明较为完善的防水体系(初衬及加固圈)对保持地下水稳定起到显著作用,可有效减弱局部水力联系,隧道上部山体中地下水涌向隧道的范围也有所减小。从地下水位的变化可知,随着隧道及围岩防水措施的优化和完善,地下水降幅明显减小。

室内模型试验平均涌水量值与计算建模涌水量值进行对比(见表 4.6),两者结果和规律基本吻合。

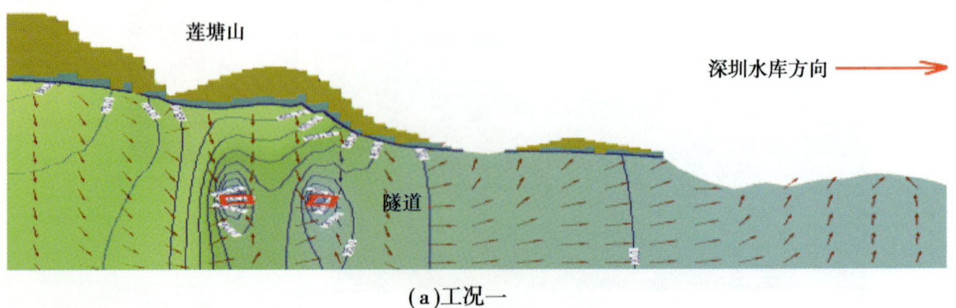

(a)工况一

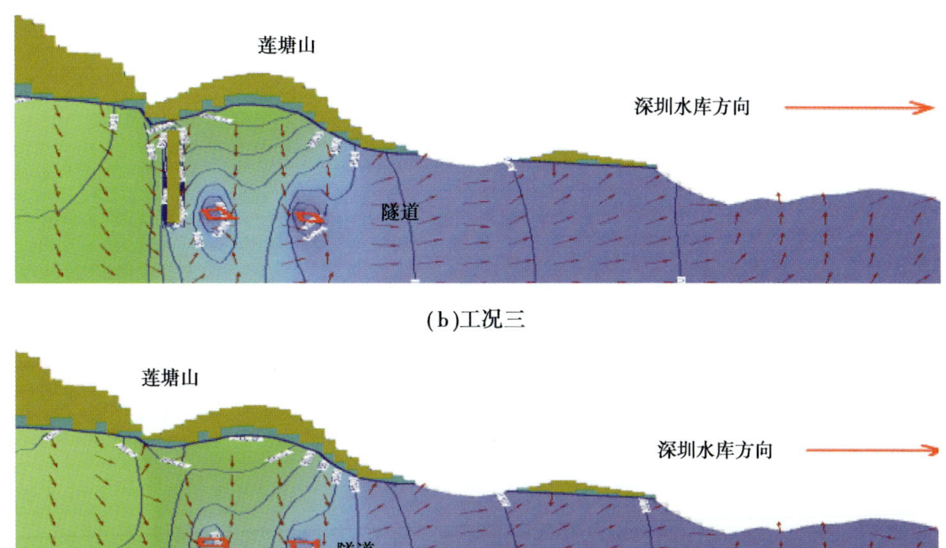

(b)工况三

(c)工况四

图 4.33　不同工况下莲塘山地区横断面渗流变化图

表 4.6　涌水量结果对比

涌水量	工　况					
	工况一	工况二	工况三	工况四	工况五	工况六
室内模型试验平均涌水量[$m^3/(d \cdot m)$]	11.38	2.789	2.027	1.664	2.418	1.871
Visual-modflow 计算涌水量[$m^3/(d \cdot m)$]	13.858	2.485	1.99	1.424	2.36	1.83

第 5 章 运营期隧道渗流场分布及其影响因素研究

长期渗漏水对城市隧道威胁极大,可能导致地下水位下降,地表水源枯竭,伴随着水土流失、地面塌陷、植被破坏等发生,也易造成衬砌变形,加速锚杆腐蚀,侵蚀隧道内附属设施,路面积水还会使行车环境恶化,影响行车安全[156]。为了解决上述问题,首先要研究隧道各阶段渗流场的水压分布规律,判断渗流影响范围,进而准确地分析地下水对围岩-支护体系的影响程度。同时,对运营期隧道渗流场分布影响较大的因素,如地下水头作用、注浆圈厚度、注浆圈渗透系数、衬砌渗透系数等进行对比分析,为富水区城市隧道设计和施工提供可靠的理论和技术支撑[129]。

本章首先利用理论分析和室内模型试验对富水区城市隧道渗流场水压力分布规律进行研究,以毛洞状态时的 Harr 经典解析解为基础,考虑围岩、注浆圈、衬砌等完整体系,并结合隧道周围实际水文环境进行理论推导。然后利用自制渗流模型试验系统,分别测试毛洞状态和包含注浆圈、衬砌状态下围岩中的水压力分布规律。同时,针对隧道渗流场影响最为直接的作用水头,进行城市隧道在动、静水头作用下的渗流模型试验研究,剖析不同高度的动、静作用水头对水压力、排水量及渗流场的影响;针对隧道渗流场有较大影响的注浆圈渗透系数,以室内渗流模型试验研究不同注浆圈渗透系数下,隧道运营期水压力变化特征,并与施工期(非扰动开挖状态)进行对比。最后利用 Visual-modflow 三维可视化渗流软件分析注浆加固对特殊水文地质条件下(过断层带、下穿泄洪渠段等)渗流场演变的影响。

5.1 富水区城市隧道渗流场分布规律研究

各国学者对隧道渗流场相关问题开展了一定的研究。M. E. Harr[157]基于镜像法原理推导了隧道在毛洞状态下的围岩孔隙水压力分布;WANG Xiuying 等[124]研究了高水位隧道控制排放情况下的衬砌外水压力,明确了衬砌外水压力是由渗透系数比率(衬砌/围岩,衬砌/注浆圈)控制,并预测了合理的注浆圈厚度;Diyuan Li 等[158]通过大量现场模拟和数值计算,分析了双(连)拱和双洞隧道的渗流场,并研究了一种用于隧道排水的新型集水系统;Fernandez 等[159]利用理论推导研究了关于开挖导致隧道周边渗透系数降低的论题,并得到评价地下水流量的方法;高新强等[129]通过室内模型试验,分析了隧道修建过程中渗流场的变化规律及作用在二衬背后的水压力作用系数；刘强等[160]利用室内模型试验，对水下隧道的渗流场进行研究，得到了隧道在不同排水方式下注浆圈和衬砌背后水压的分布规律。上述成果为探明富水区城市隧道渗流场分布规律提供了思路，但仍存在一些问题或缺陷，现有理论多以毛洞状态下的渗流演变进行分析，而未将围岩、注浆圈和衬砌等结构作为整体进行考虑，且研究局限于衬砌外侧或注浆圈范围内，对围岩中的水压分布规律和渗流场影响范围的研究则鲜有涉及。

5.1.1　隧道渗流场水压力分布规律理论研究

富水区隧道工程开挖、注浆、支护等每一个环节均会改变周边渗流场的分布[161]，现有隧道渗流场理论集中在毛洞或仅考虑注浆状态下进行研究，所获成果并不全面。本书在毛洞状态时 Harr 经典解析解的基础上，考虑围岩、注浆圈、衬砌等完整体系，并结合隧道周围实际水文环境（围岩平均渗透系数）进行理论推导，得到隧道渗流场的水压力分布规律，进而分析隧道渗流影响范围。研究成果对隧道周边水环境分析和治理有着积极的效果，为后续隧道环境影响评价提供了依据。

根据流体力学中关于镜像法求解平面势流问题的描述[162]，理想不可压缩流体的势流流动，无穿越条件，即固体壁面是一条流线的条件可通过镜像法实现，其原理如图 5.1 所示。为方便求解，同时满足镜像法使用基本准则，作出以下合理性简化：

①隧道断面为圆形，沿轴线水平分布。

②视围岩为均匀且各向同性介质，可用围岩平均渗透系数计算。

③假设地下水位保持不变。

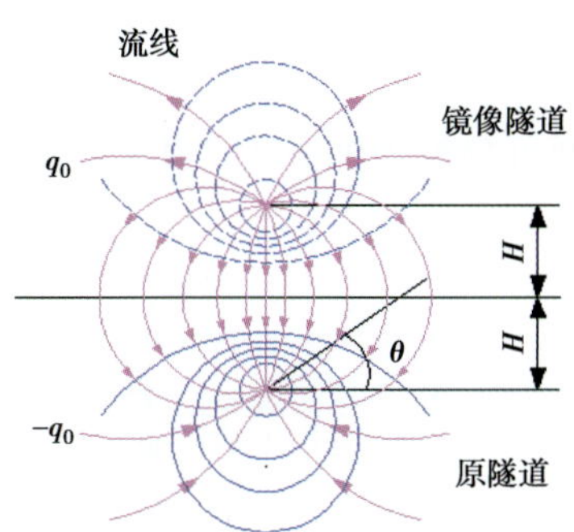

图 5.1　镜像法原理

由 Harr 解析解可得隧道所在渗流场范围内任一位置的水头计算公式为[157,163]

$$h = \frac{q_0}{2\pi \bar{k}}\left\{\ln\left[\cos^2\theta + \left(\frac{2H}{r} - \sin\theta\right)^2\right]^{0.5}\right\} + H \tag{5.1}$$

式中，q_0 为单位长度流量；θ 为渗流场中计算点到隧道中心的连线与水平线的夹角；r 为渗流场中计算点到隧道中心的距离；H 为地下水位线到隧道中心的垂直距离；$\bar{k}$ 为围岩平均渗透系数。

其中，围岩平均渗透系数的推导应用裘布依假定，将隧道看成稳定井，假想降水井包含多种地质条件的地层，则每一层均可单独视为稳定流，故每一层均可应用裘布依水井理论[164-165]。利用假想降水井的水量等于隧道排水量可知

$$\bar{k}=\frac{2\sum_{i=1}^{n}k_iM_i}{2H-S_w} \tag{5.2}$$

式中，M_i 为围岩中某含水层厚度；k_i 为某含水层渗透系数；S_w 为初始水位降落高度。

式(5.1)中当 $\theta=0$ 时，即隧道中心水平线上，则

$$h_{sp}=\frac{q_0}{2\pi\bar{k}}\left\{\ln\left[1+\left(\frac{2H}{r}\right)^2\right]^{0.5}\right\}+H \tag{5.3}$$

毛洞状态时在隧道洞周，水压力值为0，故式(5.3)中 h_{sp} 值为0，r 为隧道半径 a，即

$$q_0=-\frac{2\pi H\bar{k}}{\ln\left[1+\left(\frac{2H}{a}\right)^2\right]^{0.5}}\approx-\frac{2\pi H\bar{k}}{\ln\left(\frac{2H}{a}\right)} \tag{5.4}$$

合并式(5.1)和式(5.4)，可得水头计算表达式为

$$h=\left\{1-\frac{\ln\left[\cos^2\theta+\left(\frac{2H}{r}-\sin\theta\right)^2\right]}{\ln\left[1+\left(\frac{2H}{a}\right)^2\right]}\right\}H \tag{5.5}$$

由式(5.5)可得毛洞状态时渗流场水压力计算公式为

$$p=\left\{1-\frac{\ln\left[\cos^2\theta+\left(\frac{2H}{r}-\sin\theta\right)^2\right]}{\ln\left[1+\left(\frac{2H}{a}\right)^2\right]}-\frac{r\sin\theta}{H}\right\}H\gamma_w \tag{5.6}$$

地下水渗流路径如图5.2(a)所示，依次经过围岩和注浆圈集中在二衬背后，由排水系统将部分地下水排出隧道外以减弱其水压力[158,166]。为便于理论研究，假定地下水能透过二衬进入隧道内，此时，隧道渗流模型可分解为如图5.2(b)所示的3个模型进行叠加，分别是衬砌、注浆圈和围岩。

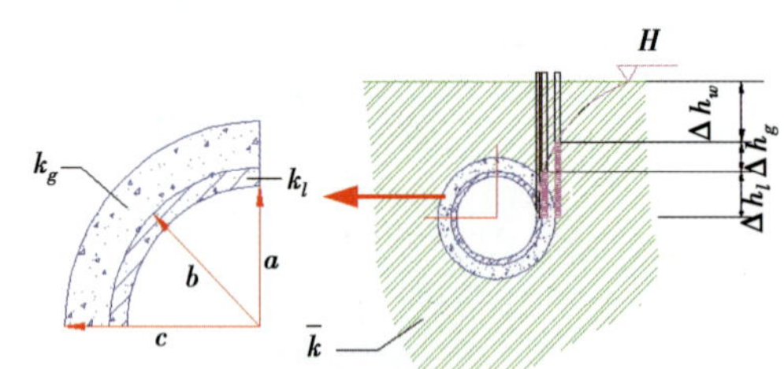

(a)分解前的隧道渗流模型

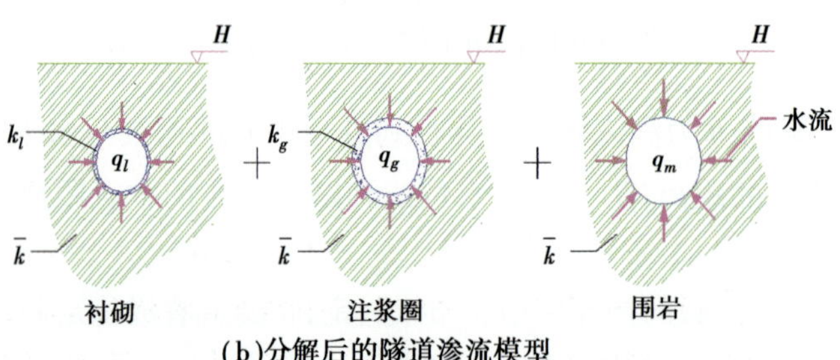

(b)分解后的隧道渗流模型

图5.2 隧道渗流模型

根据 Fernandez[167] 在相关研究中关于衬砌单位长度流量的表述，衬砌的单位长度流量 q_l 和注浆圈的单位长度流量 q_g 可分别表示为

$$q_l = \frac{2\pi k_l \Delta h_l}{\ln \dfrac{b}{a}} \tag{5.7}$$

$$q_g = \frac{2\pi k_g \Delta h_g}{\ln \dfrac{c}{b}} \tag{5.8}$$

式中，a 为隧道半径；b 为衬砌半径；c 为注浆半径；k_l 为衬砌渗透系数；k_g 为注浆圈渗透系数；Δh_l 为衬砌水头损失；Δh_g 为注浆圈水头损失。

由式(5.4)可知，围岩的单位长度流量 q_m 为

$$q_m = -\frac{2\pi \bar{k} \Delta h_w}{\ln \dfrac{2H}{c}} \tag{5.9}$$

式中，$\bar{k}$为围岩平均渗透系数；Δh_w 为围岩水头损失。

不考虑渗流方向，实际单位长度流量为正，即

$$q_m = \frac{2\pi \bar{k} \Delta h_w}{\ln \dfrac{2H}{c}} \tag{5.10}$$

因地下水在围岩、注浆圈和衬砌内的单位长度流量相同，即 $q_l = q_g = q_m$，故由图 5.2(a)可知，隧道总水头损失，即 $\Delta h_l + \Delta h_g + \Delta h_w = H$，则

$$\Delta h_w = \frac{H}{1 + \dfrac{\ln \dfrac{b}{a}}{\ln \dfrac{2H}{c}} \cdot \dfrac{\bar{k}}{k_l} + \dfrac{\ln \dfrac{c}{b}}{\ln \dfrac{2H}{c}} \cdot \dfrac{\bar{k}}{k_g}} \tag{5.11}$$

令式(5.11)中

$$\xi = \frac{\ln \dfrac{b}{a}}{\ln \dfrac{2H}{c}},\ \eta = \frac{\ln \dfrac{c}{b}}{\ln \dfrac{2H}{c}}$$

则

$$\Delta h_w = \frac{H}{1 + \xi \dfrac{\bar{k}}{k_l} + \eta \dfrac{\bar{k}}{k_g}} \tag{5.12}$$

将式(5.12)代入式(5.9)，可得

$$q_l = q_m = -\frac{2\pi \bar{k}}{\ln \dfrac{2H}{c}} \left(\frac{H}{1 + \xi \dfrac{\bar{k}}{k_l} + \eta \dfrac{\bar{k}}{k_g}} \right) \tag{5.13}$$

将式(5.3)中的 q_0 用式(5.13)中的 q_l 代替，得

$$h_{sp}=\left\{1-\frac{\ln\left[\cos^2\theta+\left(\frac{2H}{r}-\sin\theta\right)^2\right]}{\ln\left[1+\left(\frac{2H}{c}\right)^2\right]}\cdot\frac{1}{1+\xi\frac{\bar{k}}{k_l}+\eta\frac{\bar{k}}{k_g}}\right\}H \tag{5.14}$$

由式(5.14)可得,考虑注浆圈和衬砌情况下的隧道渗流场水压力计算公式为

$$p=\left\{1-\frac{\ln\left[\cos^2\theta+\left(\frac{2H}{r}-\sin\theta\right)^2\right]}{\ln\left[1+\left(\frac{2H}{c}\right)^2\right]}\cdot\frac{1}{1+\xi\frac{\bar{k}}{k_l}+\eta\frac{\bar{k}}{k_g}}-\frac{r\sin\theta}{H}\right\}H \tag{5.15}$$

5.1.2 隧道渗流场水压力分布规律试验研究

为验证理论推导结果的可靠性,以深圳某大型地下立交工程为依托进行了室内大型渗流试验。试验采用了前述与工程现场相符的围岩、注浆圈、衬砌等新型相似材料,利用自主研发的施工及运营期矿山法隧道渗流模型试验系统,分析隧道渗流场水压力分布规律,用以推导隧道渗流影响范围。

考虑莲塘山植被茂盛,工程环境相对复杂,本次研究仍然选择隧道开挖至距离水库大坝最近的 NXK2 +980 附近为原型,该区段埋深约 40.4 m,水头位于地表以下 10.6 m,以中风化至微风化基岩为主,岩芯表面多见水蚀溶孔及溶隙,地下水活动频繁。通过各钻孔孔内摄像解译的裂隙发育情况,可知主线隧道穿越莲塘山该里程段附近发育有 5 组主要裂隙面,产状分别为 24∠39,171∠53,213∠52,262∠59,337∠48,根据节理裂隙面的产状和本工程段隧道的走向,应用赤平投影原理,显示出线路与主要裂隙面的相对关系,如图 5.3 所示。考虑裂隙节理分布离散、各向异性等特征,地下水流动具有不均一性,通过现场抽、注水试验确定围岩平均渗透系数为 0.135 m/d。

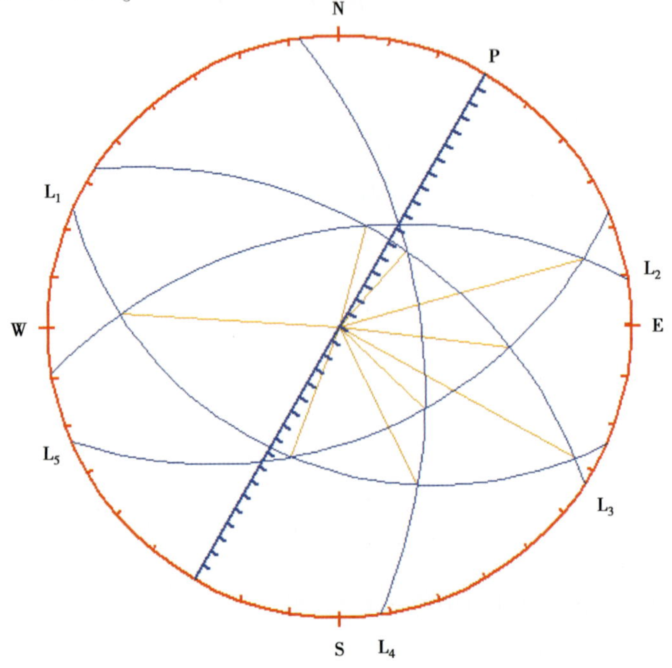

图 5.3 隧道与主结构面及主要裂隙面的相对关系图

试验相似比依旧采用：几何相似比 $C_L=1/30$，渗透系数相似比 $C_K=1$，重度相似比 $C_\gamma=1$，水头高度相似比 $C_H=1/30$，时间相似比 $C_T=1/30$，水压力相似比 $C_P=1/30$。模型试验相似材料以控制渗透系数为综合指标，研制过程见 5.3 节所述。其中，运营期二衬结构采用水膏比 1∶1.3的特种石膏外涂 3 mm 防水清漆进行模拟（见图 5.4）。通过大量配比试验，确定试验相似材料配比见表 5.1。模型试验装置采用施工及运营期矿山法隧道渗流模型试验系统（见图 5.5），其构造和功能如 4.4 节所述。由于本次试验主要研究富水区城市隧道渗流场水压力分布规律，为便于同理论研究结果进行对比，且试验为局部渗流模型，考虑采用无限补给作用水头[114]，试验中作用水头模拟依靠控制高度可调节式循环水箱装置来实现。

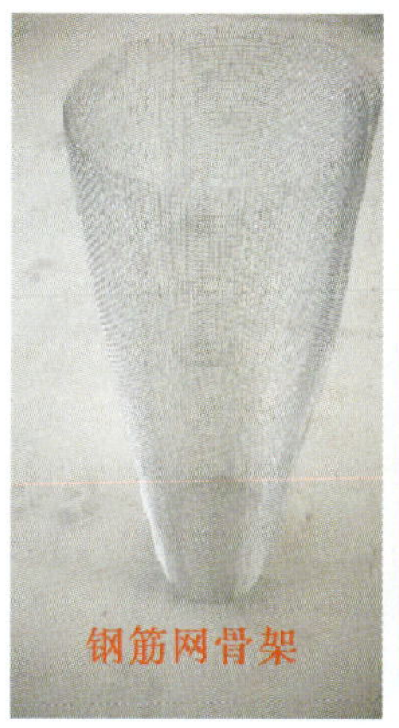

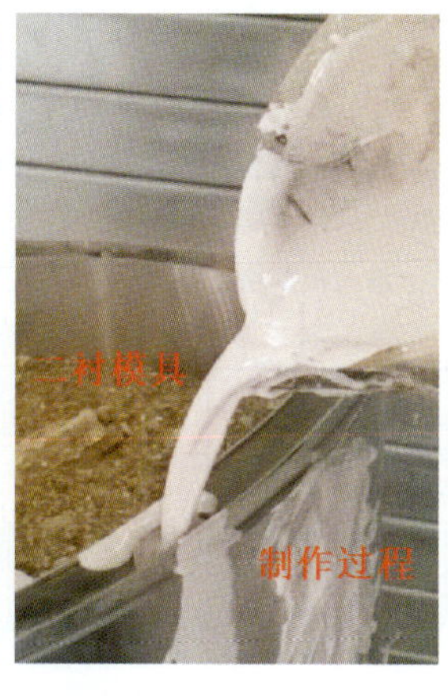

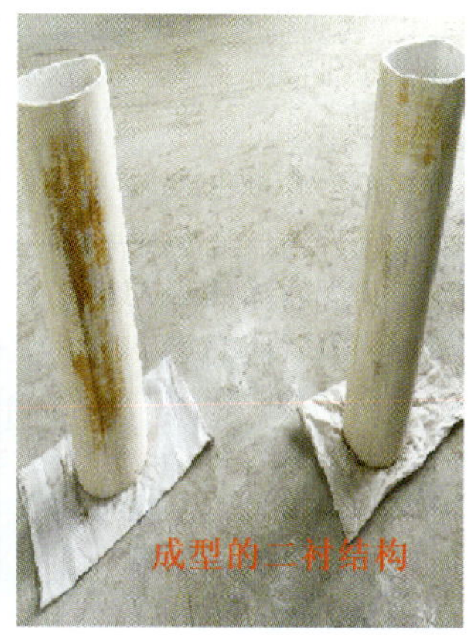

图 5.4　二衬相似材料的研制

表 5.1　模型试验相似材料配比

隧道结构 试验配制	围岩	注浆圈	初衬	二衬
实际渗透系数 （m/d）	0.135	0.016	8.64×10^{-3}	不透水
相似材料配比	黏土∶细砂∶玻璃纤维（质量比）＝1∶1.4∶0.01	水泥∶炭渣＝1∶10，厚度为 150 mm	8 层编织土工布，厚度为 5.924 mm	1∶1.3 的特种石膏（内设钢筋网）+ 3 mm 防水清漆

注：表中所用黏土粒径≤0.075 mm，细砂粒径≤0.3 mm，炭渣粒径≤2 mm。

试验分别模拟毛洞和设置有注浆圈、衬砌的两种渗流场。其中，注浆圈采用自制模具成型，环间接缝涂抹高标号防水水泥连接，确保地下水经过指定线路渗流。试验选用采集频率高、信号稳定、抗干扰能力强的 TST 型孔隙水压力传感器（水压力计量程 30 kPa，精度 0.1 kPa），结合泰斯特（TST3826F）60 测点静态应变测试分析系统，测试各特征点水压力值（见图 5.6）。

水压力测点集中布置在模型试验箱中部隧道横断面上，并分别在隧道上方、隧道水平中心线和隧道下方的围岩中布置 3 条测线，各个测点均匀分布在测线上（测点间距 20 cm），其相对位置如图 5.7 所示。在两端双层法兰盘上（隧道初衬与二衬之间）设有排水孔，由导管引入拱顶位置排水，排水量采集依靠软管连接带刻度的水箱进行，软管上设有调水阀，可主动控制排水量，实现限量排放的模拟。

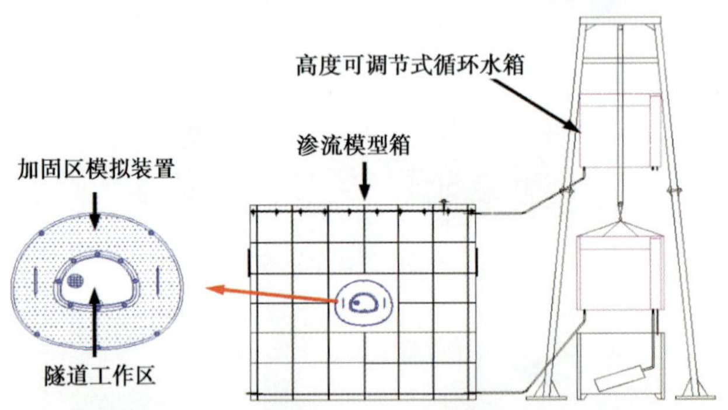

图 5.5 施工及运营期隧道渗流场模型试验系统

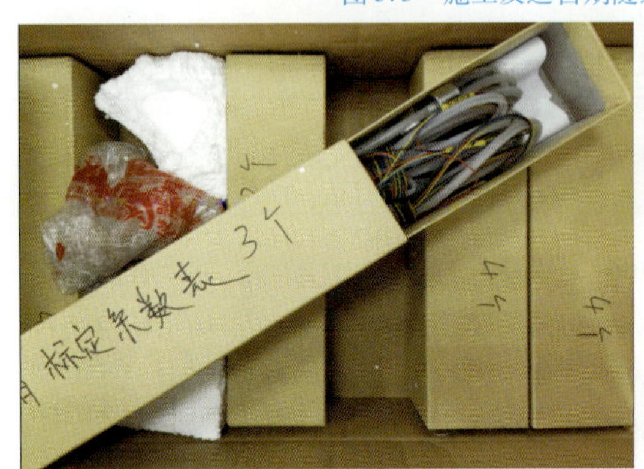

(a) TST型孔隙水压力传感器

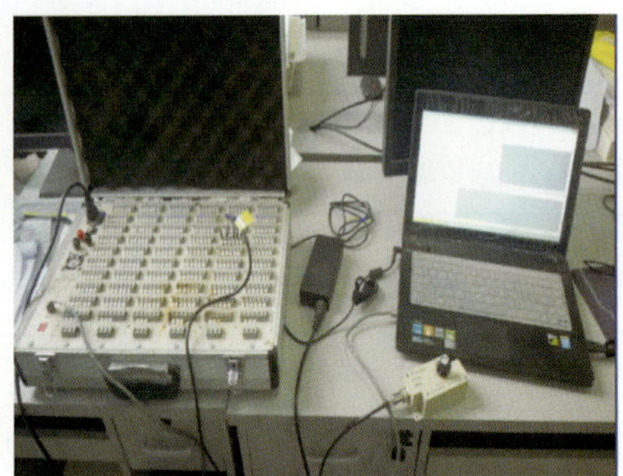

(b) 调试静态应变测试分析系统

图 5.6 水压力测量系统

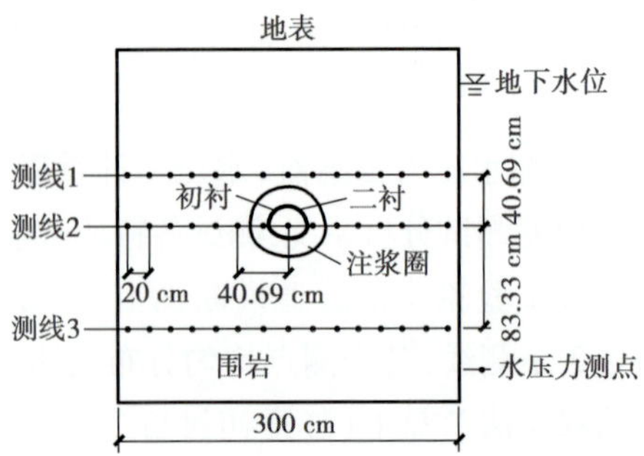

图 5.7 测点布置

运营期隧道渗流场分布模型试验流程如下：

①将配制的围岩相似材料分层铺设到渗流模型箱中，在围岩四周铺设一层 50 mm 厚碎石层，以形成均匀渗流场并加快试验渗流速度[见图 5.8(a)]。

②依次安装预制的注浆圈、初衬、二衬等隧道结构进行运营期隧道模拟，并在注浆圈外侧安装反滤层，当注浆圈位置填充围岩相似材料且无衬砌时，模拟毛洞状态；在预定特征点位安置水压力计并连接应变箱，静态应变测试分析系统采用接地线埋入土中，以消除外界环境干扰，保证测试水压力值的可靠性，调试数据采集系统，渗流试验前对水压力计数值进行校准和调零[见图 5.8(b)—(d)]。

③封闭模型箱顶盖，在出线口涂抹防水密封胶，以保证水密性，控制移动式循环水箱装置保证稳定的试验水头向模型箱中补给；隧道排水量和各测点水压力值稳定后，读取测试结果。

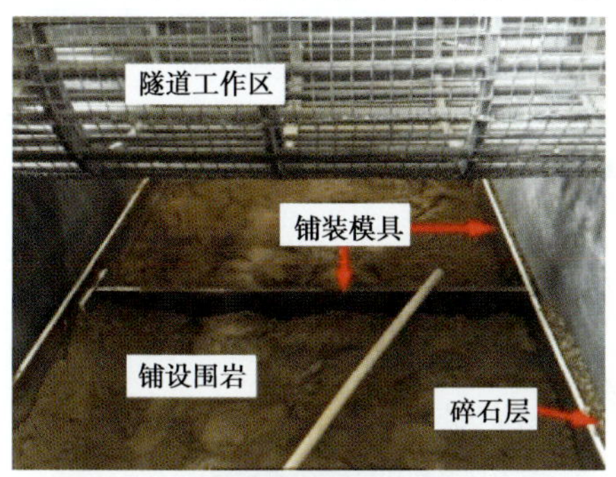

(a)铺设围岩

(b)衬砌制作

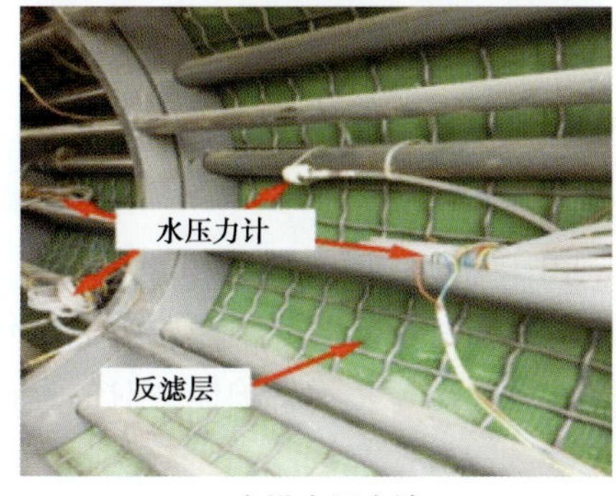

(c)安设水压力计

(d)安装注浆圈

图 5.8　试验过程照片

5.1.3　理论计算与模型试验结果分析

理论计算所用参数与室内模型试验相同，见表 5.2。

表 5.2　参数取值

参　数	H	$\bar{k}$	k_l	k_g	a	b	c
取　值	37.107 m	0.135 m/d	8.64×10^{-4} m/d	0.016 m/d	7.107 m	7.707 m	12.207 m

对毛洞状态[见式(5.6)]及考虑注浆圈和衬砌情况下[见式(5.15)]的隧道渗流场水压力公式进行坐标转换，并将理论解与试验结果进行对比[提取试验结果时，渗流场已稳定，隧

道排水量为 0.455 $m^3/(d\cdot m)$],测线 1,2,3 的水压力特征曲线如图 5.9—图 5.11 所示。

测线 1 位于隧道加固区上方围岩中。由图 5.9 可知,试验和理论结果基本一致,均表现为隧道开挖后,靠近隧道的测点水压力明显减小且以隧道为中心对称分布,呈下凹漏斗状,与初始状态有明显差异,表明隧道形成临空面后具有良好的泄水性,进而改变了渗流场分布;毛洞状态呈现的隧道泄水性远大于含有注浆圈和衬砌的完整支护状态,前者各测点间水压变化幅度较大且未见收敛的趋势,而后者各测点水压力变化幅度较小,距离隧道中心 40 m 以上时逐渐接近初始水压状态,表明注浆圈、衬砌等防排水体系有利于减小隧道开挖对渗流场的影响;从水压力量值分析,毛洞状态时的理论解和试验结果在靠近隧道中心处存在一定差距,远离隧道时吻合度较高,这与理论中假设隧道为圆形有一定的关系,而含有注浆圈、衬砌等完善支护体系时的理论解和试验结果十分接近,隧道中心处测点水压力值分别为 216.42 kPa 和 205.46 kPa,仅相差 5.06%,印证了理论推导的可靠性。

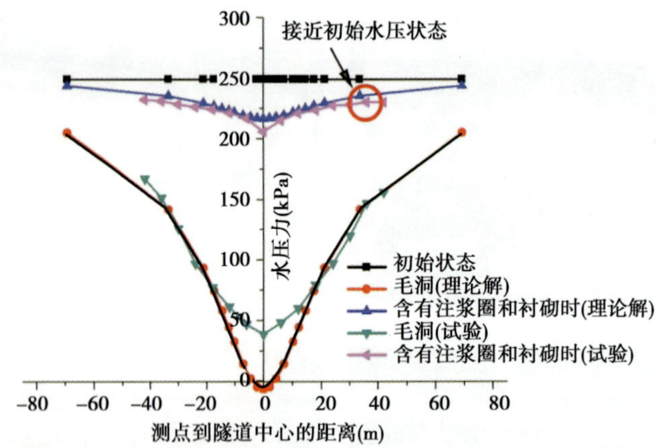

图 5.9 测线 1 水压力特征曲线

测线 2 为隧道水平中心线,分布在隧道两侧。由图 5.10 可知,试验和理论结果呈现相同的变化规律,与测线 1 的水压分布特征基本相同,表明隧道开挖对洞室两侧渗流场仍存在较强影响。以水压力量值分析,依然表现出含有注浆圈、衬砌等完善支护体系时的理论解和试验结果更加接近,最大相差量值为 3.64%。

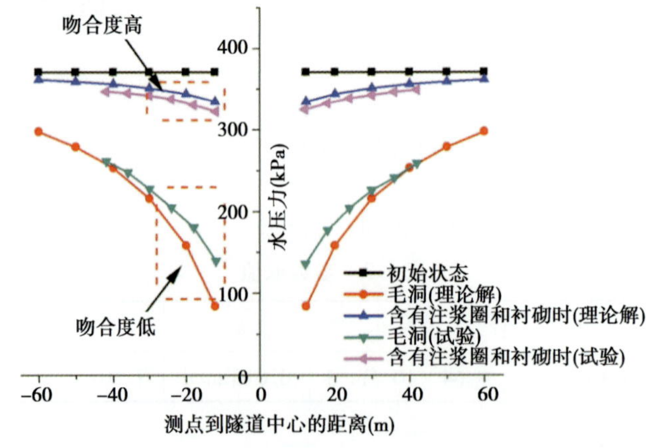

图 5.10 测线 2 水压力特征曲线

测线 3 位于隧道加固区下方围岩中,距离隧道中心 25 m。由图 5.11 可知,其水压力特征曲线呈现的规律与测线 1,2 基本相同,但各测点水压力变化幅度更小,含有注浆圈和衬砌的隧道渗流场中,水压力特征曲线在隧道两侧 20 m 处便趋于平缓,而毛洞状态时,隧道两侧 60 m 处表现出逐渐收敛的趋势,表明隧道渗流场影响范围有限,完善的防排水体系可进一步限制其影响范围。

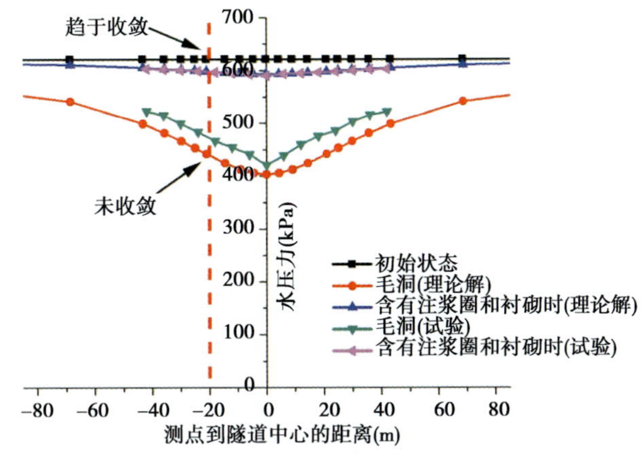

图 5.11　测线 3 水压力特征曲线

综上可知,隧道渗流模型试验有效验证了理论解的合理性,且含有注浆圈和衬砌时的理论解更加符合试验结果,能较好地应用于实际工程中。根据式(5.15)求解的含有注浆圈和衬砌时的隧道渗流场如图 5.12 所示(数据由 MATLAB 编程计算)。隧道渗流场水压变化具有明显的空间效应,越靠近隧道,水压变化越大,等水压线凹陷越明显。可知,利用式(5.15)得到的渗流场等水压线图能较直观地反映围岩中水压分布规律和隧道渗流影响范围。

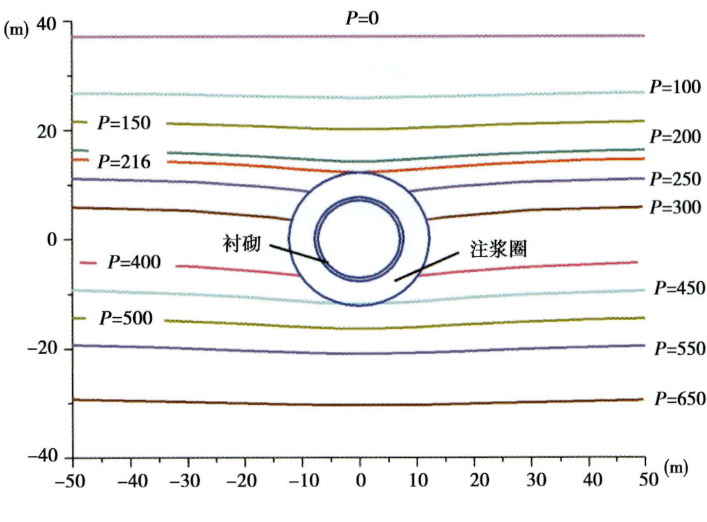

图 5.12　隧道渗流场(理论解)

5.2　隧道渗流场主要影响因素分析

由于地质条件千差万别,赋存于岩土体中的地下水运动规律错综复杂,加之隧道开挖后形成新的排泄通道,对隧址区渗流场产生较大影响,而影响隧道渗流场演变的因素种类繁多[168-170]。由式(5.15)可知,除水文地质条件中的计算水头 H 和围岩平均渗透系数$\bar{k}$外,还包括隧道半径 a、注浆半径 c、衬砌渗透系数 k_l、注浆圈渗透系数 k_g 等。此处重点研究注浆圈厚度、注浆圈渗透系数和衬砌渗透系数等可变因素对隧道渗流场的影响。由式(5.15)计算得到的不同影响因素下水压力特征曲线如图5.13—图5.15所示(以测线1为例)。

如图5.13所示为不同注浆半径(10.707 m,11.707 m,12.707 m)时的测线1水压力特征曲线,即注浆圈厚度分别为3 m,4 m,5 m。由图5.13可知,在不同注浆半径时测线1的水压力特征曲线变化规律是一致的,但各测点水压力值并无明显改变。既有研究成果同样表明,当围岩与注浆圈的渗透系数之比较大时,增大注浆半径对降低隧道渗流影响作用不明显[158],且增大注浆半径将增加隧道建设成本。因此,依靠增大注浆圈厚度来降低隧道对渗流场的影响并不合理,也不经济。

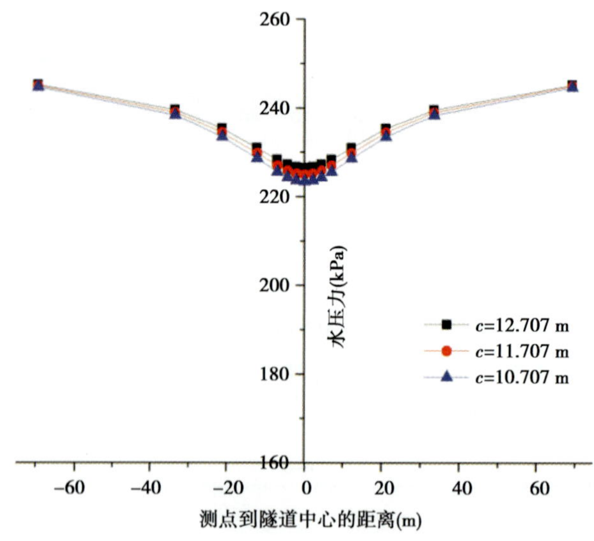

图5.13　不同注浆圈厚度下水压力特征曲线(测线1)

其他因素不变时,单独改变注浆圈渗透系数(0.006 m/d,0.016 m/d,0.028 m/d),测线1的水压力特征曲线如图5.14所示。随着注浆圈渗透系数减小,各测点水压力值逐渐增大,中心测点水压力值分别为213.17 kPa,216.42 kPa,224.91 kPa,增幅较为明显;而当测点远离隧道中心时,水压力值逐渐接近并趋于稳定。可知,隧道周围一定范围内的围岩水压分布易受注浆圈渗透系数影响,良好的注浆效果有助于富水区隧道工程顺利施工。

图5.15为不同衬砌渗透系数(8.64×10^{-3} m/d,8.64×10^{-4} m/d,8.64×10^{-5} m/d)时的测线1水压力特征曲线。由图5.15可知,测线1的水压力特征曲线在不同衬砌渗透系数作用下变化十分显著,随着衬砌渗透性能逐渐降低,各测点水压力值大幅提升。当衬砌渗透系数达到8.64×10^{-5} m/d时,测线1水压力特征曲线接近水平,恢复到隧道开挖前的初始平衡状态。可知,初衬作为隧道的重要组成结构,其渗透性能对周围渗流场影响较为明显。在城市隧道建设中,应设置适宜渗透系数的初衬以减小对地下水环境的扰动,达到保护生态的目的。

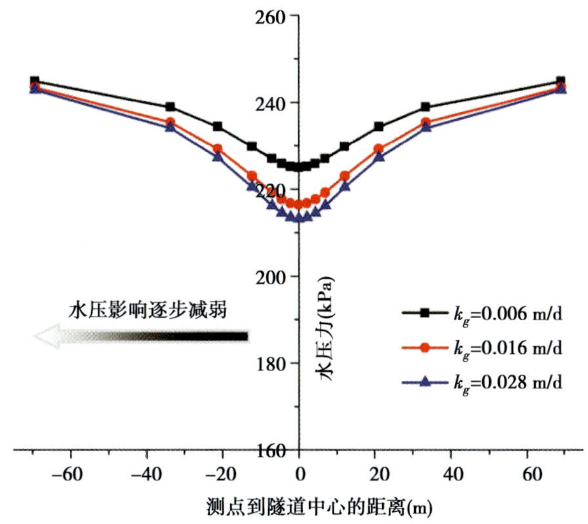

图 5.14　不同注浆圈渗透系数下水压力特征曲线(测线 1)

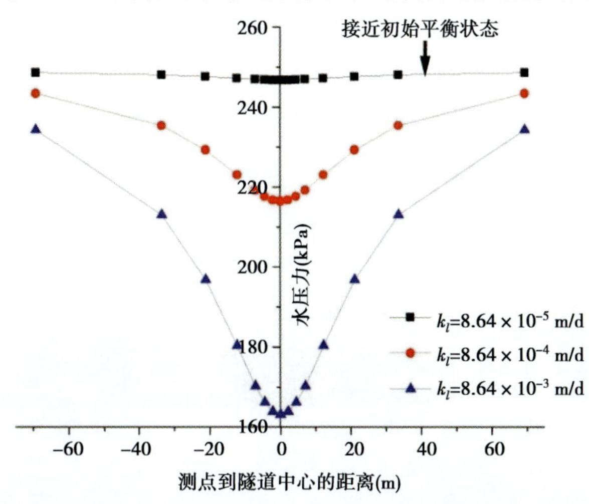

图 5.15　不同衬砌渗透系数下水压力特征曲线(测线 1)

5.3　动、静水头作用下的渗流模型试验研究

地下水头作用伴随着隧道全寿命周期,对隧道渗流场的影响最为直接。为有效解决隧道长期渗漏水问题,有必要研究作用水头对隧道水压力-排水量之间关系的影响,从而分析隧道地下渗流场的演变过程。

隧址区环境稳定时,运营期隧道长期处于静水头作用下,地下水补给、渗流及排泄达到动态平衡,隧道结构受力明确,其水压力与排水量关系恒定。但隧址区地下水环境改变时,如水库泄洪、局部强降雨或其他突发情况改变了地下水位,隧道将在一定时间内处于动水头作用下。此时,原有的渗流场平衡被打破,隧道水压力-排水量的关系随之改变,尤其针对埋深较浅的城市隧道,作用水头突变可能导致隧道主动限排量和蓄水池水量变化,对围岩-支护体系的影响也不可忽略。目前,国内外对动、静水头作用的研究多集中于桥墩、水库闸门等结构方面[171-174]，而对隧道工程中的动、静水头问题鲜有涉及。基于此，进行城市矿山法隧道在动、静水头作用下的渗流模型试验，研究其水压力分布规律并预测排水量有切实的工程意义。

5.3.1 试验背景

采用隧道渗流模型试验方法，能真实、直观地反映工程实际情况，是研究地下渗流场演变、水压力对隧道结构的影响以及预测隧道排(涌)水量的一种重要手段。本次试验模拟利用自主研发的大型施工及运营期矿山法隧道渗流模型试验系统，研究不同高度的动、静水头作用对隧道水压力、排水量及渗流场的影响。

该城市隧道整体位于地下水位之下，隧址区地形地貌如图 5.16 所示。通过地质钻探、钻孔声波测井等分析，区域岩体为较破碎至破碎，多为镶嵌碎裂结构，也伴随有软硬岩互层，中薄层状结构。通过孔内电视摄像(见图 5.17)，结合钻探岩芯综合分析，本工程基岩受构造运动影响较大，岩体受构造挤压作用强烈，微裂隙极为发育，具典型的碎裂岩特征，部分具糜棱岩、角砾岩化特征，局部已出现掉块现象。从钻孔洗孔后的电视成像效果来看，本工程的基岩在机械扰动及地下水流动等因素的影响下，岩石极易出现掉块、塌孔等。

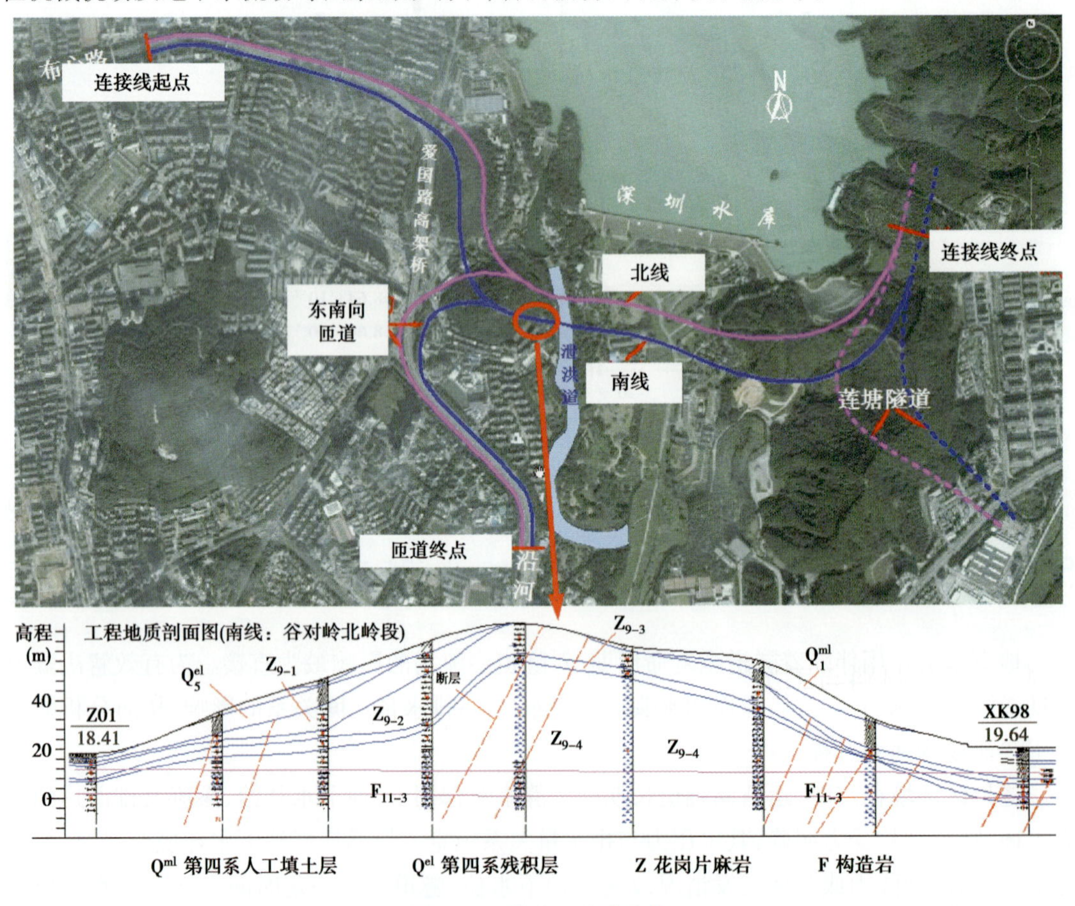

图 5.16 隧址区地形地貌

该区段隧道平均埋深约 38 m，地下水头 17～33.5 m，并下穿连接深圳水库的泄洪渠。经过现场抽水试验可知(见图 5.18)，围岩渗透性较强，测试渗透系数为 0.12～0.2 m/d，拱顶砂层透水性强，结构松散，施工中易发生坍塌、涌水、涌砂等工程问题，可能影响泄洪通道的顺畅排洪。设计主线隧道为三车道,加固圈厚度 4.5 m,马蹄形断面内轮廓宽 14.216 m、高 9.813 m。

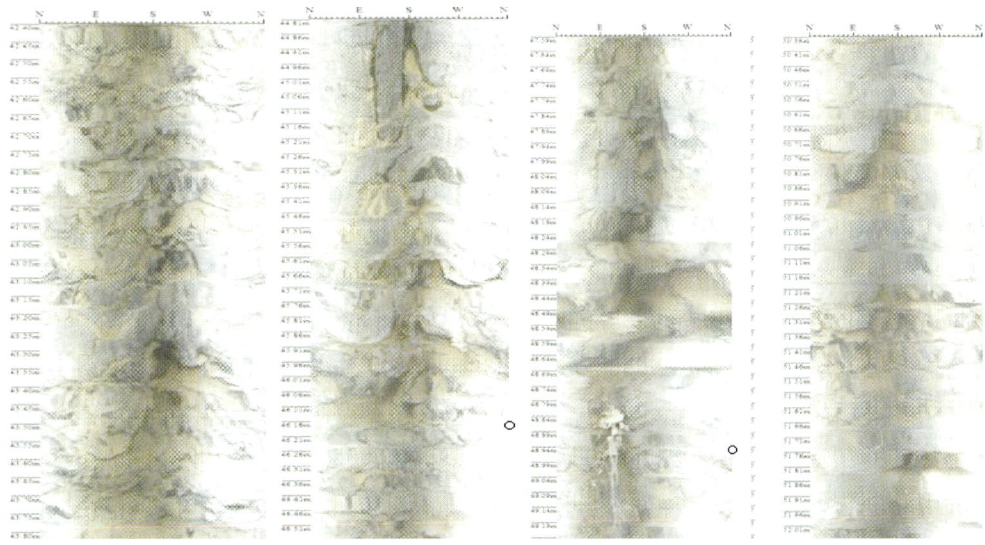

图 5.17　42 ~52 m 段孔内电视摄像岩芯展示图

(a)深圳水库泄洪渠

(b)谷对岭至水库下游连接区现场抽水试验

图 5.18　工程现场照片

5.3.2　试验概述

1)试验装置、材料与工况

本次试验通过调节不同高度的隧道动、静作用水头,探索隧道渗流场演变过程,研究运营期隧道水压力分布规律及排水量变化情况。

围岩-支护体系相似材料的研制和试验相似比在5.3节中已详细描述,结合谷对岭至水库下游连接段地区现场测试的材料参数,利用自制恒水头渗透仪、多层编织土工布渗透系数试验装置等专用设备,通过大量配比试验,确定了适用于本区段隧道渗流试验的围岩、注浆圈、初衬等新型相似材料及其原料配比,见表5.3。

表 5.3　模型试验相似材料配比

隧道结构 试验配制	围岩	注浆圈	初衬	二衬
实际渗透系数 (m/d)	0.178	0.025	8.64×10^{-3}	不透水
相似材料配比	黏土∶细砂∶玻璃纤维(质量比)=1∶1.6∶0.01	水泥∶炭渣=1∶12,厚度为150 mm	8层编织土工布,厚度为5.924 mm	1∶1.3的特种石膏(内设钢筋网)+3 mm防水清漆

注:表中所用黏土粒径≤0.075 mm,细砂粒径≤0.3 mm,炭渣粒径≤2 mm。

本次试验采用施工及运营期矿山法隧道渗流模型试验系统进行,主要研究城市隧道运营期动、静水头作用对水压力-排水量的影响及隧道渗流场的演变过程,动水头和静水头的模拟依靠调节移动式循环水箱装置来实现(见图5.19)。

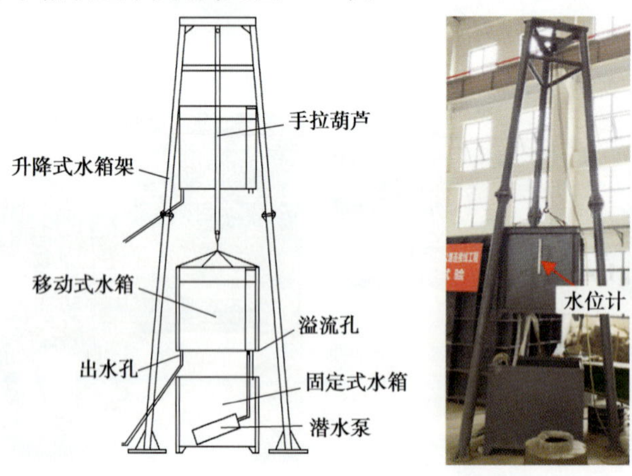

图5.19　移动式水箱循环装置

移动式循环水箱装置包括放置于地面的升降式水箱架、上部移动式水箱、下部固定式水箱及置于固定式水箱内的潜水泵。潜水泵用软管连接移动式水箱底端,移动式水箱上侧的溢流孔将溢出水引回固定式水箱中形成循环系统。移动式水箱可利用手拉葫芦进行升降,其底部出水孔有软管与渗流模型箱底部进水孔连接,向模型提供作用水头,水头值可由上部移动式水箱表面安设的水位计读取。

开启潜水泵,将水从固定式水箱内引入移动式水箱形成循环并保持稳定时,模拟隧道静水头作用,根据工程实际水头高度,本试验拟分别采用20 m,25 m,30 m 3种静水头进行研究,即试验水头分别为0.67 m,0.83 m,1 m。试验过程中,数据采集装置显示的隧道水压力和排水量值稳定后,关闭潜水泵,停止地下水补给,依靠隧道自身排泄能力使作用水头随时间自然下降,模拟隧道动水头作用,其初始水头与静水头试验值相同。

2)测点布置与试验流程

水压力测量装置与5.1.2小节所述相同,水压力测点分别布置在模型试验箱中部二衬及注浆圈外侧的拱顶、拱肩、拱腰、拱脚及拱底 5 个特征部位，如图 5.20 所示。

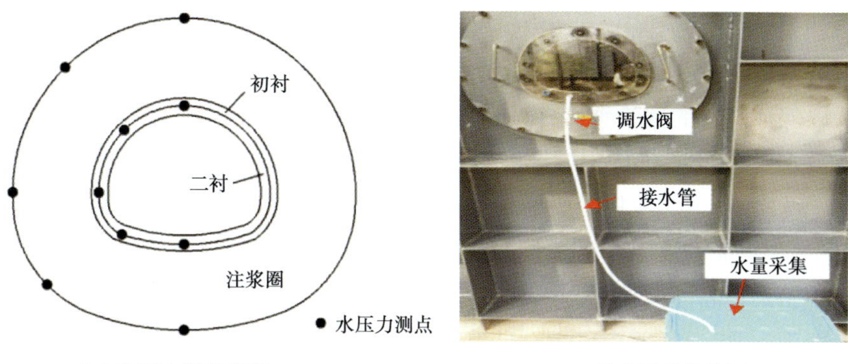

(a)水压力测点布置　　(b)排水量采集装置

图 5.20　测点布置及测量装置

利用接水管连接带刻度的水箱进行隧道排水量采集，并由导管将隧道拱顶位置(初衬与二衬之间)的地下水通过设置在渗流模型箱两端双层法兰盘上的排水孔引出。此外，接水管上设有调水阀，可主动控制排水量，实现限量排放的模拟。

动、静水头作用下的渗流模型试验流程如下(见图 5.21)：

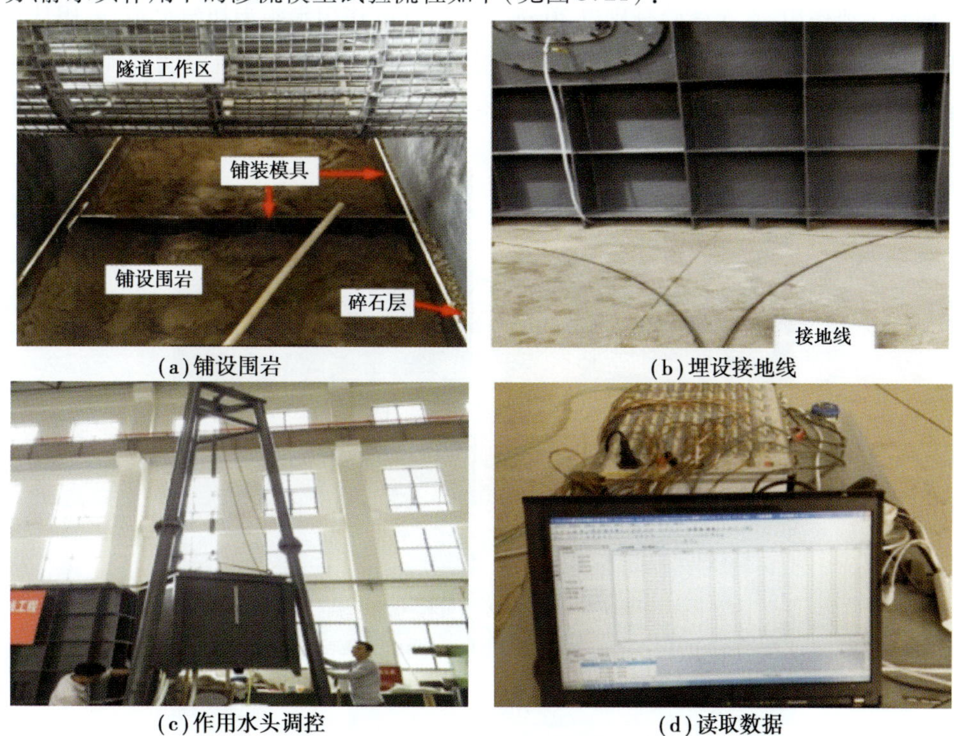

(a)铺设围岩　　(b)埋设接地线

(c)作用水头调控　　(d)读取数据

图 5.21　试验过程照片

①首先在渗流模型箱中分层铺设围岩相似材料，并环刀取样检测其渗透系数是否满足试验要求，为提高渗流场的均匀性和渗流速率，将一层 50 mm 厚碎石层铺设在渗流模型箱边壁。

②开启渗流模型箱两端双层法兰盘，依次安置预制的注浆圈、初衬、二衬等结构以模拟运营期隧道构造，并采用高标号水泥浆液封堵注浆圈环向接缝使地下水稳定渗流，在注浆圈外侧设有塑料网和无纺布组成的反滤层。

③将水压力计安置在预定特征点位并连接静态应变测试分析系统，该系统的接地线埋入土中以消除外界环境干扰，保证水压力测量值的可靠性，渗流试验前校准并调零水压。

④关闭双层法兰盘和渗流模型箱顶盖，在模型箱出线口涂抹防水密封胶，调节移动式循环水箱装置以保证稳定的试验水头，模拟静水头作用效果。

⑤待隧道水压力-排水量稳定后读取数值，并关闭潜水泵向上部水箱的补给，使作用水头随时间下降。此时，隧道渗流排泄为地下水唯一流出途径，可有效模拟动水头作用效果，实时动态监测水头、各特征点水压力及排水量变化。

⑥改变初始水头高度再次进行试验，渗流稳定前可取出初衬和二衬结构，从预留观察孔中置入高清摄像头，记录隧道渗流演变过程。

5.3.3 模型试验结果分析

1) 不同高度水头作用下隧道渗流场演变

由地下水渗流理论、二维稳态流动的复变函数理论等可知[175-176]，地下水头作用对隧道渗流场演变起主要作用，本次试验分别以 20 m，25 m，30 m 作用水头为初始水头，采用从双层法兰盘观察孔中置入的高清摄像头，观察渗流稳定前注浆圈内壁的水流浸润过程，并记录其从干燥到饱和状态的渗流时间。本书仅列出 30 m 作用水头时的渗流演变过程，如图 5.22 所示。

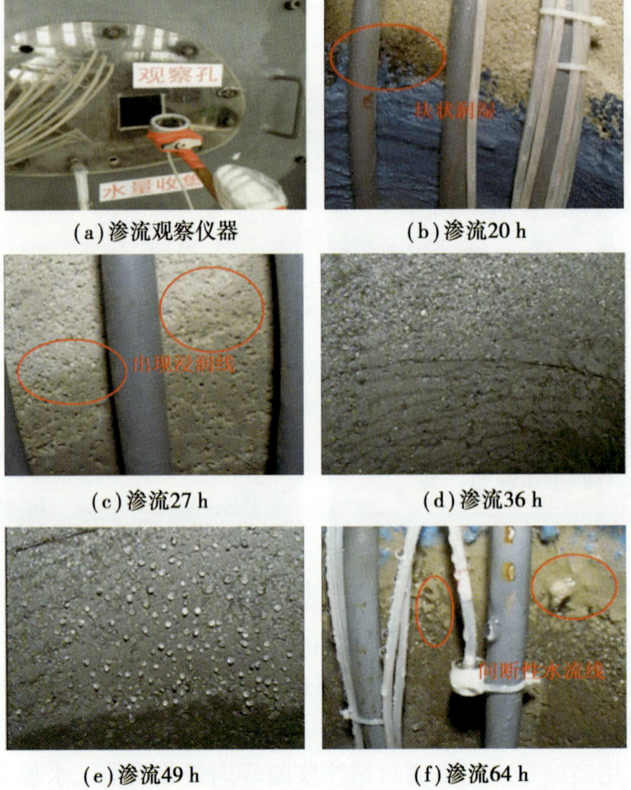

(a)渗流观察仪器　(b)渗流20 h　(c)渗流27 h　(d)渗流36 h　(e)渗流49 h　(f)渗流64 h

图 5.22　渗流演变过程

从注浆圈内壁渗流演变过程可知，不同高度的作用水头，其渗流过程并不相同。模拟 30 m 作用水头时，注浆圈内壁渗流演变过程较为明显，渗流 20 h 后，出现少量的块状润湿面，主要位于拱顶和拱底位置，表明模型箱中的围岩已接近饱和状态，地下水开始通过注浆圈向隧道内排泄；渗流 27 h 后，注浆圈内侧润湿面积加大，拱底已基本浸透，拱顶出现明显的浸润线，而拱肩至拱腰处也有润湿的趋势；渗流 36 h 后，注浆圈内壁均已湿润，表明注浆圈已接近饱和，拱顶处出现少量水珠；渗流 49 h 后，拱腰以上位置挂满水珠，且部分水珠开始滴落，拱底有少量积水；渗流 64 h 后，水珠滴落速度加快，局部可见间断性水流线，拱底积水明显增加。

当模拟的初始作用水头降低为 25 m 和 20 m 时，注浆圈内壁处于块状润湿和浸润线状态的时间大幅延长，注浆圈饱和后仅拱顶处可见少量水珠，渗流过程中未见明显线状水。25 m 作用水头时，31 h 后出现块状润湿，60 h 后拱顶水珠滴落；而 20 m 作用水头时，约 80 h 拱顶可见少量水珠。可见，随着地下水位降低，渗流速度减慢，渗流时间大幅增加，隧道渗流场演变状态是不同的。

2）静水头作用下隧道水压力-排水量分析

试验分别模拟 20 m，25 m，30 m 静水头作用下，控制调水阀（接近最小排水量），保持接水软管过水面积恒定，待隧道水压力-排水量稳定后开始测量，二衬及注浆圈外各特征点水压力分布规律如图 5.23（a）所示，不同高度静水头作用下的排水量结果如图 5.23（b）所示。

由图 5.23（a）可知，不同高度的静水头作用下，各特征点水压力分布规律变化明显。二衬及注浆圈背后各测点的水压力变化规律基本一致，均表现为由拱顶至拱底逐渐增大的趋势，且在相同水头作用下，隧道同一位置注浆圈背后水压力较二衬背后更大，说明注浆圈具有一定的阻水性。静水头高度降低时，各特征点水压力呈近似线性下降，表明隧道各特征部位对水头变化的响应具有敏感性和一致性，且作用水头越小，相同位置二衬和注浆圈背后的水压力值越接近，20 m 静水头作用下，二衬背后拱顶处水压力值为 129.34 kPa，注浆圈背后水压力值为 134.64 kPa。

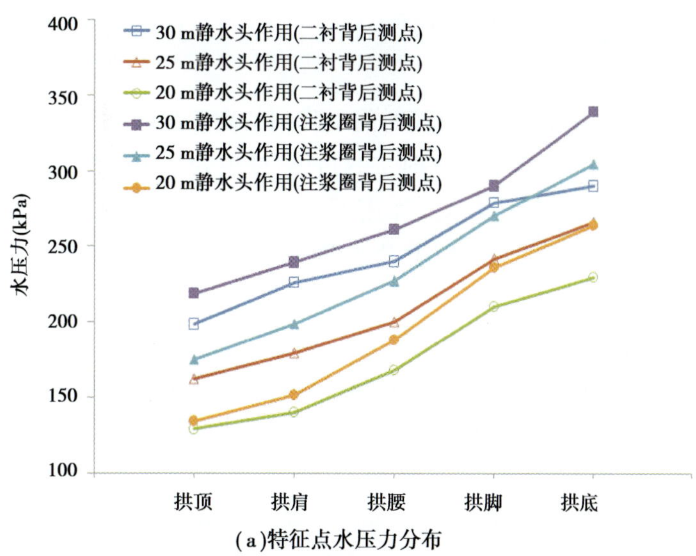

（a）特征点水压力分布

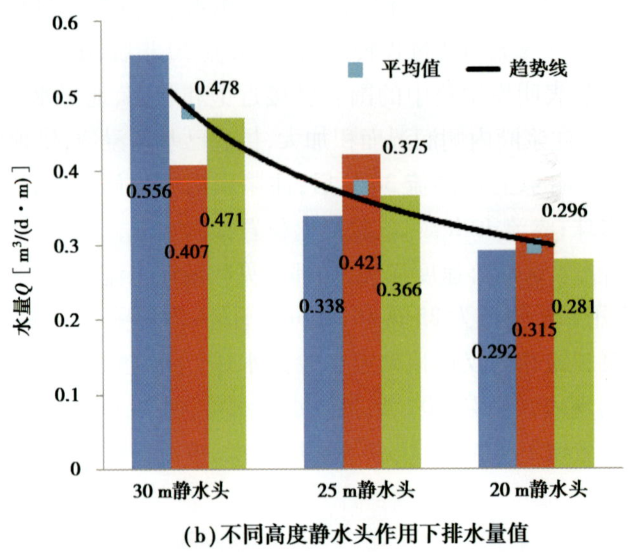

图 5.23　静水头作用下隧道排水量-水压力测试结果

对于不同高度静水头作用下的排水量，随静水头高度降低，其值呈逐渐下降的趋势，30 m，25 m，20 m 静水头分别对应 0.478 $m^3/(d \cdot m)$，0.375 $m^3/(d \cdot m)$，0.296 $m^3/(d \cdot m)$ 的隧道排水量，且通过多次试验发现，静水头高度越低，排水量测试的离散性越小，表明低水位作用时，隧道排水率更加稳定。

3) 动水头作用下隧道水压力-排水量分析

试验分别模拟 20 m，25 m 和 30 m 静水头为初始作用水头时，待隧道水压力-排水量稳定后，在其他条件不变的情况下停止水头补给，依靠地下水位随时间的自然下降过程以达到动水头模拟效果，并进行实时监测。以 30 m 初始作用水头为例进行分析（试验结果表明，不同初始动水头作用时的规律性基本吻合），二衬外各特征点水压力随时间分布规律如图 5.24(a)所示，注浆圈外各特征点水压力随时间分布规律如图 5.24(b)所示，隧道实时排水量值如图 5.24(c)所示。

由图 5.24(a)、(b)可知，地下水位随时间下降到的高度与同高度静水头作用时相比，各特征点水压力值均偏大，水头降至 20 m 时，二衬背后拱顶处水压力值为 147.85 kPa，注浆圈背后水压力值为 148.16 kPa，表明动水头作用下，水压力随时间变化具有明显的滞后性。而根据饱和-非饱和渗流控制方程，当水位上升速率较快时，地下水响应同样滞后，并引起动水压增大[177]，可见动水头的时间效应不利于结构的稳定。在地下水位下降过程中，拱顶位置特征点水压变化最快，而拱底位置变化幅度较小，表明浅埋处更易受动水头影响，工程中不能忽视隧道顶部的承载及抗渗设计。注浆圈背后与二衬背后水压力减小幅度基本相同，表明注浆圈在动水头作用下并没有明显的分担水压作用。

由图 5.24(c)可知，作用水头随时间下降时，隧道排水量值呈减小的趋势，降至 20 m 时为 0.339 $m^3/(d \cdot m)$，但仍大于同高度下静水头的排水量[0.296 $m^3/(d \cdot m)$]，且降低相同水位差所需的时间越长。可见，相对于静水头作用，动水头会改变隧道实时排水量，破坏隧道水压力-排水量之间的动态平衡，进而影响结构稳定性，可采取必要的主动调控排水率措施缓解该影响。

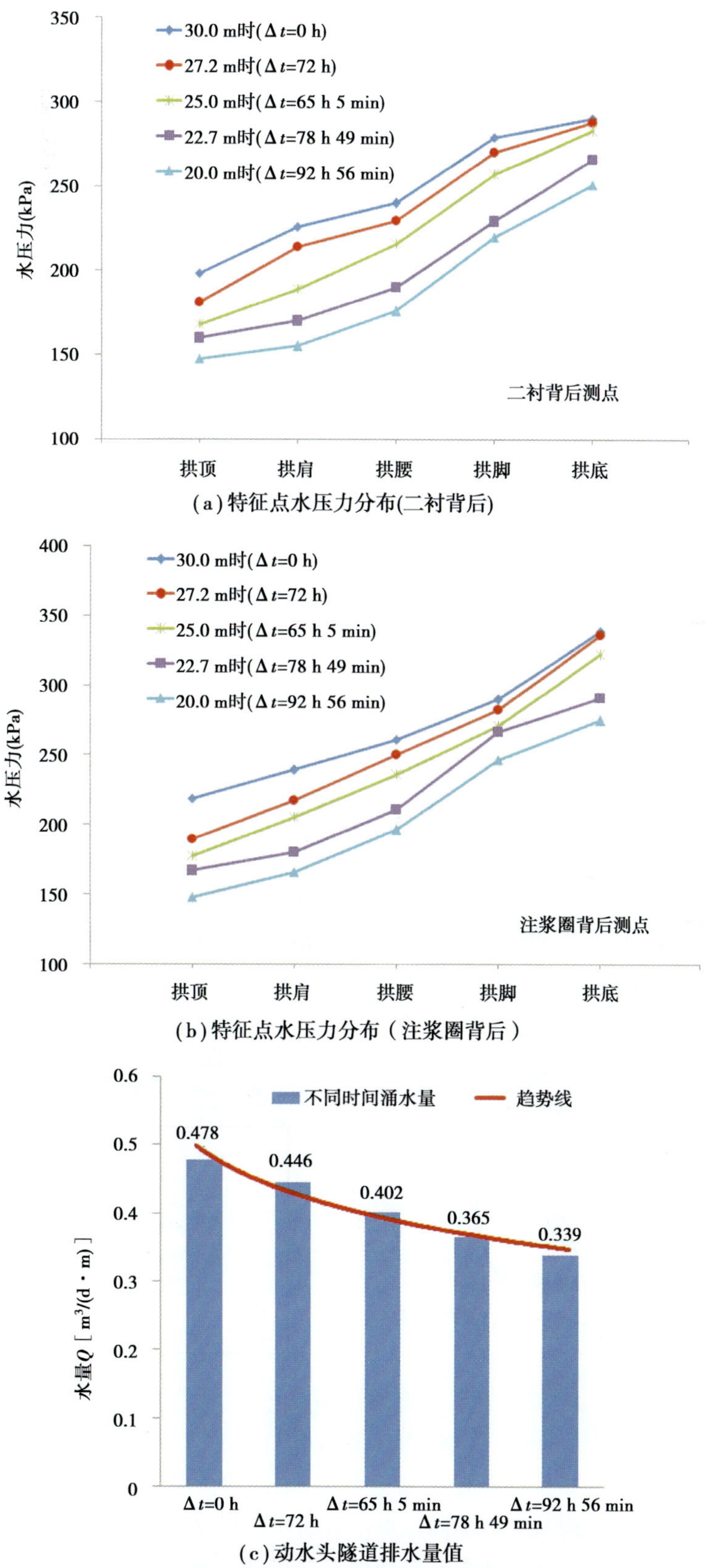

(a)特征点水压力分布(二衬背后)

(b)特征点水压力分布（注浆圈背后）

(c)动水头隧道排水量值

图 5.24　动水头作用下隧道排水量-水压力测试结果

5.4 不同注浆圈渗透系数的隧道渗流模型试验研究

“以堵为主、限量排放”的隧道防排水设计理念，主要为了控制二衬外水压力与隧道排水量之间的动态平衡关系，以保证隧道结构安全并减小其对生态环境造成的影响，而“以堵为主”则体现在注浆加固中。注浆加固作为隧道施工中的常规辅助手段，能对加固范围内的裂隙岩体起到有效封闭作用，进而降低围岩的渗透性能，阻隔岩体内部孔隙水对隧道的补给，增强围岩的稳定性[178-179]。富水区隧道工程施工常用的注浆加固措施包括洞周注浆、地表深孔注浆、全断面帷幕注浆等，影响注浆加固效果的因素很多，如注浆范围、浆液类型、注浆压力及注浆工艺等，不同注浆参数的选择与隧道防排水效果息息相关，盲目选择注浆参数不但难以达到堵水防渗的预期效果，还可能导致施工成本增加[180]。可见，针对具体工程采用何种注浆加固参数是首先需要解决的问题，注浆加固参数反映在隧道水问题的研究中可简化为注浆圈厚度和渗透性能[136]。既有研究表明，增大注浆圈厚度会对衬砌水压力产生折减，但无限增大注浆圈厚度对减小衬砌水压作用甚微即存在相对经济合理的注浆圈厚度值[181]，而注浆圈渗透性能对隧道水压力和渗流状态的影响目前尚无定论。

5.4.1 试验概况

本次室内渗流模型试验主要研究隧道施工期（非扰动开挖状态）和运营期水压力的变化特征，仍选取深圳某大型地下立交工程莲塘山地区 NXK2 +980 附近为原型，其工程背景见5.2节所述，试验采用施工及运营期隧道渗流模型试验系统（见图 4.12），相似材料配比见表 5.1。

水压力测点集中于拱顶、拱肩、拱腰、拱脚及拱底 5 个特征部位。运营期测点分布在二衬和注浆圈背后，施工期（非扰动开挖状态）测量初衬和注浆圈背后特征点的水压力，监测断面均为 A—H 断面，其相对位置如图 5.25 所示。

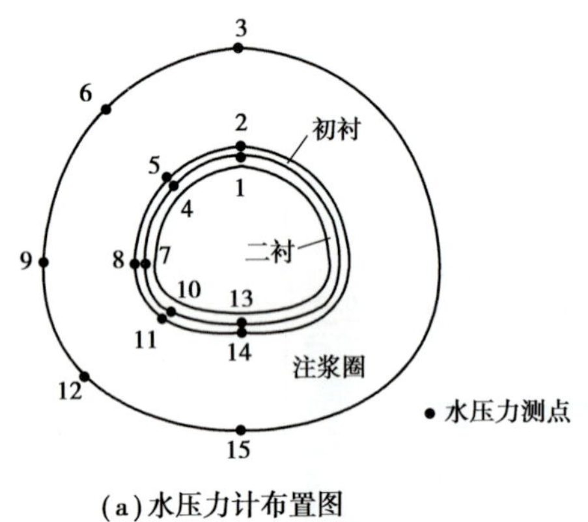

(a) 水压力计布置图

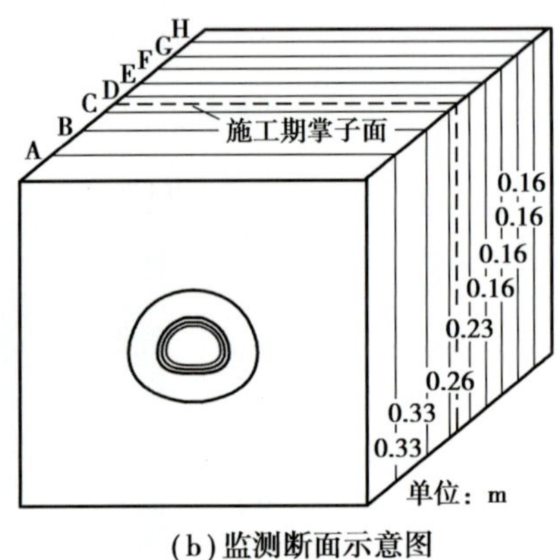

(b) 监测断面示意图

图 5.25 测点布置图

考虑本次试验拟研究非扰动开挖期和运营期，不同渗透系数的注浆圈对围岩-支护体系水压力的影响。采用自制模具制作不同渗透系数的注浆圈，环间接缝涂抹高标号防水水泥连接，如图 5.26 所示。试验拟对 3 种渗透系数的注浆圈进行研究，经过相似材料配比，各工况注浆圈渗透系数见表 5.4。

(a)注浆圈研制

(b)安装注浆圈

图 5.26　注浆圈研制与安装

表 5.4　试验工况

工　况	工况一	工况二	工况三
实际渗透系数(m/d)	0.006	0.016	0.028
相似材料配比	水泥: 炭渣 = 1:6	水泥: 炭渣 = 1:10	水泥: 炭渣 = 1:12

注:炭渣粒径≤2 mm。

本次试验步骤如下(见图 5.27):

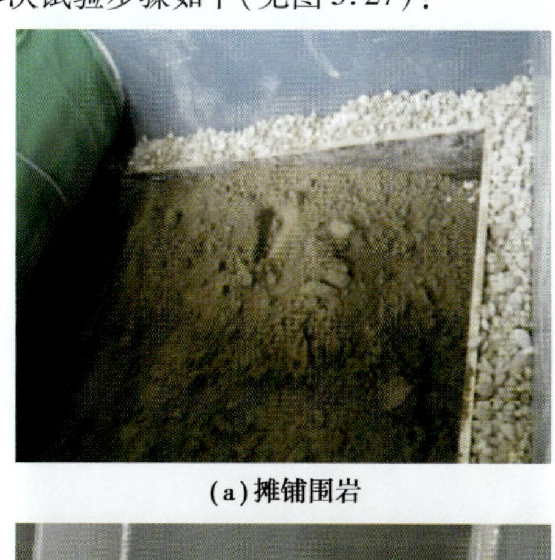

(a)摊铺围岩

(b)安装隧道结构

(c)密封出线口

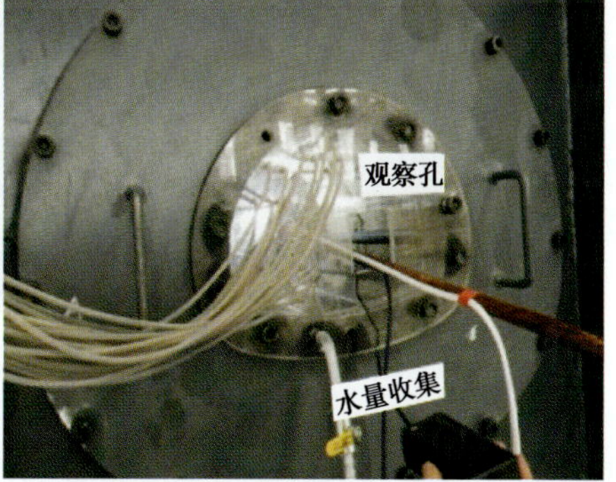

(d)观察渗流变化

图 5.27　试验过程照片

①安装反滤层形成稳定工作区,将围岩相似材料按不同压实度分层铺设到渗流模型箱中,环刀取样检测其渗透系数,在围岩四周铺设一层 50 mm 厚碎石层,以形成均匀渗流场,并

加快试验渗流速度。

②在预定特征点位安置水压力计,调试数据采集系统,对水压力计数值进行校准和调零,打开双层法兰盘安装预制好的注浆圈、初衬、二衬等隧道结构进行运营期模拟。

③关闭双层法兰盘和模型箱顶盖,用防水密封胶封堵有机玻璃板上的出线口,调节移动式循环水箱装置,以保证模型箱中试验水头的稳定。

④试验中通过数据采集系统实时读取水压力值、时间、排(涌)水量等数据,从预留观察孔中置入高清摄像头,记录渗流演变过程,停止供水后打开双层法兰盘,更换预制注浆圈。

⑤模拟隧道施工期时,回填渗流模型箱一侧的围岩,将掌子面隔土板临时固结于模型箱中部,并连接反滤层,封闭后侧双层法兰盘。

5.4.2 运营期隧道试验结果分析

注浆圈渗透系数不同对隧道附近渗流场存在较大影响,因篇幅限制,现仅以不同工况下运营期矿山法隧道渗流演变过程进行分析。试验在未安装初衬、二衬等隧道结构时,对不同时间点注浆圈内侧的渗流状态进行观测,如图 5.28 所示。

(a) 试验开始前　(b) 试验48 h　(c) 试验60 h　(d) 试验72 h

图 5.28　注浆圈内侧渗流演变观测(工况二)

不同工况下注浆圈内侧渗流演变过程较为相似,以工况二为例,试验开始时其内侧处于干燥状态;48 h 后,渗流模型箱中的围岩已处于饱和状态,注浆圈内侧逐渐浸透,而拱顶和拱底先于其他位置润湿,可见富水区隧道结构拱顶及拱底部位最易受渗流影响;60 h 后,注浆圈内侧拱肩以上位置均挂满滴落状水珠,拱底开始积水;72 h 后,注浆圈渗流达到饱和,拱顶水珠滴落速度加快,拱腰处可见间断性线状水滑落。

工况三从注浆圈内侧浸湿至最终饱和约 17 h,工况二用时约 24 h,而工况一用时约 41 h,可见随着注浆圈渗透系数减小,渗流速度减慢,渗流时间大幅增加,表明注浆圈渗透系数直接影响地下水渗流速度,进而控制隧道排(涌)水量,有效地降低运营期间结构渗水、路面积水等病害发生的风险,保障隧道运营稳定性。

由安装完整隧道结构后的渗流试验可知,隧道排水量稳定时[限排量较小,试验排水量为 0.455 $m^3/(d \cdot m)$],运营期隧道相同工况下测点在各断面的水压力值基本相同。以 C 断面上各测点水压分布为例(见图 5.29),隧道二衬和注浆圈背后的特征点水压分布规律是相似的,其量值均由拱顶至拱底不断增大,与隧道渗流状态的理论分析相吻合[139]。随着注浆圈渗透系数的增大,二衬和注浆圈背后水压力呈现不同的变化特性,二衬背后各特征点的水压力值小幅提升,而注浆圈背后各测点的水压力值则均出现下降趋势,验证了注浆圈具有分担水压作用的功能[136],且渗透系数越小效果越明显。

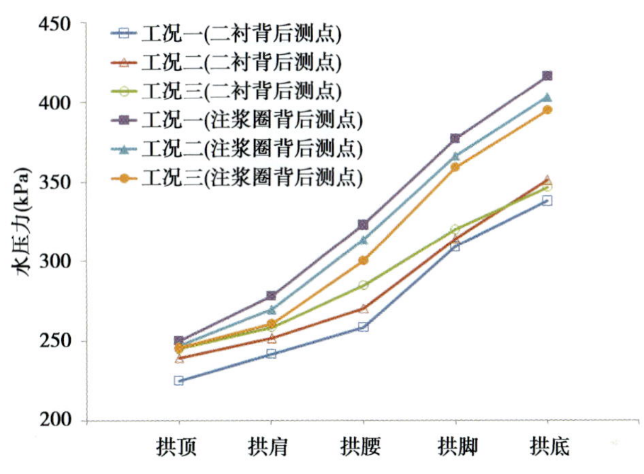

图 5.29　运营期隧道特征点水压力分布(C 断面)

5.4.3　施工期隧道试验结果分析

如图 5.30 所示,注浆圈范围延伸至掌子面后方 4 m 的围岩中模拟全断面帷幕注浆效果。隧道开挖区靠近掌子面的拱顶水压力值呈快速减小的趋势,但并不为 0,表明施工期掌子面附近仍存在动水压作用。测点 2 水压力的减小速度远大于测点 3,靠近临空面测点水压力变化的时间效应更加显著,C 断面(距掌子面约 2 m)中测点 2 的水压力最小值仅为 32.55 kPa。在隧道已开挖区,随注浆圈渗透系数增大,初衬背后的水压力变大,注浆圈背后水压力减小,越接近掌子面水压力减小幅度越大,可见隧道开挖导致原有渗流场产生较大变化,掌子面处最为明显。在未开挖区围岩中,各测点水压力值随着远离掌子面而出现回升,测点 2 的回升幅度更大并最终超过掌子面前方 A—C 断面的量值。G 断面(距离掌子面 20 m)以后不同工况下测点 2,3 水压力值趋于一致,说明注浆圈渗透系数的改变对掌子面前方围岩的渗流影响有限。

如图 5.31 所示,施工期隧道拱底特征点的水压力分布较拱顶有较大差异。不同工况下开挖区各测点的离散性较大,随着注浆圈渗透系数的增大,初衬背后的水压力值逐渐上升,而注浆圈背后的水压力值呈下降趋势,可见施工期预注浆措施能有效降低衬砌结构所承担的水荷载。在未开挖区围岩中,注浆圈背后各测点水压力值几乎不随注浆圈渗透性能变化。

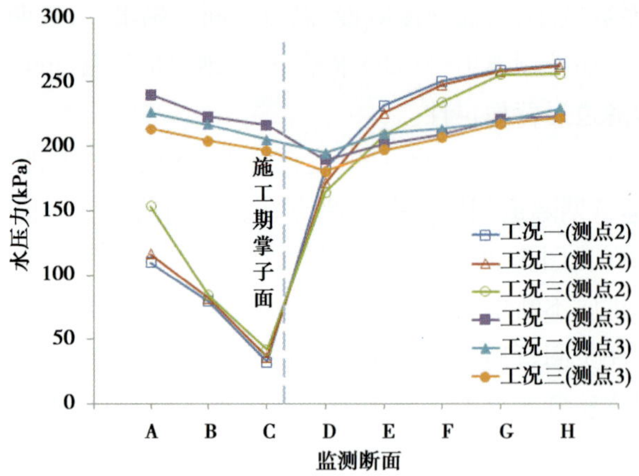

图 5.30 施工期隧道拱顶特征点水压力分布

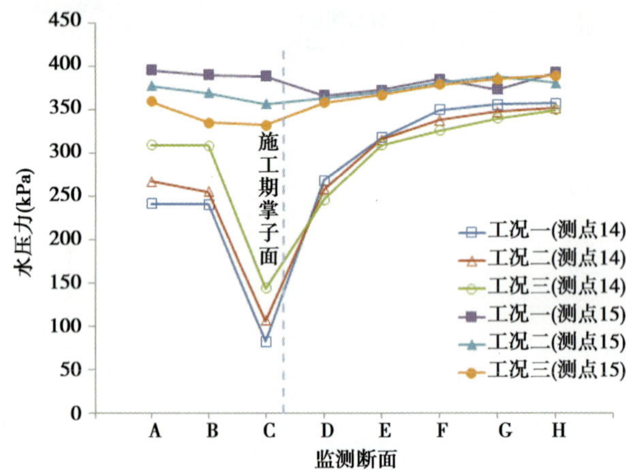

图 5.31 施工期隧道拱底特征点水压力分布

5.5 特殊地层隧道渗流场演变研究

罗湖断裂带自深圳水库大坝沿沙湾河谷进入罗湖区后,经黄贝岭、文锦渡、罗湖山和渔民村一带沿深圳河延入九龙半岛,由多条断裂带组成,以北东走向为主,倾向北西,倾角一般为30°~55°,局部可达65°~70°(见图5.27)。深圳某大型地下立交工程整体位于罗湖断裂带内,有多条断层横穿本工程线路或与线路小角度相交,隧道开挖至断层时可能导致集中涌水等,须采用相应的堵、排水措施。通过对隧址区断层位置附近进行有针对性钻探,勘察范围内共发育有5条规模较大的断层破碎带,断层带内裂隙较为发育,岩体破碎,其延伸方向均指向深圳水库。因深圳水库大坝为均质土坝,虽在后期进行过注浆形成水泥心墙作为止水层,但局部注浆效果相对较差的地段易形成水库泄水通道,隧道施工可能产生涌水、突水事故。加之赋存于断层破碎带中的构造裂隙水,其含水性及透水性受构造裂隙影响,具有沿构造破碎带集中分布的特征,并可能接受北侧深圳水库蓄水体渗透补给,对隧道结构造成较大的影响,注浆加固成为保证工程顺利施工和运营的必需手段。本节利用 Visual-modflow 三维可视化渗流软件，拟对 F7，F9 断层（均为压扭性断层）附近注浆加固前后隧道渗流场演变进行分析，其中，F7 断层位于谷对岭地区，F9 断层位于水库下游地区并靠近水库泄洪渠。

5.5.1　断层带附近隧道渗流场演变

谷对岭主线与匝道分叉隧道位置最大开挖断面宽度约 30 m，有上下立交隧道，分叉隧道位置恰好有 F7 断层通过，且 F205-2 断层与隧道洞身呈小角度相交，断层往深圳水库方向延伸进入库区下方，若成为导水通道将会对隧道结构造成重大影响，故选取该区域 BXK1 + 350 里程段进行研究。

F7 断层属压扭性质断层，为探索构造带破碎岩体渗透特性，在谷对岭北线隧道分叉位置布置一组抽水试验，抽水主孔为 ZCK1，观测孔为 ZCK1-1—ZCK1-4，观测孔距离主孔为 10 ~ 15 m，对抽水主孔和观测孔进行钻孔取样（见图 5.32），并对主孔进行钻孔电视现场测试，如图 5.33 所示。

图 5.32　抽水孔岩样

根据抽水主孔（ZCK1）岩样和孔内电视摄像（见图 5.34）成果，分析钻孔的倾向、倾角等数据，得到裂隙等密图［见图 5.35（a）］、倾向玫瑰图［见图 5.35（b）］、走向玫瑰图［见图 5.35（c）］、倾角直方图［见图 5.35（d）］。由图 5.35 可知，裂隙走向以北东向为主，倾向以南东向为主，倾角以 60° ~ 70°为主。

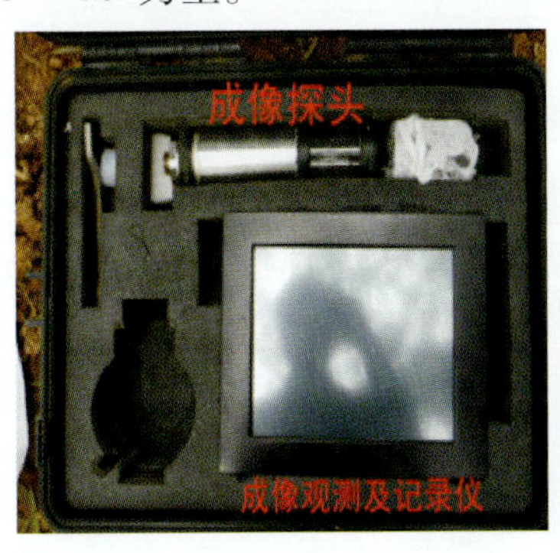

图 5.33　抽水试验钻孔电视测试现场图

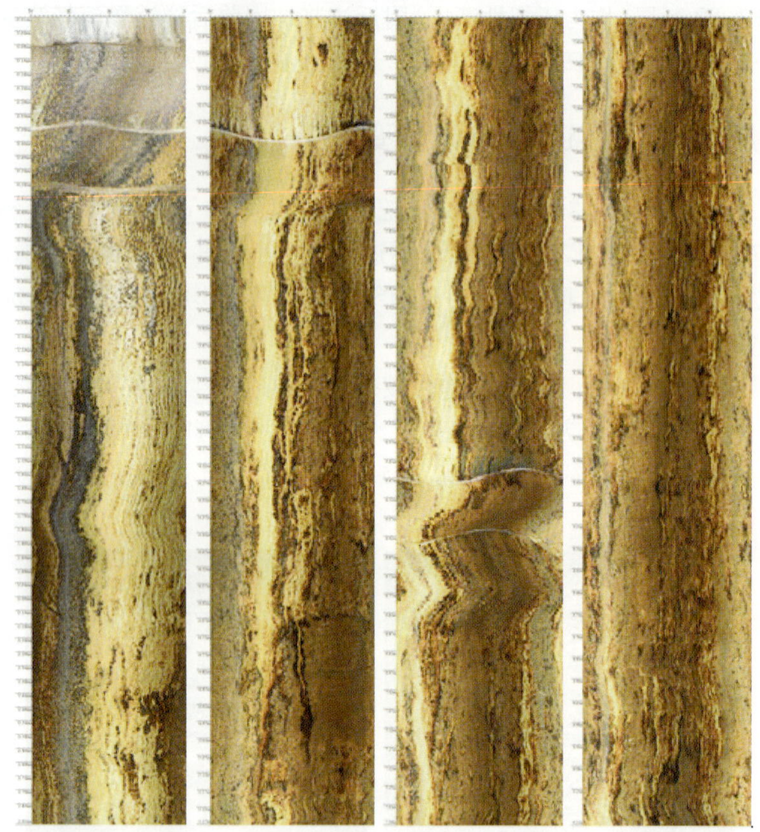

图 5.34　抽水主孔(ZCK1)孔内电视摄像

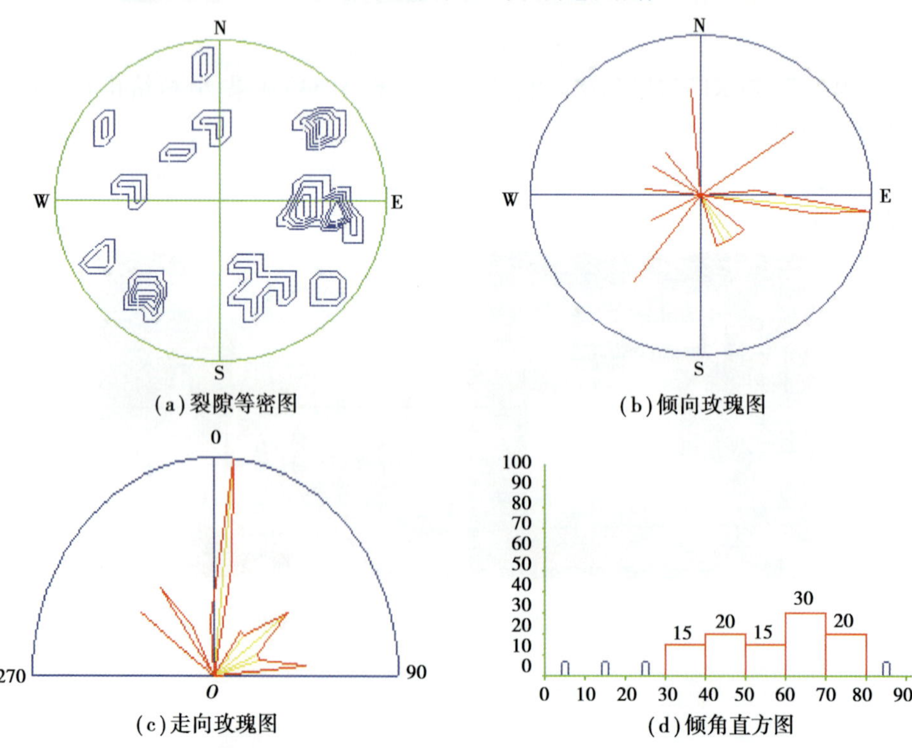

(a)裂隙等密图　(b)倾向玫瑰图

(c)走向玫瑰图　(d)倾角直方图

图 5.35　抽水主孔(ZCK1)倾角、倾向分析图

经过钻孔取样、物探以及抽、注水试验(见图 5.36)结果分析,F7 断层带岩体呈现碎裂、碎斑结构,且具有角砾岩化或糜棱岩化特征,显示岩体在长期地质演变中承受过较强烈的挤压作用,构造挤压作用除使岩体破碎外,同时也具有挤压密实作用,其形成的糜棱岩、角砾岩等岩体中的绿泥石微细颗粒物质总体上不利于导水;而周围的 F205-1 北西向断裂带的活动特征是早期具张性,后期具压扭性(挤压、剪切作用),后期压扭活动形成的挤压作用结果同样形成不利于水库方向地下水渗流的挤压带。

图 5.36　抽、注水试验图

采用 Visual-modflow 软件进行模拟复杂水文条件时,通常依靠改变其水力参数实现。依据上述水文地质条件分析结果,F7 断层带具有一定的阻水性,并未形成贯通的地下水渗流通道。根据王博等[182]对数值计算中断层参数设置的研究,本次计算对不同含水地层的计算参数取值见表 5.5,其余围岩-支护体系参数见表 5.5。

表 5.5　不同含水地层计算参数表

地　层	渗透系数(m/d)	储水系数	有效孔隙率(%)	给水度(%)
潜水层	0.08 ~ 0.5	1×10^{-5}	10	10
隔水层	1×10^{-6}	1×10^{-5}	8	1
承压层	0.3	1×10^{-5}	10	15
断层带	0.01	1×10^{-5}	10	6.8
密集裂隙带	1	1×10^{-5}	30	15

为分析注浆加固前后隧道渗流场的演变规律,模拟隧道主线(北线、南线)和匝道(北线匝道、南线匝道)开挖完成时,隧道结构分别处于毛洞状态(工况一)、施作初衬 + 注浆圈状态(工况二)和施作初衬 + 二衬 + 注浆圈状态(工况三),并对其横断面渗流场随时间演变过程进行研究。

1)工况一隧道横断面渗流场演变

模拟隧道主线(北线、南线)和匝道(北线匝道、南线匝道)均开挖完成,未设置任何有效支护措施,对洞室处于毛洞状态下的横断面渗流场进行分析。

如图5.37所示,隧道毛洞状态下横断面渗流场规律较为明显。隧道开挖后,周边地下水流向存在明显变化,隧道上部地层及下部大范围地层内的地下水均呈现涌入隧道内的趋势,其原因是隧道并未设置任何支护,也未采取注浆加固等相关措施,地下水随时间推移在隧道周围形成贯穿通道导致影响范围较大。但是,由于F6,F7压扭性断层带的存在[见图5.37(a)],切断了两侧地下水体和隧道之间的水力联系,地下水沿阻水性较强的断层流动并未见穿透该断层带,离断层较远区域,地下水主要由残丘、斜坡向冲沟等低洼处排泄。由地下水位的变化可知,隧道结构上方的地下水位从开挖后随时间逐渐下降,且正上方大于两侧,形成不规则降水漏斗,其最大降幅可达8 m,而F7断层带至水库下游区域,无论是地下水流向还是水头均未发生明显变化,进一步显示出压扭性断层形成的局部隔水效应。

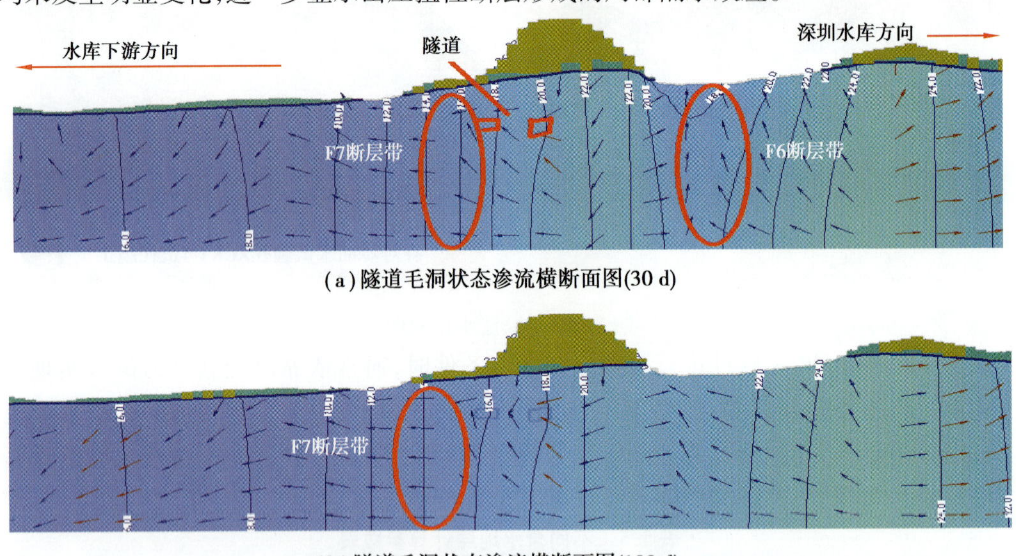

(a)隧道毛洞状态渗流横断面图(30 d)

(b)隧道毛洞状态渗流横断面图(180 d)

图5.37 BXK1+350里程段横断面渗流变化图(工况一)

2)工况二隧道横断面渗流场变化

为与毛洞状态下的渗流特征进行对比,现对洞室处于施作初衬+注浆圈下的横断面渗流场进行分析。

如图5.38所示,隧道开挖完成并在施作初衬+注浆圈状态下,横断面渗流变化与毛洞状态有明显不同,仅隧道上部地层有地下水流向隧道内的趋势,表明较为完善的防水体系(初衬及加固圈)对保持地下水稳定起到显著作用,使隧道开挖对渗流场的影响范围大幅度减小。F6断层带处于深圳水库与隧道之间水力联系发达地段,从计算结果来看,其阻水效应仍十分明显,而对于F7断层带附近的渗流场,并未表现出明显的阻隔作用,其原因是谷对岭地区与水库下游之间的水力联系并不大,加之已施作初衬和注浆圈,进一步降低了对渗流场的影响,故断层带附近变化幅度有限。由地下水位的变化可知,隧道结构上方地下水位从开挖后随时间逐渐下降,且正上方大于两侧,因影响范围较小,形成较为规则的降水漏斗,故其最大降幅接近4 m。

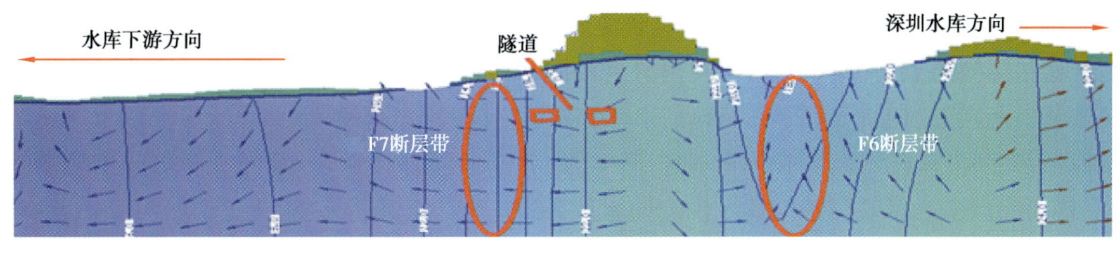

(a) 隧道施作初衬状态渗流横断面图(30 d)

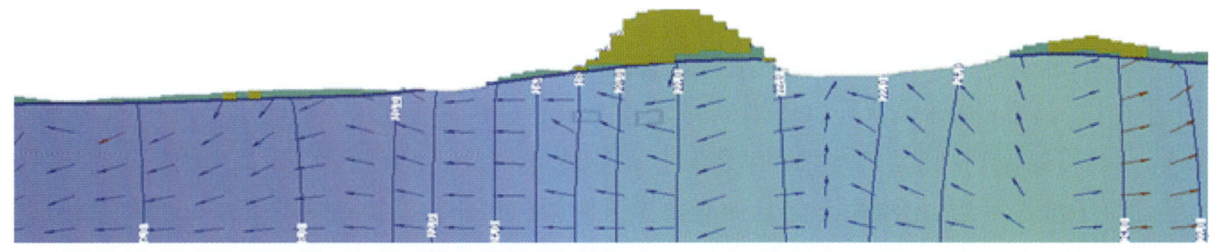

(b) 隧道施作初衬状态渗流横断面图(180 d)

图 5.38　BXK1 +350 里程段横断面渗流变化图(工况二)

3) 工况三隧道横断面渗流场变化

模拟隧道主线(北线、南线)和匝道(北线匝道、南线匝道)开挖完成,并已施作初衬 + 二衬 + 注浆加固圈,对隧道及其周围渗流场横断面变化进行分析。

如图 5.39 所示,隧道开挖完成并施作完整的防水系统(注浆圈 + 初衬 + 二衬),横断面渗流场接近初始渗流状态,仅隧道上部地层有地下水流向隧道内的趋势,表明完善的防水体系对保持地下水稳定作用明显,将隧道开挖对渗流场的影响控制到最低程度,且随着时间推移,其影响范围并未出现增大,表明注浆加固已对隧道围岩中的裂隙进行了较为有效的填充,配合衬砌自防水效应,起到良好的保护地下水环境的作用。由地下水位的变化可知,隧道结构上方地下水位从开挖后随时间逐渐下降,形成较为规则的降水漏斗,其最大降幅约 2 m。而 F6 和 F7 断层带附近的渗流场,无论地下水流向还是地下水位,都与初始渗流场相近。

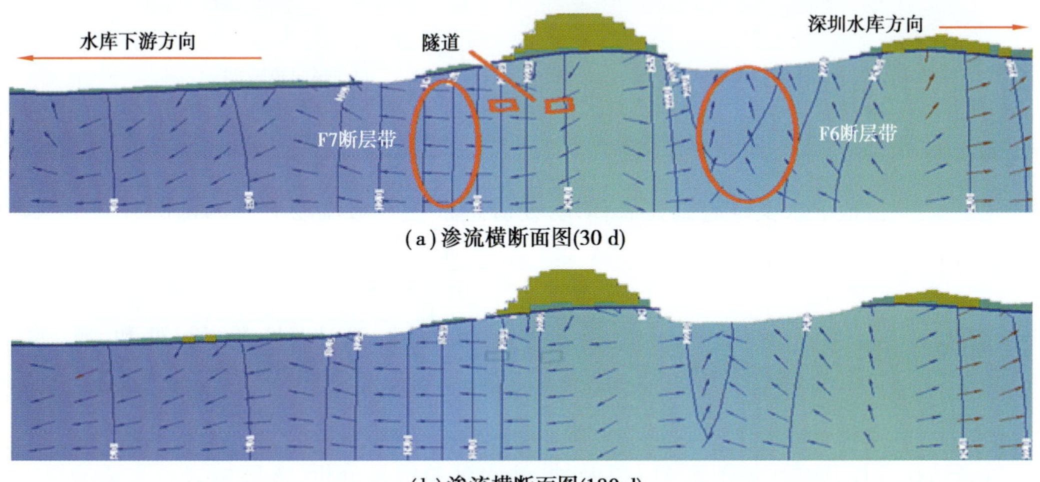

(a) 渗流横断面图(30 d)

(b) 渗流横断面图(180 d)

图 5.39　BXK1 +350 里程段横断面渗流变化图(工况三)

综上可知，F6 断层带位于深圳水库和隧道之间水力联系较多的区域，无论隧道结构及围岩防水措施效果如何，该断层均表现出显著的阻水效果，地下水沿压扭性断层流动但并未明显渗透过断层带，切断了水库方向地下水体和隧道之间的水力联系；而 F7 断层带位于隧道与水库下游之间，该区域地下水并不丰富，F7 断层带仅在隧道涌（排）水量较大时表现出较强的阻（隔）水作用，而随着隧道结构及围岩防水效果的提高，其渗流场逐渐接近初始渗流状态。

5.5.2 泄洪渠附近隧道渗流场演变

水库泄洪渠贯穿深圳水库与东湖公园，连接线工程主体下穿深圳水库泄洪渠（BXK1 + 575 里程段），该区域隧道顶部岩体极破碎，渗透性强，结构力差，且穿越泄洪渠隧道段洞身埋深浅，开挖可能影响到泄洪通道的顺畅排洪，对水库安全及隧道防水有较高的要求。此外，F9 断层带位于水库下游，由水库方向延伸至泄洪渠附近，使该地区水文地质条件更加复杂，故选取该区域 BXK1 +575 里程段为依托进行隧道渗流场演变分析。

在该区域靠近 F9 断层带一层布置抽水试验，经过洗孔、试抽水、读取静止稳定水位、正式抽水试验、恢复水位观测等阶段后，测试详细渗透系数，分析钻孔的倾向、倾角数据，得出裂隙等密图［见图 5.40（a）］、倾向玫瑰图［见图 5.40（b）］、走向玫瑰图［见图 5.40（c）］、倾角直方图［见图 5.40（d）］。由图 5.40 可知，裂隙走向以北东向为主，倾向以南东向为主，倾角为30° ~40°。

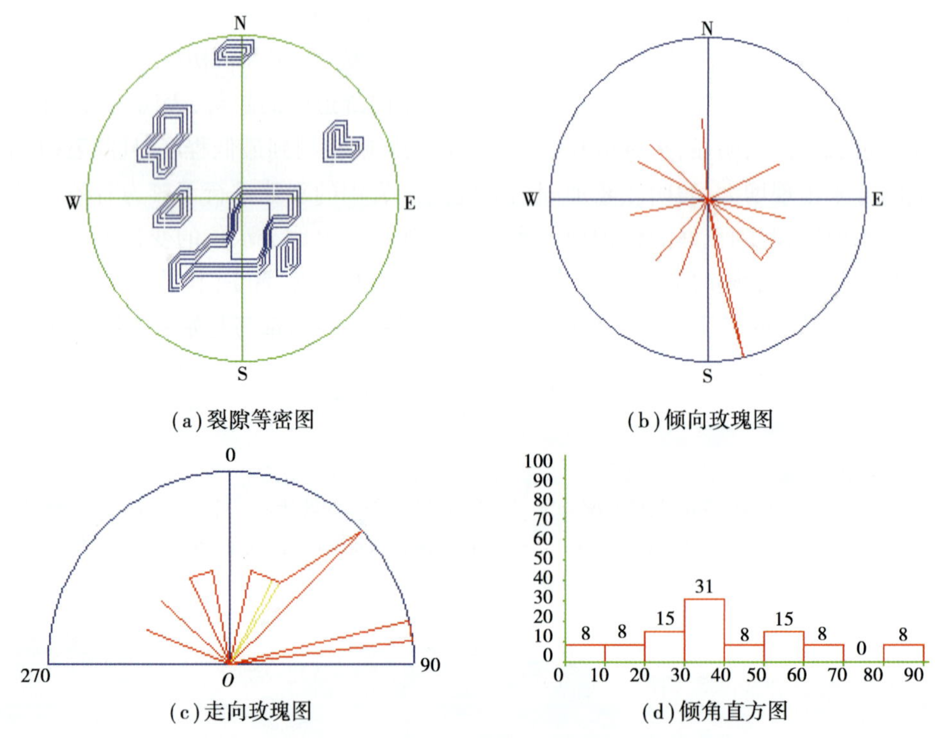

图 5.40　抽水主孔倾角、倾向分析图

综合钻孔取样、物探（见图 5.41）以及抽、注水试验结果分析，该区域岩石渗透等级属于中等透水，基岩受 F9 断层构造带影响，形成了如角砾岩、糜棱岩及破碎岩等构造岩体，水稳性较差，岩芯多呈砂砾状、砂土状和碎块状至块状。从反演波速来看，F9 断层带影响宽度在 12 ~

35 m，并在钻孔深部仍有变宽趋势，但断层带渗透性整体较差，不利于水库和隧道间的导水效应。另外，该区域岩石受蚀变作用的影响，次生矿物普遍分布，开挖松弛并形成临空面后水稳定进一步降低，支护不及时易发生软化、坍塌。

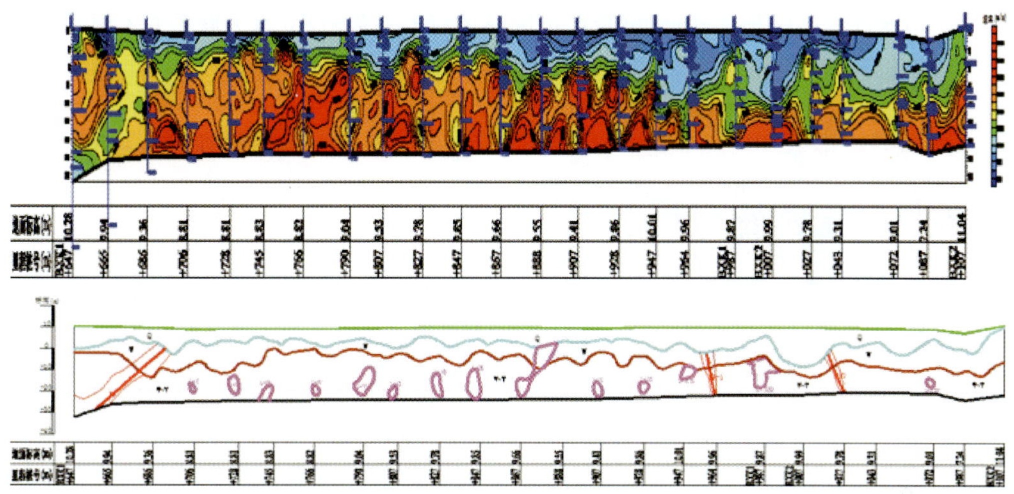

图 5.41　地震 CT 测试解译的水库大坝中下游物探综合解释断面图

对 F9 断层带附近部分地震 CT 钻孔进行了地下水渗流充电法试验测试，目的在于采用物探方法查找可能存在的物探异常带，从而判断深圳水库与该地区地下水之间有无明显的渗流、排泄通道。现场采用 DZD-6A 多功能直流电法仪，利用钻孔充电法测试岩石裂隙水渗透方向及渗流速度，先在钻孔中投入一定量的食盐，一定时间后再进行测试，其钻孔充电法测试岩石裂隙水渗流成果如图 5.42 所示。

从地下水渗流试验结果（见图 5.42）可以判定，地下水流向整体与罗湖断裂带走向一致，断裂带对地下水的流动方向起到控制作用。CTZK06 钻孔水流方向约 249°，盐化后 74 h 测的地下水流动约 3.12 m，流速约 1.01 m/d；CTZK07 钻孔水流方向约 223°，盐化后 74 h 测的地下水流动约 3.72 m，流速约 1.21 m/d。此外，深圳水库大坝为早期筑建土坝，后因坝体渗漏而进行了注浆修补，注浆效果的差异会影响地下水渗流速度测试，故地下水渗流速度较大处可能是注浆效果相对薄弱的地方，给隧道开挖后的防排水带来一定的困难。

为分析注浆加固前后隧道渗流场的演变规律，采用 Visual-modflow 软件进行模拟，建模过程与计算参数如前所述。模拟隧道主线（北线、南线）和匝道（北线匝道、南线匝道）开挖完成时，隧道结构分别处于毛洞状态（工况一）、施作初衬 + 注浆圈状态（工况二）和施作初衬 + 二衬 + 注浆圈状态（工况三），并对其横断面渗流场随时间演变过程进行研究。

1）工况一隧道横断面渗流场演变

模拟隧道主线（北线、南线）和匝道（北线匝道、南线匝道）均开挖完成，未设置任何有效支护措施，对洞室处于毛洞状态下的横断面渗流场进行分析。

如图 5.43 所示，隧道位于泄洪渠正下方且埋深较浅，水库下游方向离南线隧道不远处有 F9 断层带通过，毛洞状态下横断面渗流规律较为明显。随着隧道开挖，周边地下水向隧道方向流动，影响范围较大，尤其是隧道下部地层中的地下水，有径直向上移动的趋势，可能与该地区围岩渗透系数较大、泄洪渠高程相对较低有关，进而导致地下水向泄洪渠方向汇集。在

F9 断层带附近，两侧地下水大体上沿断层流动，这与充电法探测结果相同；随渗流时间推移，渗流场重分布并再次稳定，地下水呈现逐渐透过 F9 断层带的趋势，压扭性断层阻水作用减弱。由地下水位的变化可知，隧道结构上方的地下水位变化较小，该地区与水库间没有阻隔带，地下水由水库向下游地势较低处流动，但因整体渗透系数较小，水力联系并不显著。

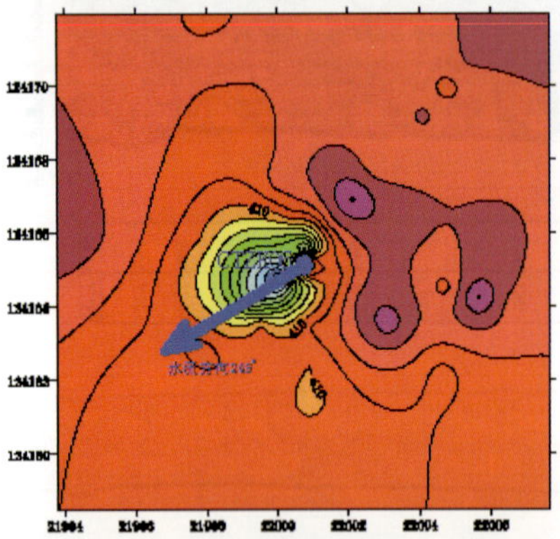

(a) CTZK06孔盐化74 h电位等值线

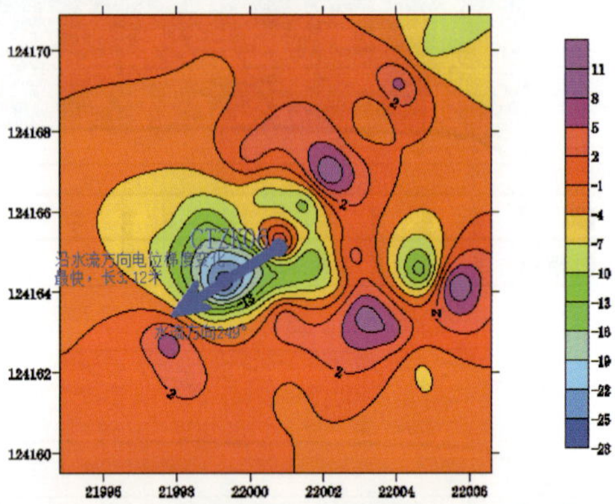

(b) CTZK06孔盐化74 h电位梯度等值线

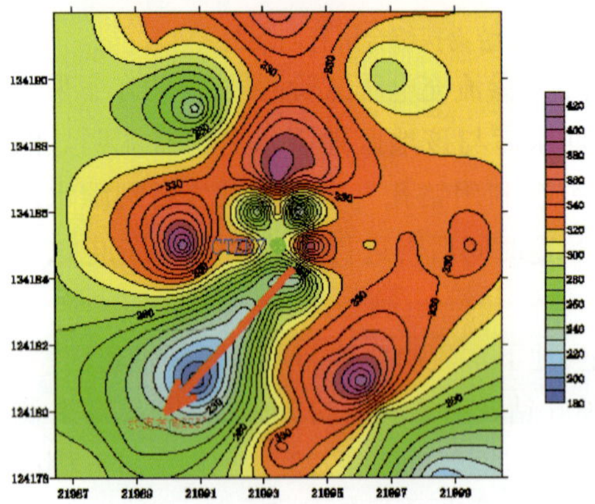

(c) CTZK07孔盐化74 h电位等值线

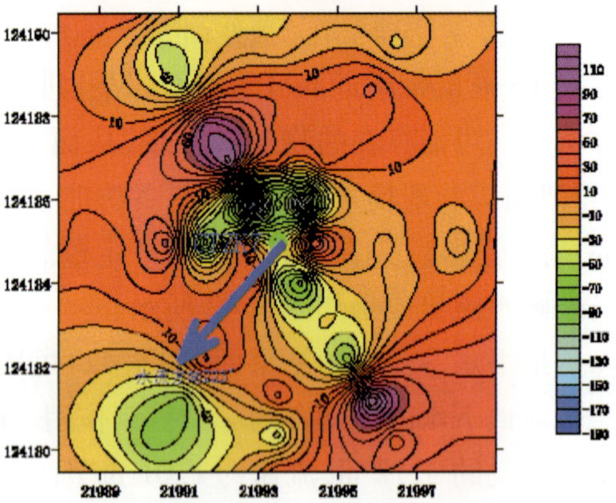

(d) CTZK07孔盐化74 h电位梯度等值线

图 5.42　钻孔充电法测试岩石裂隙水渗流成果图

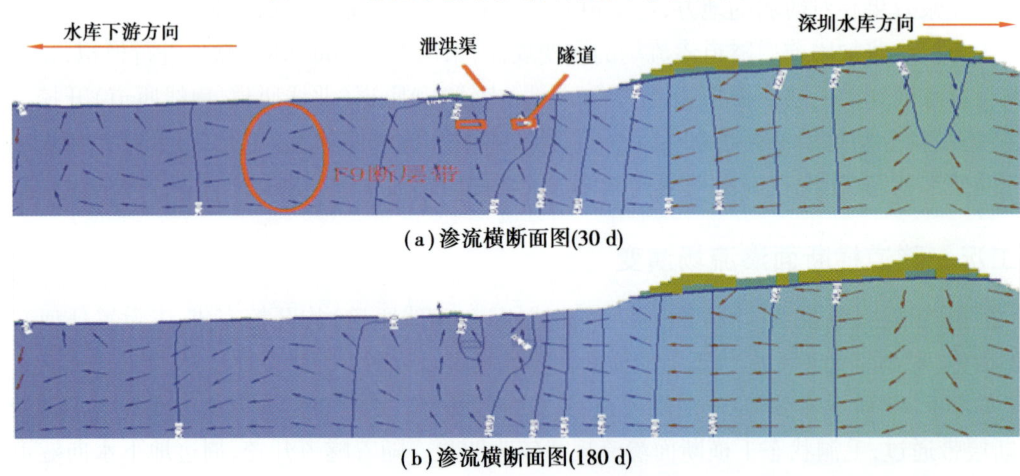

(a) 渗流横断面图(30 d)

(b) 渗流横断面图(180 d)

图 5.43　BXK1 +575 里程段横断面渗流变化图(工况一)

2)工况二隧道横断面渗流场变化

为与毛洞状态下的渗流特征进行对比,现对洞室处于施作初衬 + 注浆圈下的横断面渗流场进行分析。

如图 5.44 所示,隧道开挖完成并施作初衬及注浆圈状态下,横断面渗流变化与毛洞状态相比变化较大,地下水向泄洪渠汇集的趋势明显减弱,渗流影响范围(主要对下部地层)已明显减小,表明较为完善的防水体系(初衬及加固圈)对保持地下水稳定起到显著作用;F9 断层带阻水效果较为明显,且与初始状态较为接近,未出现随时间减弱的现象,进一步证明注浆加固有效地减小了隧道开挖的影响,泄洪渠附近地下水位几乎没有变化。

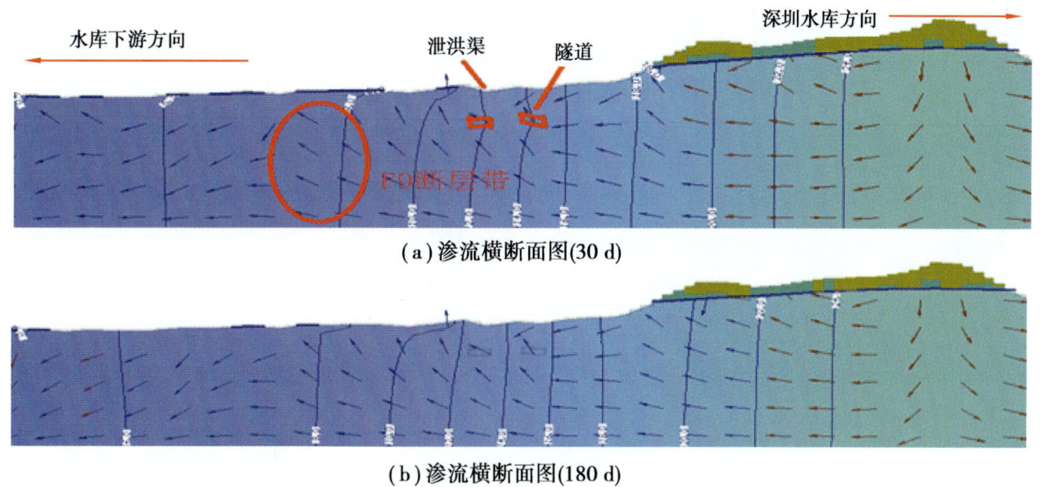

(a)渗流横断面图(30 d)

(b)渗流横断面图(180 d)

图 5.44 BXK1 +575 里程段横断面渗流变化图(工况二)

3)工况三隧道横断面渗流场变化

模拟隧道主线(北线、南线)和匝道(北线匝道、南线匝道)开挖完成,并已施作初衬 + 二衬 + 注浆加固圈,对隧道及其周围渗流场横断面变化进行分析。

如图 5.45 所示,隧道开挖完成并施作初衬 + 二衬 + 注浆圈状态下,横断面渗流场接近初始渗流场,隧道开挖的影响进一步缩小,地下水未表现出向泄洪渠汇集的趋势;F9 断层带附近地下水与初始渗流场相近。

综上可知,F9 断层带位于水库下游方向,离南线隧道有一定距离,仅在毛洞状态下表现出阻水性随时间减弱的特征。在工况二和工况三中,隧道开挖对 F9 断层带几乎没有影响,其两侧地下水沿压扭性断层流动,与充电法探测的地下水流向结果相同。该地区与水库之间没有阻隔带,地下水由水库向下游地势较低处流动,但由于渗透系数整体偏小,水力联系并不显著,泄洪渠附近地下水位变化较小。

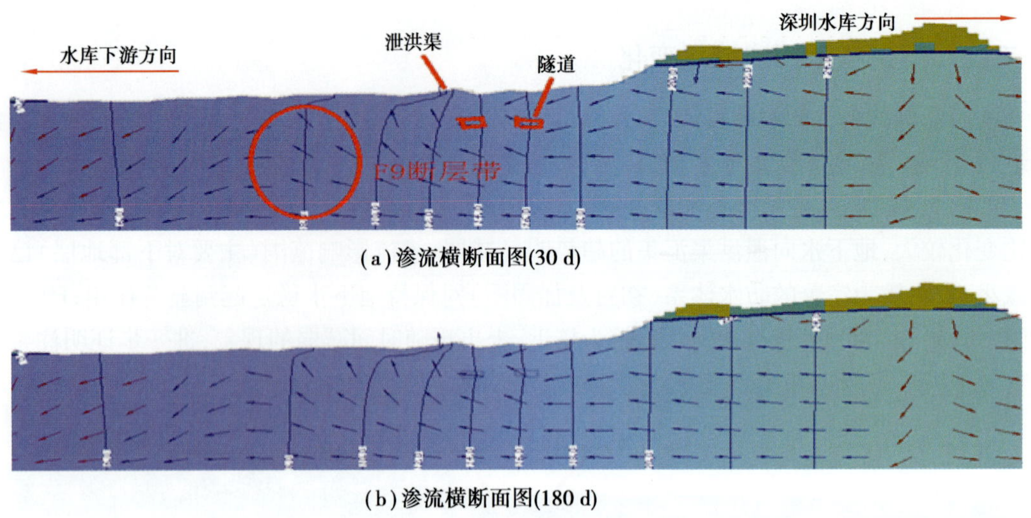

(a)渗流横断面图(30 d)

(b)渗流横断面图(180 d)

图 5.45　BXK1 +575 里程段横断面渗流变化图(工况三)

第 6 章

矿山法隧道运营期排水量与水压力的关系

矿山法隧道的防排水体系中,防水体系是为防止隧道渗漏水而采取的工程措施,主要有注浆防水、防水层防水、衬砌本体防水及结构“三缝”防水等措施;排水体系是在隧道内外建立排水系统,排放、疏干、引导隧道周边地下水和隧道内积水的工程措施。伴随着隧道工程的发展,矿山法隧道的施工工艺逐步提高,施工技术不断创新,其构造方面实施的隧道防排水技术主要有以下 4 种类型:

①从围岩、结构和附加防水层着手以防为主的水密型防水类型,即采用全包防水方式将地层渗水隔离于二衬之外,提高复合式衬砌的防水能力[见图 6.1(a)]。

②从泄水、疏水着手考虑以排为主的泄水型或引流自排型防水类型,通过引走衬砌背后的地下水,从而达到降低地下水位,减小衬砌背后水压力的目的[见图 6.1(b)]。

③防排结合的控制型防水类型,通常采用半包防水方式,允许地下水部分排放,既保证了结构安全,又降低了衬砌背后的水压力[见图 6.1(c)]。

④在邻近大型水源(如水库)或高水压富水等特殊水环境中,难以通过有效手段完全阻止地下水渗入隧道内,此时可采用全包(封堵)并配合二衬外排水系统的防水形式[见图 6.1(d)]。

根据国内外隧道防排水经验,全包水密型防水方式适用于对地下水环境保护要求较高、地层沉降控制要求严格的工程,但因需要衬砌承担全部水压力,通常设计衬砌厚重,施工工序复杂,周期长,造价较高,且需要准确计算隧道开挖后的涌水量大小,预测运营期衬砌背后水压力,充分考虑外部环境改变对其造成的影响,以保证隧道的耐久性和安全性。自排型防水方式可用于对地表沉降没有严格要求的工程中,结合其他防排水措施和设备将地下水排除隧道外,直接降低隧道结构的直接造价,但长期大量排水可能使衬砌背后围岩裂隙被冲刷形成空洞,对隧道结构承载不利,且该方法不宜用于穿越江海或毗邻水库等富水地区,后期运营维护成本也相对较高。防排结合(半包)的方式结合前述两种方式的优点,在控制地层沉降、减小衬砌外水压力的同时,也保护了生态环境,可根据对地下水位和地层变形监控数据实时调整排水量,长期保持隧道运营的稳定。全堵(包)配合排水型则依据特殊地下水环境,合理利用注浆层、防水板等方式对地下水进行封堵,同时在防水板与初衬间设置排水系统,对无法有效控制的地下水予以排放,以减小外水压力。“堵”的主要作用是控制隧道的涌水量;“排”则是为了降低作用在衬砌上的外水压力。当两者之间达到一个动态平衡,对隧道结构最为有利[46][175][183-184]。可见,③和④的防排水理念基本相同,遵从“堵排结合,限量排放”的原则,体现出控制性防排水的优势。

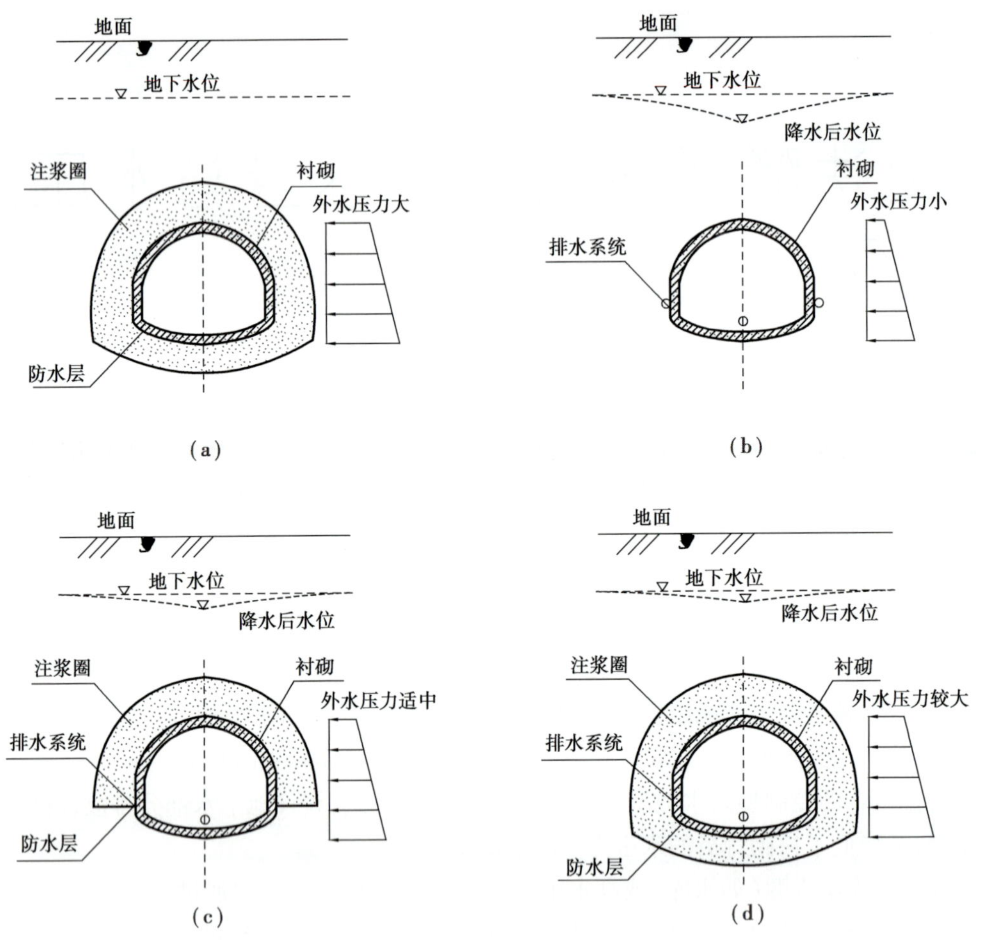

图 6.1　矿山法隧道防水构造

考虑城市隧道的特殊性,控制型防排水技术可通过主动控制隧道运营期排水量调节二衬外水压力,因而从结构受力特性、经济性和保护生态环境方面考虑,都是城市隧道的最佳选择。此时,分析隧道运营期排水量和二衬外水压力的关系已成为隧道设计中的关键问题。

为探明矿山法隧道运营期排水量与水压力的关系,本章首先利用地下水渗流理论、复变函数保角映射理论和二维稳态流动的复变函数理论,并结合围岩-支护结构精细化模型和气象因素,分别对高水位和低水位隧道运营期排水量及二衬外水压力进行理论分析,然后依托在建的深圳某大型地下立交工程,选取典型的高水位和低水位区段,对不同注浆圈渗透系数和厚度条件下城市隧道排水量及水压力之间的关系进行理论研究。为剖析隧道排水系统(排水管)正常工作时,二衬背后水压力与排水量之间的关系,利用 $FLAC^{3D}$ 有限差分软件建立三维空间模型,以主动控制隧道排水量调节二衬外水压分布进行分析,并对每种排水量工况考虑不同的注浆效果以测试其对水压力的影响。最后以室内模型试验复核有限元分析中的排水量与水压力的关系。

6.1　矿山法城市隧道排水量与水压力关系的一种预判方法

国内外学者对隧道排水量与衬砌外水压力的相关问题开展了一定的研究，如王秀英等[128]以Darcy定理为基础建立简化模型，对山区高水位隧道排水量及衬砌外水压力的关系进行研究；王建宇[113]利用岩石渗透特性的均匀连续介质假设提出了隧道排水量和水压力的理论公式；李伟等[185]以渗流连续性方程为基本原理，通过理论推导获得了高水压山岭隧道二次衬砌外水压力与排水量之间的关系；Dimitrios Kolymbas等[176]利用复变函数保角映射理论分别推导出隧道排水量和水压力的计算公式。上述研究为合理计算隧道运营期排水量及衬砌外水压力，分析两者间的关系提供了思路，但普遍存在一些问题或缺陷，现有理论均以高水位隧道进行研究，并未涉及低水位隧道，而不同水位的隧道渗流场影响范围存在较大差别，不能忽视边界效应的作用。此外，围岩-支护体系过于简化（忽略不同地层地质条件、注浆圈等的影响）也将导致计算排水量和水压力不够准确。基于此，本节首先利用地下水渗流理论、复变函数保角映射理论和二维稳态流动的复变函数理论，同时结合围岩-支护结构精细化模型和气象因素，分别对高、低水位隧道运营期排水量和二衬外水压力进行理论推导，然后依托在建的深圳某大型地下立交工程，对不同注浆圈渗透系数和厚度条件下城市隧道排水量及水压力之间的关系进行研究，此（半）解析方法可从宏观上对隧道排水量与水压力的关系进行估算，为结构设计提供参考。

6.1.1　城市隧道排水量与水压力理论研究

1）降雨补给与计算水头

城市隧道应将大气降雨作为重要的地下水补给考虑到隧道水问题的计算中，但对地下水位造成影响的不仅是降雨量，还有地下水损失，其损失量主要表现为地表径流、河川径流及蒸发量。由于径流及蒸发量的分析较为复杂，与降雨量、前期地表储存、截留、土壤下渗能力、前期土壤水分等条件有关。因此，计算时可采用美国水土保持局（SCS）提出的曲线数值法估算[186]，即

$$h_s = \frac{(p - I_a)^2}{p - I_a + S} \tag{6.1}$$

$$S = \frac{25\,400}{CN} - 254 \tag{6.2}$$

式中，h_s 为损失量；p 为降雨量（一般取汛期平均降雨量）；I_a 为初始拦截量，通常为 $0.2S$；CN 是由经验确定的数值（见表6.1），与土壤下渗能力、土地利用状况、前期水分条件有关。

根据地质勘探资料可知，隧址区初始水头高度 h，考虑降雨、蒸发量及其他径流损失后，就可得到实际计算水头 h_0 为

$$h_0 = h + p - h_s \tag{6.3}$$

式中，h_0 为计算水头；h 为初始水头（是指地下水位线至隧道中心的距离）。

表 6.1　*CN* 经验取值

土地利用类型	灌溉良好土壤 A	灌溉较差土壤 B
工业用地	81	93
商业用地	80	95
居住地	61	87
农业用地	65	86
牧草地	39	80
林地	25	77

2) 围岩平均渗透系数

根据水力学渗透理论，隧道排水可简化为一个降落漏斗模型（见图 6.2），从隧道边界取一“竖条地层”，将其抽离该模型。由于在“竖条地层”中除隧道排水外没有其他排水途径，故从两侧流入该“竖条地层”（即假想降水井）的水量等于隧道排水量。

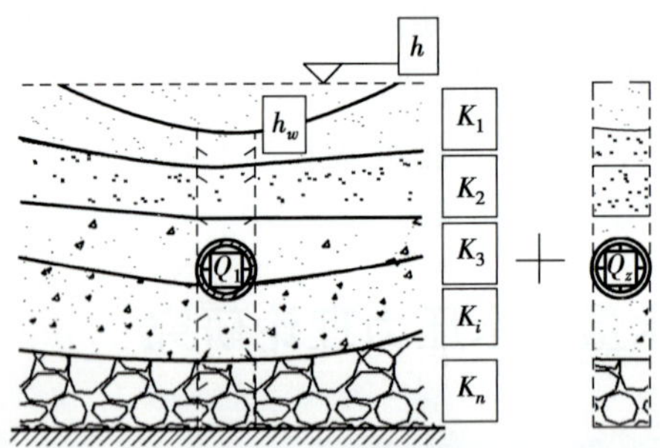

图 6.2　隧道涌水降落漏斗模型

对均质各向同性且底部为水平潜水含水层的围岩，若含水层上部有均匀入渗、排水稳定的隧道，潜水流即可视为稳定流[165]。应用裘布依假定，将隧道看成稳定井，假想降水井包含多种地质条件的地层，则每一层均可单独视为稳定流，故每一层均可应用裘布依水井理论。因各含水层因水井排水导致的水头损失相同，故其对水井提供的流量为[164]

$$Q_i = \frac{2\pi S_w K_i M_i}{\ln \dfrac{R}{r}} \tag{6.4}$$

式中，Q_i 为某含水层的水井排水量；S_w 为水头降落高度；K_i 为某含水层渗透系数；M_i 为某含水层厚度；r 为隧道半径；R 为降水影响半径。

因此，整个水井的排水量为

$$Q_z = \frac{2\pi S_w \sum_{i=1}^{n} K_i M_i}{\ln \dfrac{R}{r}} = \sum_{i=1}^{n} Q_i \tag{6.5}$$

式中，Q_z 为假想水井的排水量。

现假定隧道所在地层为单一地层，该地层渗透系数为 $\overline{K}$，则

$$Q_z = \frac{\pi\overline{K}(h^2 - h_w^2)}{\ln \dfrac{R}{r}} = \frac{\pi\overline{K}(2h - S_w)S_w}{\ln \dfrac{R}{r}} \tag{6.6}$$

式中，$\overline{K}$ 为围岩平均渗透系数；h 为假想水井的初始水头高度，即初始水位线到假想水井井底的距离；h_w 为假想水井水位降落后高度，高水位隧道中 $h = 2h_0$；$h_w + S_w = h$。

由式(6.5)和式(6.6)可得

$$\overline{K} = \frac{2\sum_{i=1}^{n} K_i M_i}{2h - S_w} \tag{6.7}$$

3）高水位城市隧道排水量与水压力研究

控制型防排水隧道由内向外的防排水构造为二衬、防水层、排水管、初衬和注浆圈。初衬和注浆圈的作用是减少进入隧道的总水量，防水层和二衬起到主要的隔水作用，而排水管是为了引流渗入初衬的地下水，避免其聚集于二衬外壁，以减少水压力。因此，隧道防排水设计的思路便是研究水压力和排水量之间的关系，寻求二者间的平衡点。

完全按隧道实际状况对隧道排水量和水压力研究较为困难，实际排水量受排水管形式、直径和间距等的影响难以定量描述，需进行必要的简化。假定地下水会渗入隧道内壁，此时，内壁处的水头决定排水量的大小，改变其水头即可模拟不同的防排水形式，进而利用求出的内壁渗水量代替实际隧道排水量。为方便求解，同时满足隧道排水量与水压力预判的合理性，还做了以下简化：

①隧道断面为圆形，沿轴线水平分布。

②将围岩视为各向同性介质，可用围岩平均渗透系数计算。

③渗流达到稳定状态，不随时间变化。

④地下水渗流满足达西定律和渗流连续性方程。

简化后的高水位隧道计算模型如图 6.3 所示。其中，隧道内壁半径为 r，二衬外半径为 R_1，初砌外半径为 R_2，二衬渗透系数为 K_1，初衬渗透系数为 K_2，注浆圈半径为 R_g，注浆圈渗透系数为 K_g，围岩渗透系数为 K_r。

隧道排水量预测时，仅截取某断面上单位长度进行计算（见图 6.3），即简化为平面渗流模型，则拉普拉斯方程可写为

$$\frac{\partial^2\phi}{\partial x^2} + \frac{\partial^2\phi}{\partial y^2} = 0 \tag{6.8}$$

边界条件是渗流场问题有定解的必要条件，本研究涉及两类定值边界条件。

第一类为外边界条件，是指模型外部应满足的边界条件，由实际外边界简化而来。当模型中没有除隧道外的排水途径时，开挖前后的外边界如图 6.3 所示。开挖后地下水向隧道汇集，引起隧道周围地下水位下降，水头随位置而变化，且离隧道越远受到的影响越小，趋近于隧道开挖前，则有

$$\lim_{x,y\to\infty} \phi(x,y) = h_0 \tag{6.9}$$

而实际情况下的模型外部边界（水位线）为一条难以描述的曲线，模型远场边界也难以应

用。为此,引入外边界条件为[128]

$$\phi(x,y)\mid_{x^2+y^2=R_r^2}=h_0 \tag{6.10}$$

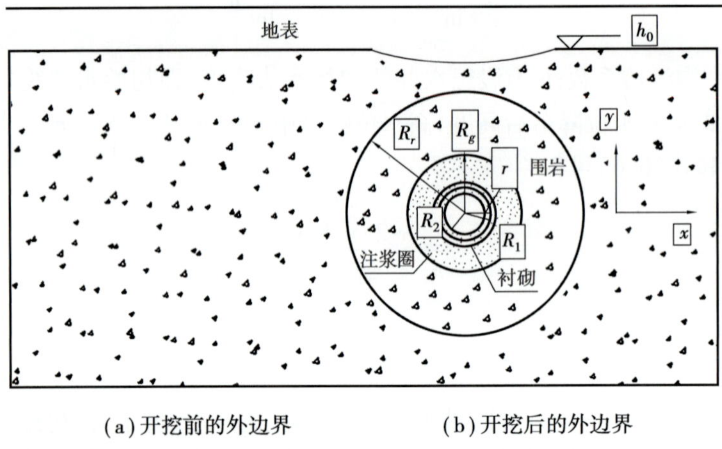

(a)开挖前的外边界　　(b)开挖后的外边界

图 6.3　高水位隧道计算模型

式(6.10)的物理意义为:距隧道中心达 R_r 时,隧道排水对该处水头的影响可忽略不计,选用圆形边界是为了与隧道断面吻合,方便求解。为使计算准确,应尽量增大 R_r 的值,使边界远离隧道但不超过地下水位线,即高水位隧道渗流影响范围为 $R_r=h_0$。

第二类为内边界条件,是指隧道内壁处应满足的边界,即

$$\phi(x,y)\mid_{x^2+y^2=r^2}=h_a+y_c \tag{6.11}$$

式中,h_a 为隧道中心内壁水头;y_c 为隧道内壁纵坐标值(坐标系见图 6.3)。

式(6.11)表示在隧道内壁处只考虑位置水头,而忽略了压力水头,且内壁最大水头差在拱顶和拱底处,差值为 $2r$。当 $r\leqslant h_0$ 时,隧道内壁处的水头差可忽略不计,即

$$\phi(x,y)\mid_{x^2+y^2=r^2}=h_a \tag{6.12}$$

现利用拉普拉斯方程和上述边界条件求解水头函数 $\Phi(x,y)$,式(6.8)在极坐标(ρ,θ)下可表达为

$$\frac{\partial^2\phi}{\partial\rho^2}+\frac{1}{\rho}\frac{\partial\phi}{\partial\rho}+\frac{1}{\rho^2}\frac{\partial^2\phi}{\rho^2\partial\theta^2}=0 \tag{6.13}$$

由于两类边界条件均为水头恒定的圆弧,对过原点的任意轴线,该模型均轴对称,故可认为水头函数只与某点到隧道中心的距离有关,而与该点到隧道中心的极角无关,即$\frac{\partial\Phi}{\partial\theta}=0$。因此,式(6.13)简化为

$$\frac{1}{\rho}\frac{\mathrm{d}}{\mathrm{d}\rho}\left(\rho\frac{\mathrm{d}\phi}{\mathrm{d}\rho}\right)=0 \tag{6.14}$$

由式(5.14)易得

$$\phi(\rho)=B\ln(\rho)+C \tag{6.15}$$

式中,B,C 为待定常数。

由式(5.15)可得

$$
\begin{cases}
围岩:\phi_r(\rho) = B_r\ln(\rho) + C_r \\
注浆圈:\phi_g(\rho) = B_g\ln(\rho) + C_g \\
二衬:\phi_1(\rho) = B_1\ln(\rho) + C_1 \\
初衬:\phi_2(\rho) = B_2\ln(\rho) + C_2
\end{cases} \tag{6.16}
$$

除前述两类边界条件外，隧道渗流场还应满足水头［见式(6.17)］及流速［见式(6.18)］连续边界条件，包括围岩、注浆圈、衬砌等的接触边界。其中，流速可通过达西定律转化为水头的微分，即

$$
\begin{cases}
\phi_r(\rho)\big|_{\rho=R_r} = h_0 \\
\phi_1(\rho)\big|_{\rho=r} = h_a \\
\phi_r(\rho)\big|_{\rho=R_g} = \phi_g(\rho)\big|_{\rho=R_g} \\
\phi_g(\rho)\big|_{\rho=R_2} = \phi_2(\rho)\big|_{\rho=R_2} \\
\phi_2(\rho)\big|_{\rho=R_1} = \phi_1(\rho)\big|_{\rho=R_1}
\end{cases} \tag{6.17}
$$

$$
\begin{cases}
-K_g\dfrac{\partial\phi_g(\rho)}{\partial\rho}\bigg|_{\rho=R_2} = -K_2\dfrac{\partial\phi_2(\rho)}{\partial\rho}\bigg|_{\rho=R_2} \\
-K_r\dfrac{\partial\phi_r(\rho)}{\partial\rho}\bigg|_{\rho=R_g} = -K_g\dfrac{\partial\phi_g(\rho)}{\partial\rho}\bigg|_{\rho=R_g} \\
-K_1\dfrac{\partial\phi_1(\rho)}{\partial\rho}\bigg|_{\rho=R_1} = -K_2\dfrac{\partial\phi_2(\rho)}{\partial\rho}\bigg|_{\rho=R_1}
\end{cases} \tag{6.18}
$$

将式(6.17)和式(6.18)代入式(6.16)中，可得

$$
\begin{aligned}
B_r &= \frac{h_0 - h_a}{\ln\dfrac{R_r}{R_g} + \dfrac{K_r}{K_g}\ln\dfrac{R_g}{R_2} + \dfrac{K_r}{K_2}\ln\dfrac{R_2}{R_1} + \dfrac{K_r}{K_1}\ln\dfrac{R_1}{r}} \\
C_r &= h_0 - \frac{(h_0 - h_a)\ln R_r}{\ln\dfrac{R_r}{R_g} + \dfrac{K_r}{K_g}\ln\dfrac{R_g}{R_2} + \dfrac{K_r}{K_2}\ln\dfrac{R_2}{R_1} + \dfrac{K_r}{K_1}\ln\dfrac{R_1}{r}} \\
B_1 &= \frac{K_r}{K_1}\frac{h_0 - h_a}{\ln\dfrac{R_r}{R_g} + \dfrac{K_r}{K_g}\ln\dfrac{R_g}{R_2} + \dfrac{K_r}{K_2}\ln\dfrac{R_2}{R_1} + \dfrac{K_r}{K_1}\ln\dfrac{R_1}{r}} \\
C_1 &= h_a - \frac{K_r}{K_1}\frac{(h_0 - h_a)\ln r}{\ln\dfrac{R_r}{R_g} + \dfrac{K_r}{K_g}\ln\dfrac{R_g}{R_2} + \dfrac{K_r}{K_2}\ln\dfrac{R_2}{R_1} + \dfrac{K_r}{K_1}\ln\dfrac{R_1}{r}}
\end{aligned} \tag{6.19}
$$

此时，渗入隧道内流量 Q 为

$$
Q = \int_0^{2\pi} v_r\big|_{\rho=r} r\mathrm{d}\theta \tag{6.20}
$$

由达西定律和式(6.16)可得

$$
v_r\big|_{\rho=r} = -K_1\frac{\mathrm{d}\phi_1(\rho)}{\mathrm{d}\rho}\bigg|_{\rho=r} \tag{6.21}
$$

将式(6.19)和式(6.21)代入式(6.20)，得

$$Q = \int_0^{2\pi} v_r \mid_{\rho=r} r\mathrm{d}\theta = \frac{2\pi K_r(h_0 - h_a)}{\ln\frac{R_r}{R_g} + \frac{K_r}{K_g}\ln\frac{R_g}{R_2} + \frac{K_r}{K_2}\ln\frac{R_2}{R_1} + \frac{K_r}{K_1}\ln\frac{R_1}{r}} \tag{6.22}$$

联立式(6.3)、式(6.7)和式(6.22),并结合高水位隧道渗流影响范围可得

$$Q = \frac{2\pi \overline{K}(h_0 - h_a)}{\ln\frac{h_0}{R_g} + \frac{\overline{K}}{K_g}\ln\frac{R_g}{R_2} + \frac{\overline{K}}{K_2}\ln\frac{R_2}{R_1} + \frac{\overline{K}}{K_1}\ln\frac{R_1}{r}} \tag{6.23}$$

根据前述假定,地下水可渗入隧道内壁,则内壁压力水头为0,因此,隧道中心内壁水头 $h_a=0$。将式(6.19)代入式(6.16)后,可得二衬背后的水压力为

$$P = \gamma(\phi_1(R_1) - y_c) = \gamma\left(\frac{h_0\ln\frac{R_1}{r}}{\frac{K_1}{\overline{K}}\ln\frac{h_0}{R_g} + \frac{K_1}{K_g}\ln\frac{R_g}{R_2} + \frac{K_1}{K_2}\ln\frac{R_2}{R_1} + \ln\frac{R_1}{r}} - y_c\right) \quad (-R_1 < y_c < R_1) \tag{6.24}$$

考虑高水位隧道 $y_c \leqslant h_0$,故可忽略 y_c 对二衬外水压力的影响,即

$$P = \gamma(\phi_1(R_1) - y_c) = \gamma\left(\frac{h_0\ln\frac{R_1}{r}}{\frac{K_1}{\overline{K}}\ln\frac{h_0}{R_g} + \frac{K_1}{K_g}\ln\frac{R_g}{R_2} + \frac{K_1}{K_2}\ln\frac{R_2}{R_1} + \ln\frac{R_1}{r}}\right) \tag{6.25}$$

4)低水位城市隧道排水量与水压力研究

地下水位较低的城市隧道,其排水量和二衬外水压力的计算与高水位相比存在较大差异,主要由于距地表较近,隧道排水对上部围岩的渗流影响与其他方向不同。此时,高水位理论的边界条件已不再适用,有必要对低水位隧道排水量和二衬外水压力进行深入研究。计算中,降雨补给和计算水头的分析见6.1节所述理论,围岩平均渗透系数仍采用式(6.7)计算。其中,低水位隧道 $h=h_0+R$,R 为假想水井降水影响半径[即式(6.28)中的 R]。

为方便研究低水位隧道的排水量和水压力,采用与前述高水位隧道相同的简化,简化后的隧道计算模型如图6.4所示。其中,隧道半径为 r,隧道埋深为 c,围岩平均渗透系数为 $\overline{K}$。

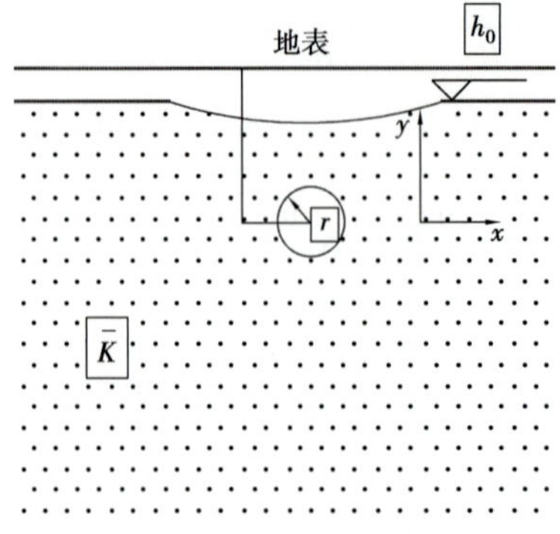

图6.4　低水位隧道计算模型

低水位隧道仍涉及两类边界条件:第一类为外边界条件,将实际情况下的外部边界(地下水位曲线)视为一条直线,即

$$h\big|_{y=h_0}=h_0 \tag{6.26}$$

第二类为内边界条件，与高水位情况相比存在较大区别，高水位隧道内壁 y 坐标的变化对水头影响较小，可视为内壁上等水头，而地下水位较低时，隧道内壁水头随 y 坐标变化明显，即其内壁水头为

$$h\big|_{x^2+y^2=r^2}=h_a+y_c \tag{6.27}$$

式中，y_c 为隧道内壁的位置水头，$-r\leqslant y_c\leqslant r$。

由复变函数保角映射理论、二维稳态流动的复变函数理论和低水位隧道边界条件，可解得低水位隧道地下水渗流场的水头表达式为[176,187]

$$h(x,y)=h_0+\frac{h_0-h_a-y_c}{\ln\dfrac{R}{r}}\ln\left[\frac{r}{R}\cdot\sqrt{\frac{x^2+(y-r\alpha)^2}{(r-\alpha y)^2+\alpha^2x^2}}\right] \tag{6.28}$$

式中，$R=r^2/(c-\sqrt{c^2-r^2})$，$\alpha=(c-\sqrt{c^2-r^2})/r$。

因低水位隧道内边界上等水压线的存在，其切向流速不等于零，引入以隧道中心为原点的极坐标(ρ,θ)，故沿外法线方向的流速为

$$v_r(\theta)=-\overline{K}\frac{\partial h}{\partial\rho}\bigg|_{\rho=r}=-\overline{K}\left[\frac{(h_0-h_a-r\sin\theta)}{r\ln\dfrac{R}{r}}\cdot\frac{1-\alpha^2}{1+\alpha^2-2\alpha\sin\theta}\right] \tag{6.29}$$

此时，渗入隧道的流量为

$$Q=\int_{-\pi}^{\pi}v_r(\theta)r\mathrm{d}\theta \tag{6.30}$$

联立式(6.3)、式(6.7)、式(6.29)、式(6.30)，可求得低水位隧道毛洞状态下的排水量为

$$Q_0=\frac{2\pi\overline{K}(h_0-h_a)}{\ln\dfrac{R}{r}}-\frac{\dfrac{\pi\overline{K}r\alpha}{2}}{\ln\dfrac{R}{r}} \tag{6.31}$$

由于轴对称解析在低水位隧道水压力及排水量折减计算中仍然适用[188-189]，因此，与前述毛洞状态相比，排水量折减系数为

$$\beta'=\frac{Q}{Q_0}=\frac{\ln\dfrac{h_0}{r}}{\ln\dfrac{h_0}{R_g}+\dfrac{\overline{K}}{K_g}\ln\dfrac{R_g}{R_2}+\dfrac{\overline{K}}{K_2}\ln\dfrac{R_2}{R_1}+\dfrac{\overline{K}}{K_1}\ln\dfrac{R_1}{r}} \tag{6.32}$$

水压力折减系数为

$$\beta=\frac{\ln\dfrac{R_1}{r}}{\ln\dfrac{R_1}{r}+\dfrac{K_1}{K_2}\ln\dfrac{R_2}{R_1}+\dfrac{K_1}{K_g}\ln\dfrac{R_g}{R_2}+\dfrac{K_1}{\overline{K}}\ln\dfrac{h_0}{R_g}} \tag{6.33}$$

因此，考虑注浆圈、初衬和二衬的折减效应后，低水位隧道排水量为

$$Q=\beta'Q_0 \tag{6.34}$$

低水位隧道二衬外水压力为

$$P_1=\gamma h_a=\gamma(\beta h_0-y_c) \tag{6.35}$$

6.1.2 理论计算在工程实例中的应用

1)工程实例背景介绍

深圳某大型地下立交工程埋深在 9.900 ~ 17.895 m,该区域基岩受 F9 断层构造带影响,形成了如角砾岩、糜棱岩及破碎岩等构造岩体,水稳性较差,岩芯多呈砂砾状、碎块状和块状,但现场水文试验[见图 6.5(a)]显示构造岩渗透性较差,断层带为压扭性断层,不利于水库与隧道间的导水效应。莲塘山地区属高水位段,隧道埋深在 25.076 ~ 117.600 m,隧址区为中风化 ~ 微风化基岩,大多数裂隙发育、岩体破碎,局部具硅化特征或石英富集,铁质浸染明显,水蚀现象显著[见图 6.5(b)],岩芯表面多见水蚀溶孔及溶隙,表明该地区地下水活动频繁。

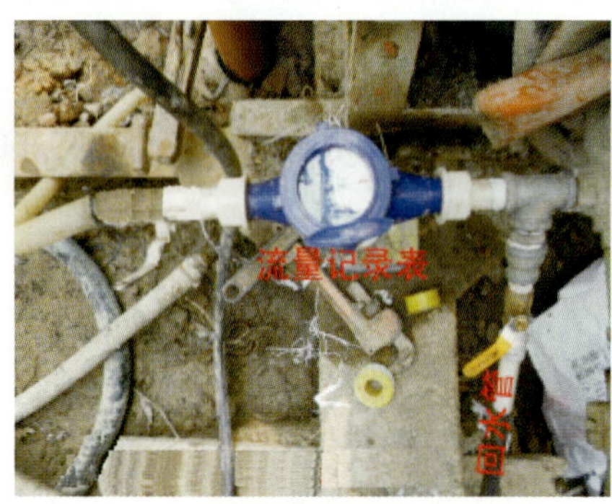

(a)现场抽水试验

(b)莲塘山岩石水蚀现象

图 6.5 现场试验及岩石水蚀现象

2)高水位城市隧道排水量与水压力间的关系

选择北线主隧道莲塘山高水位段(里程 BXK2 + 720 处,Ⅲ级围岩,见图 6.6)进行理论计算。根据其水文地质勘察可知,初始水头 h 为 45.25 m,汛期降雨量 p 为 1 020.6 mm(据深圳市气象局相关资料),CN 经验值根据工程实际情况选取 61,由式(6.3)解得计算水头 h_0 为 45.42 m;其隧道影响范围内的含水层从上至下依次为:强风化变质砂岩(层厚 10.65 m,渗透系数 0.5 m/d)、中风化变质砂岩(层厚 1.60 m,渗透系数为 0.5 m/d)、微风化变质砂岩(层厚 78.59 m,渗透系数为 0.15 m/d),现场抽水试验水头降落高度 S_w 为 3.45 m,由式(6.7)解得围岩平均渗透系数 $\overline{K}$ 为 0.201 m/d;隧道衬砌内半径 r 为 7.107 m,二衬厚 0.35 m,渗透系数 K_1 为 8.64×10^{-4} m/d,初衬厚 0.2 m,渗透系数 K_2 为 8.64×10^{-3} m/d。

通过改变二衬渗透系数控制隧道运营期排水量,从而调节二衬外水压力,本次计算采用将二衬渗透系数 K_1 分别放大和缩小 5 倍、10 倍、50 倍、100 倍进行研究,并利用式(6.23)和式(6.25)求解不同注浆圈渗透系数和厚度时高水位城市隧道排水量与二衬外水压力间的关系。其计算结果如图 6.7 所示。

由图 6.7 可知,二衬外水压力随隧道排水量增加呈线性降低。当注浆加固效果提高,即注浆圈渗透系数减小或厚度增加,水压力-排水量关系曲线斜率逐渐增大,但相比于注浆圈厚度,注浆圈渗透系数的改变对水压力随排水量的折减效应更加明显。

图6.6　理论计算选择隧道区间概况图

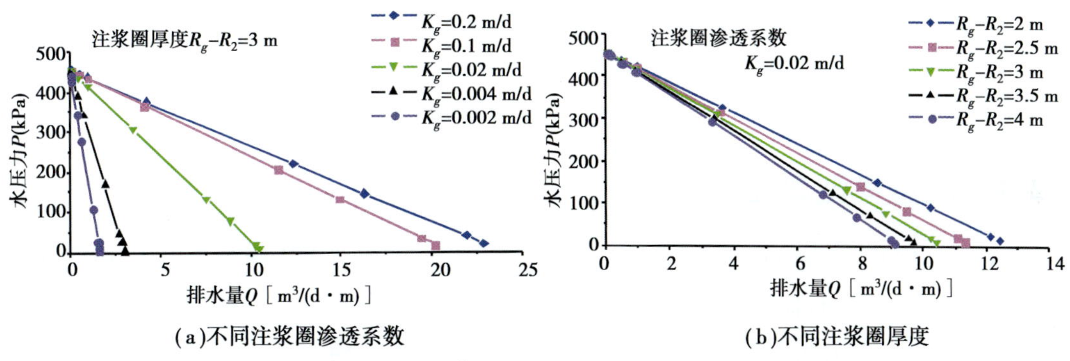

图6.7　高水位城市隧道排水量与二衬外水压力的关系

3)低水位城市隧道排水量与水压力间的关系

选择南线主隧道水库下游低水位段(里程 NXK1 +802 处,Ⅴ级围岩,见图6.6)进行理论计算,其初始水头 h 为15.32 m,由式6.3解得计算水头 h_0 为15.49 m;隧道影响范围内的含水层从上至下依次为:细砂(层厚2.05 m,渗透系数0.5 m/d)、强风化变质砂岩(层厚2.89 m,渗透系数0.3 m/d)、微风化花岗片麻岩(层厚44.02 m,渗透系数0.08 m/d),现场抽水试验水头降落高度 S_w 为1.5 m,由式(6.7)解得围岩平均渗透系数$\overline{K}$为0.112 m/d;隧道衬砌内半径 r 为7.107 m,二衬厚0.60 m,渗透系数 K_1 为 8.64×10^{-4} m/d,初衬厚0.28 m,渗透系数 K_2 为 8.64×10^{-3}m/d。利用式(6.34)和式(6.35)求解不同注浆圈渗透系数和厚度时低水位城市隧道排水量与二衬外拱底处水压力间的关系。其计算结果如图6.8所示。

由图6.8可知,低水位城市隧道排水量随水压力的变化规律同高水位时类似。当注浆圈渗透系数的增减比例相同时,其水压力随排水量的折减速率更快;当注浆圈厚度增减量值相同时,高、低水位隧道水压力随排水量的折减速率基本相同。

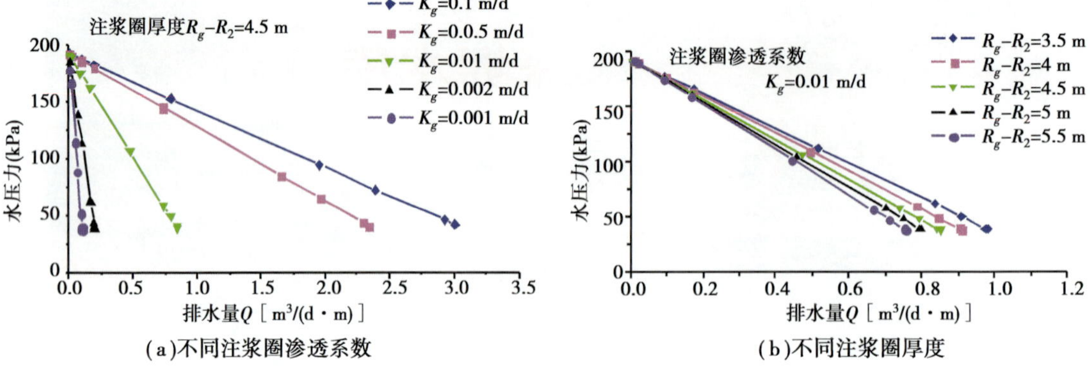

图 6.8 低水位城市隧道排水量与二衬外水压力的关系

6.2 矿山法城市隧道排水量与水压力关系的数值分析

数值模拟计算主要为探明复杂富水环境下(水库下游地区)矿山法限排隧道排水量与水压力之间的关系,首先计算隧道不排水时二衬背后水压力和渗流场中围岩水压力分布情况,然后考虑隧道排水系统(横向、环向排水管等)不同排水效果时两者间的关系,并研究不同隧道洞周注浆加固范围的影响,以确定注浆圈的作用。依据深圳某大型地下立交工程谷对岭地区实际水文地质条件(北线 BXK1 +350)进行流固耦合分析计算。

6.2.1 隧道模型建立

谷对岭地区北线断面里程 BXK1 +350 处(Ⅳ级围岩)主要分布为微风化岩体,以弱透水岩层为主,F7 主断层通过隧道所处位置,受区域地质构造影响,局部较为破碎,构造破碎带中存在裂隙水,并具有沿构造破碎带定向富集的特征,隧道埋深 58.996 m,地下水水头高度为 32.726 m,对该区域进行钻孔(Z10—Z14)勘察。其钻孔布置如图 6.9 所示,Z10 和 Z11 号孔岩样如图 6.10 所示[190]。隧址区地层从上到下主要分为强风化变质砂岩、微风化变质砂岩和微风化花岗片麻岩。参考岩土体物理力学性能现场试验结果以及工程地勘报告,结合《公路隧道设计规范》中相关围岩-支护参数的取值,主要计算参数见表 6.2。

图 6.9 谷对岭 BXK1 +350 里程段勘察钻孔布置图

图6.10　谷对岭 BXK1 +350 里程段岩样

表6.2　BXK1 +350 处围岩-支护体系计算参数

地　层	弹性模量(GPa)	泊松比	内摩擦角 φ	粘聚力 C(MPa)	渗透系数(m/d)	孔隙率	密度(kN/m³)
强风化变质砂岩	1.3	0.35	33	0.3	0.2	0.35	2 600
微风化变质砂岩	3	0.32	37	0.5	2	0.35	2 300
微风化花岗片麻岩	5.45	0.27	42.8	1.37	0.1	0.3	2 720
初期衬砌	22	0.3	—	—	8.64×10^{-3}	0.2	2 200
二次衬砌	30	0.2	—	—	8.64×10^{-4}	0.05	2 500
防水板	—	—	—	—	8.64×10^{-8}	0.05	—
排水管	—	—	—	—	8.64×10	0.5	—

依据表6.2中的计算参数,同时考虑隧址区边界效应,计算模型左右边界均取4~5倍洞径长度,隧道下方围岩取约5倍洞径,隧道上方围岩模拟至地表,地下水位线在地表以下27.36 m处。隧道排水系统设置了环向和纵向排水管,其中环向排水管间距约8 m。隧道轴线方向为z轴,水平面内平行于地表方向为x轴,竖直于地表方向为y轴。据此模型范围取为120 m×127.36 m×16.12 m,模型单元均采用实体单元。该里程处隧道断面设计为单向双车道,隧道横断面结构如图6.11所示。

数值计算中,模型侧面和底面为位移边界,地表设置为自由边界,两侧与底部边界为不透水边界,地下水位线在流固耦合过程中保持不变。岩土体选择 Mohr-Coulomb 本构模型,初次衬砌和二次衬砌取为 Elastic 弹性本构模型,流体模型按照是否透水,选为 fl-iso 各向同性模型与 fl-null 流体空单元模型。防水板采用无渗流单元,模型排水量控制通过设置排水管水压(不排水时排水管为初衬材料,排水时设置排水管孔隙水压力为0)实现,为保证隧道模型自由渗水,将二衬内表面水压设为0,建立三维计算模型如图6.12所示,防排水系统设置如图6.13所示。

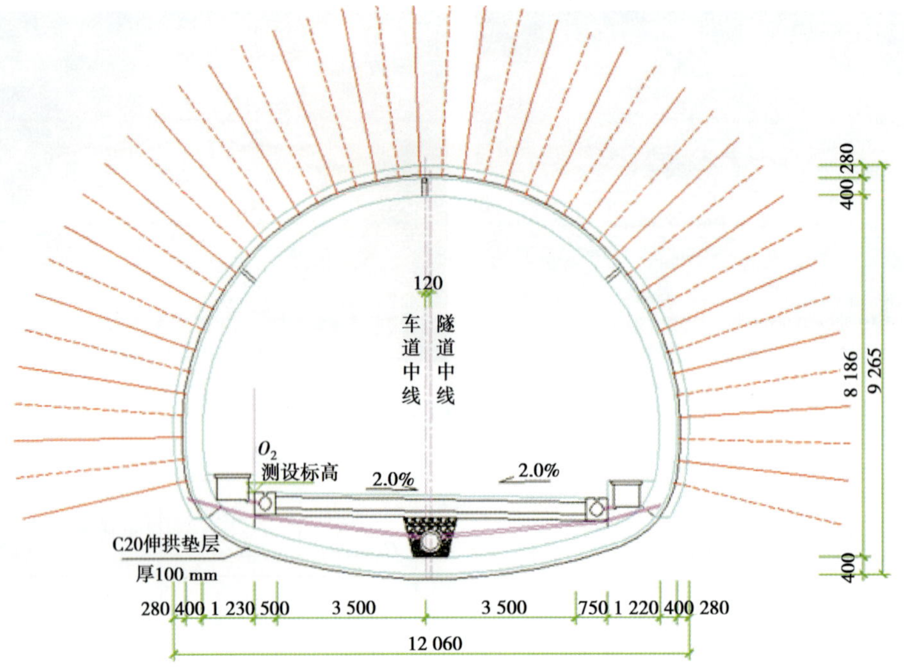

图 6.11　隧道横断面结构图

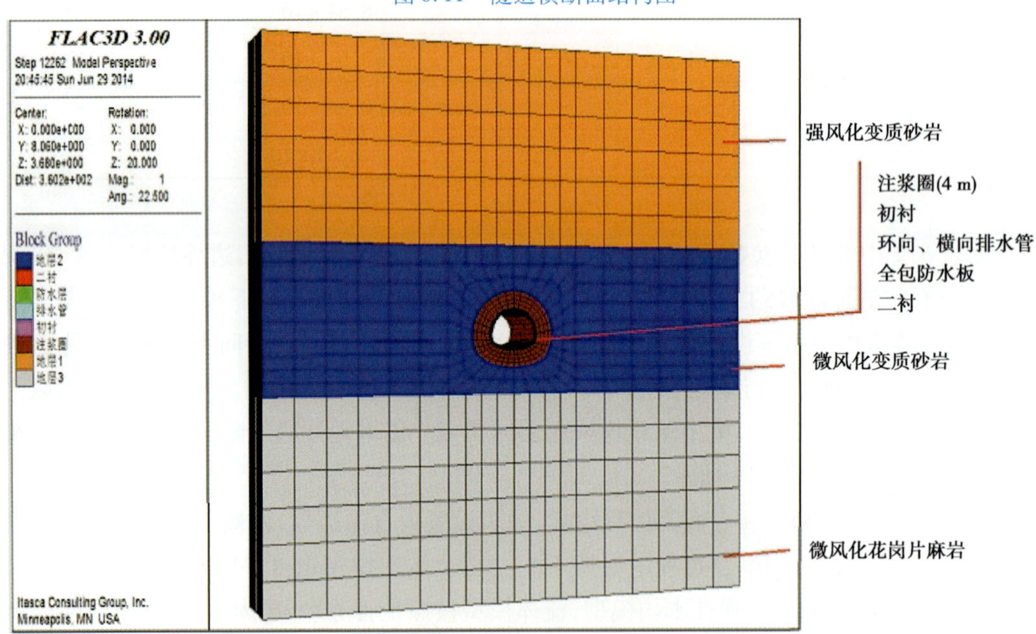

图 6.12　三维有限差分模型图

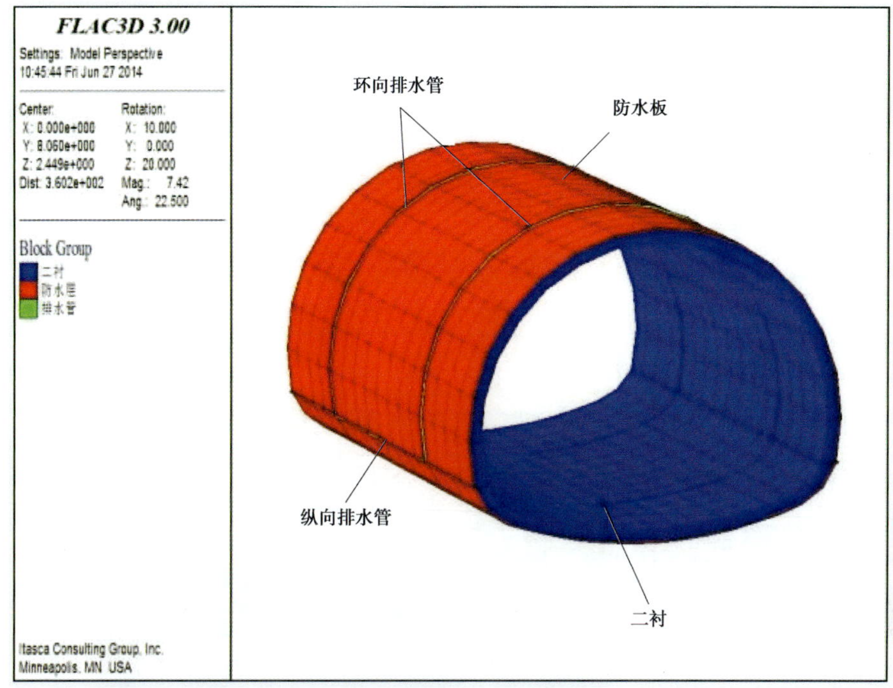

图 6.13　防排水系统设置

6.2.2　隧道不排水时计算结果分析

1）初始平衡状态围岩孔隙水压分布规律

①隧道开挖前岩土体中最小主应力如图 6.14 所示。由于隧道并未开挖，在同一水平面（x-y 面）上，地应力 S_{min} 大致为水平直线，并沿竖向梯度变化。因此，地表 S_{min} 为 0，模型底部 S_{min} 绝对值最大，为 −3.166 MPa。

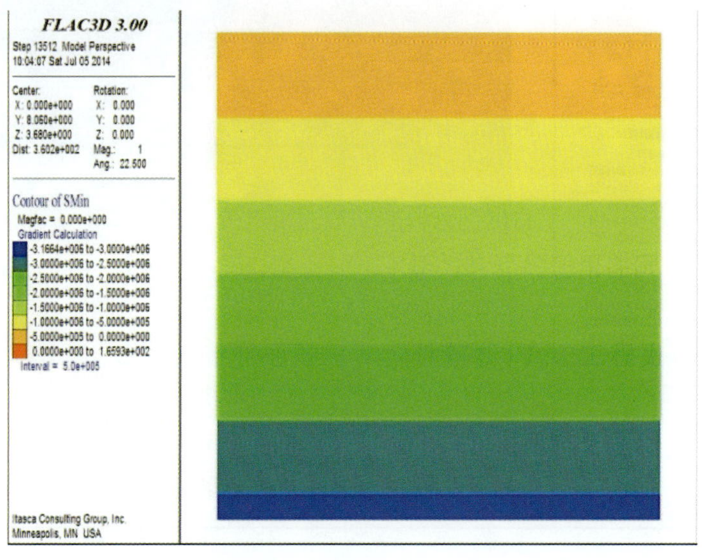

图 6.14　围岩初始最小主应力云图

②隧道开挖前岩土体中最大主应力如图6.15所示。由于隧道并未开挖，在同一水平面(x-y面)上，地应力S_{max}同样为水平直线，并沿竖向梯度变化。因此，地表S_{max}为0，模型底部S_{max}绝对值最大，为-2.008 MPa。

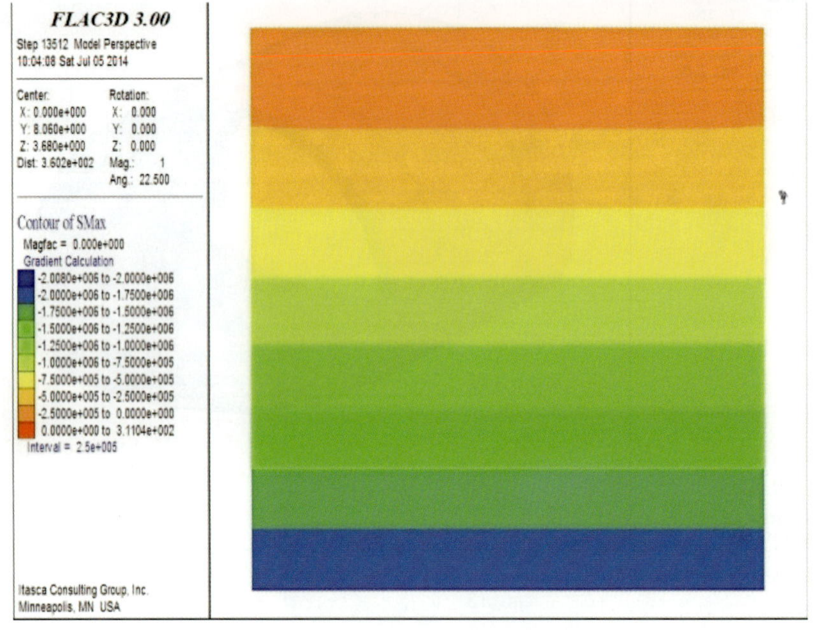

图6.15　围岩初始最大主应力云图

③隧道开挖前岩土体中初始渗流场孔隙水压力分布如图6.16所示。此时，水压力在围岩中为静水压力分布，沿竖向呈梯度变化。地表至地下水位线之间孔隙水压力均为0 MPa，模型底部的最大孔隙水压力为1.000 MPa。在同一水平面(x-y面)上，初始渗流场的孔隙水压力等值线为水平直线。

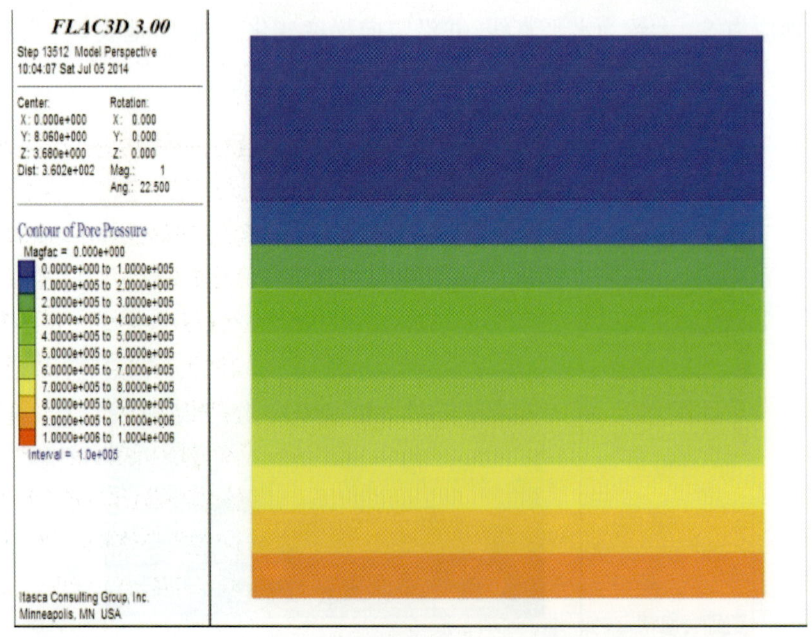

图6.16　围岩初始孔隙水压云图(单位:Pa)

2)流固耦合后围岩-支护体系水压分布规律

模拟运营期隧道,当排水系统不排水时(设置排水管水压为静水压,等效于排水管完全堵塞或无排水系统),岩土体中孔隙水压如图 6.17、图 6.18 所示。可知,孔隙水压力仍呈静水压力场分布,且沿竖向呈梯度变化。隧道周围的水压力等值线为水平直线,同样与模型的初始渗流场状态一致。究其原因,是计算时设置的排水系统并未将渗入二衬背后的地下水排出,且全包型防水板的存在,汇集于二衬背后的地下水无法渗流进入洞室内部。因此,可认为当隧道内的排水系统不排水时,围岩渗流场的分布不会改变。

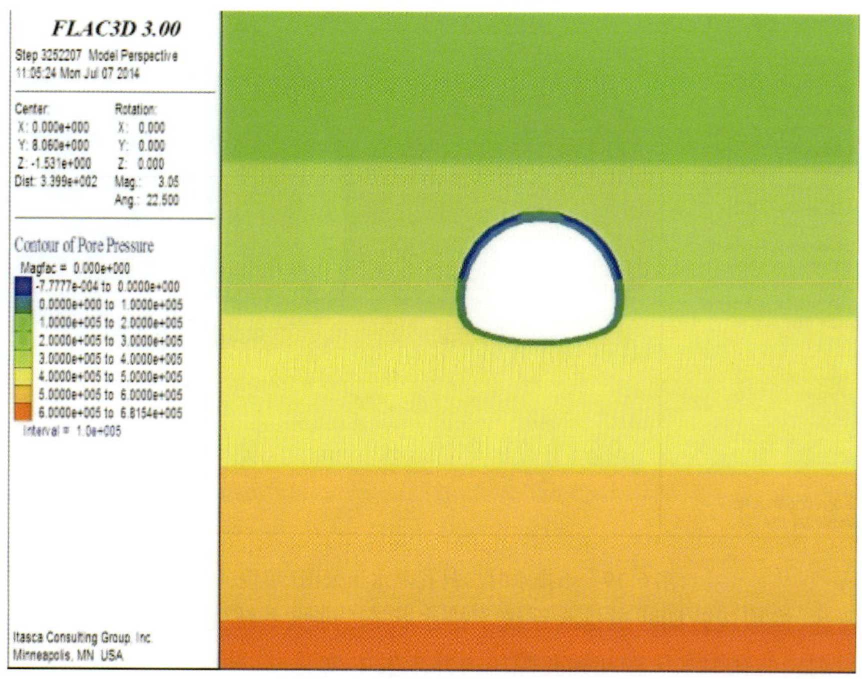

图 6.17　不排水时围岩孔隙水压云图

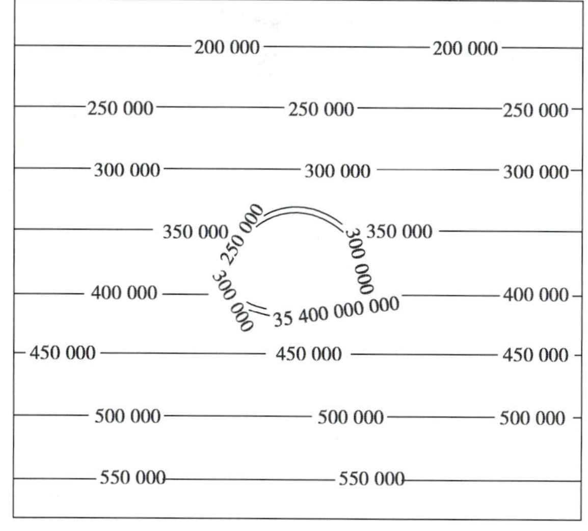

图 6.18　不排水时围岩孔隙水压等值线图

运营期隧道防水系统不排水时，其二衬背后孔隙水压如图 6.19 所示。可知，二衬背后孔隙水压分布均匀，与洞室周围围岩中的水压分布相似，在竖向上随埋深增加呈梯度变化。说明运营期隧道排水系统未排水时，待地下水渗流稳定后，作用在二衬上的孔隙水压也逐渐恢复至初始水压状态，最大值位于拱底处，约 0.419 MPa。

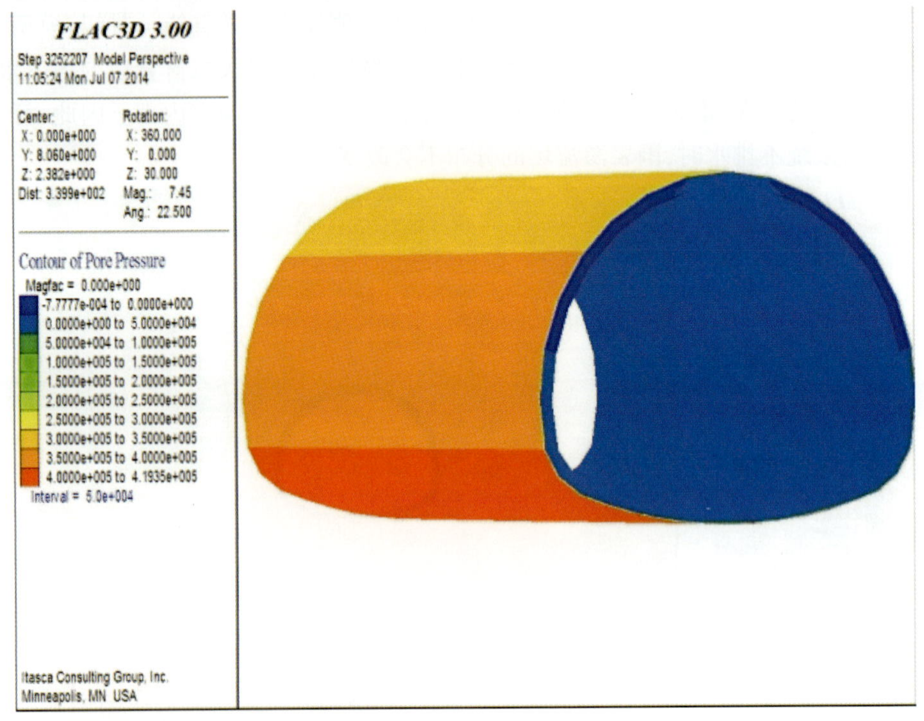

图 6.19　不排水时二衬孔隙水压云图(单位:Pa)

综上所述，模拟运营期隧道排水系统不排水状态(排水系统完全堵塞或无排水系统)时，渗流稳定后围岩的孔隙水压较初始孔隙压力并未发生改变，二衬背后的孔隙水压基本呈水平分布，需要承担的外水压力值较大，水压力值在竖向上随埋深增加呈梯度变化。

6.2.3　隧道正常排水时计算结果分析

为探明隧道排水系统正常排水状态下二衬背后水压力与排水量之间的关系，通过改变隧道内排水管水压主动调控排水量，计算中分为 5 种工况对不同排水管水压进行研究，分别为静水压的 0%，20%，40%，60%，80%。同时，对各个工况在不同注浆加固范围(无注浆、2 m 注浆圈、4 m 注浆圈)下的水压力进行研究，具体工况分析见表 6.3。

表 6.3　隧道正常排水时的计算工况

工　况	排水管水压力/静水压	注浆圈厚度	
工况一	0%	a	无注浆圈
		b	2 m
		c	4 m

续表

工　况	排水管水压力/静水压	注浆圈厚度	
工况二	20%	a	无注浆圈
		b	2 m
		c	4 m
工况三	40%	a	无注浆圈
		b	2 m
		c	4 m
工况四	60%	a	无注浆圈
		b	2 m
		c	4 m
工况五	80%	a	无注浆圈
		b	2 m
		c	4 m

各工况空隙水压力云图如下：

①排水管水压为 0(静水压的 0%，即排水系统畅通)，且无注浆圈时，如图 6.20 所示。

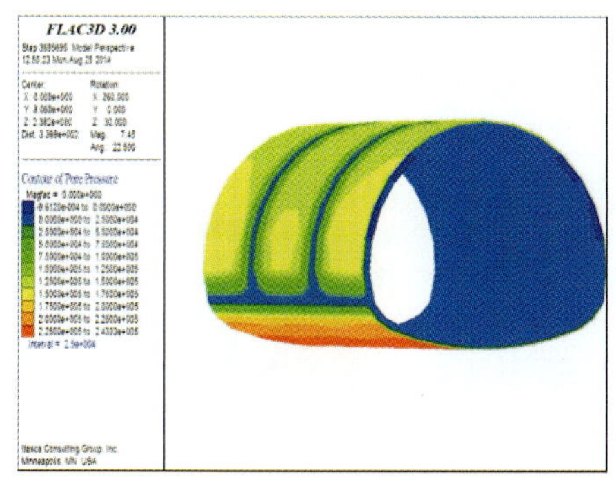

(a)二衬空隙水压云图

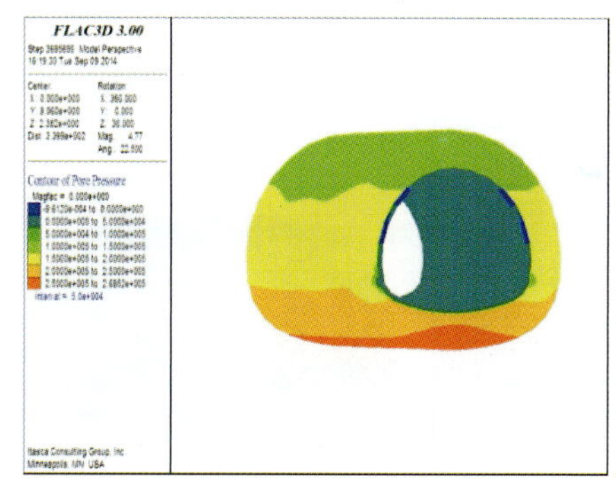

(b)2 m注浆圈水压云图

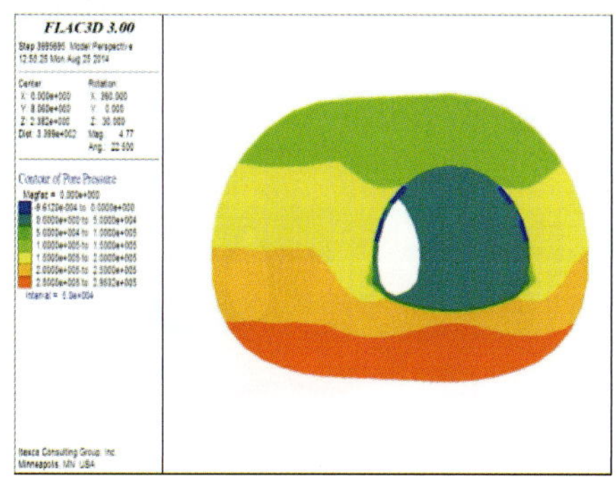

(c)4 m注浆圈水压云图

图 6.20　工况一 a 计算结果(单位:Pa)

②排水管水压为0,且注浆圈厚度为2 m,如图6.21所示。

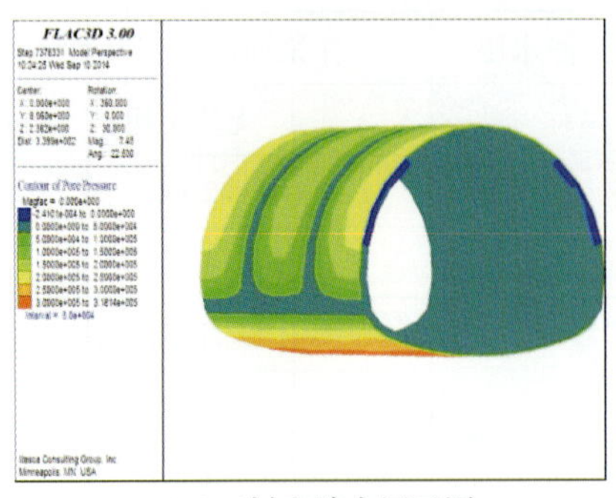

(a)二衬空隙水压云图

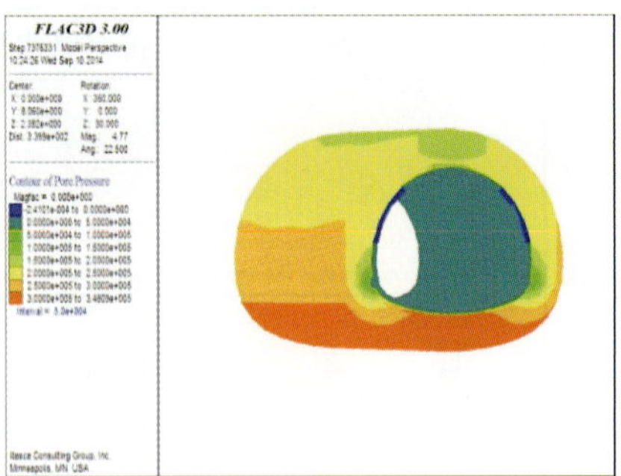

(b)2 m注浆圈水压云图

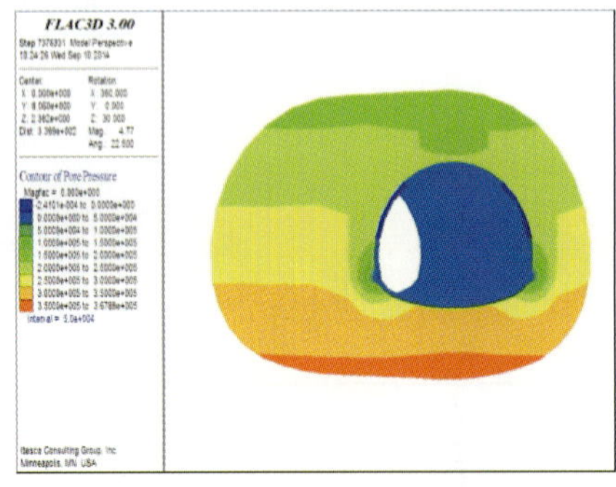

(c)4 m注浆圈水压云图

图6.21 工况一b计算结果(单位:Pa)

③排水管水压为0,且注浆圈厚度为4 m,如图6.22所示。

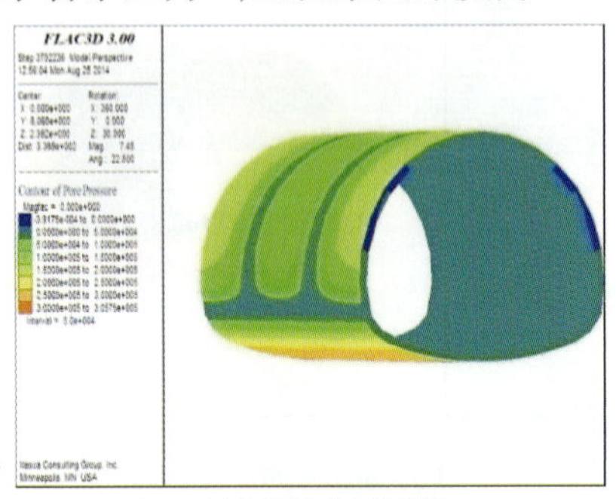

(a)二衬空隙水压云图

(b)2 m注浆圈水压云图

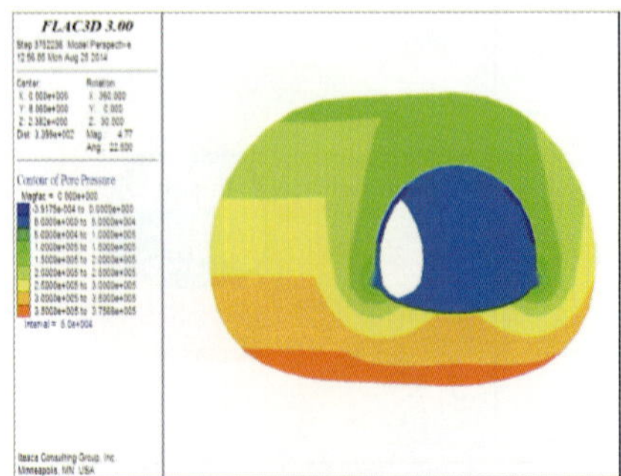

(c)4 m注浆圈水压云图

图6.22 工况一c计算结果(单位:Pa)

④排水管水压为静水压的 20%，且无注浆圈时，如图 6.23 所示。

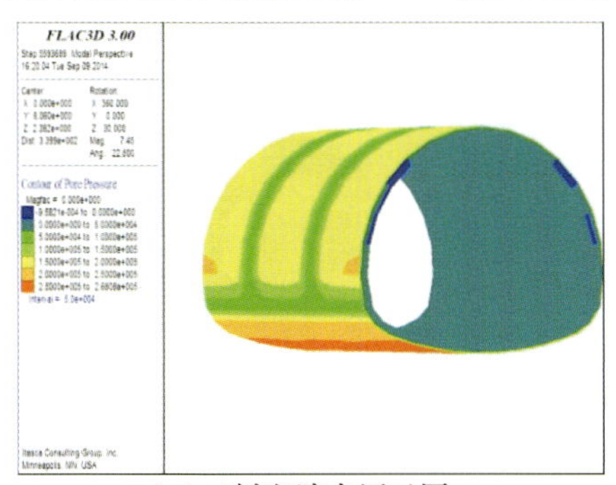

(a)二衬空隙水压云图

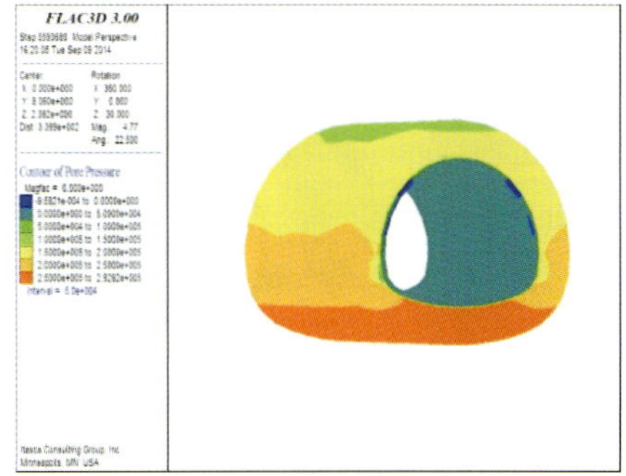

(b)2 m注浆圈水压云图

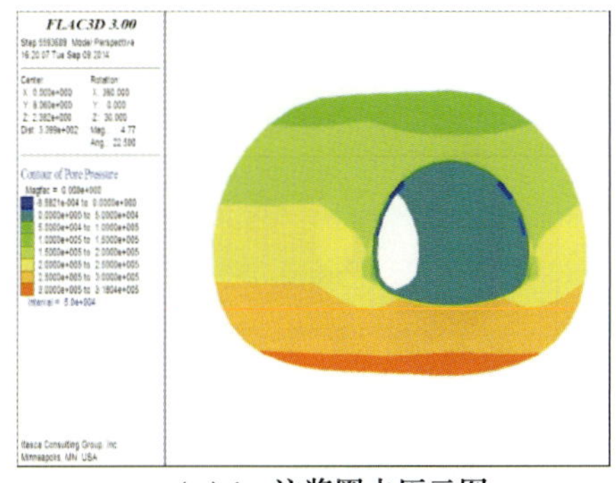

(c)4 m注浆圈水压云图

图 6.23　工况二 a 计算结果(单位:Pa)

⑤排水管水压为静水压的 20%，且注浆圈厚度为 2 m，如图 6.24 所示。

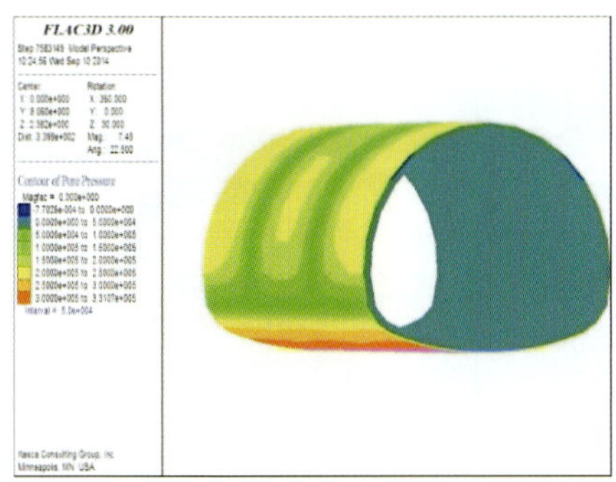

(a)二衬空隙水压云图

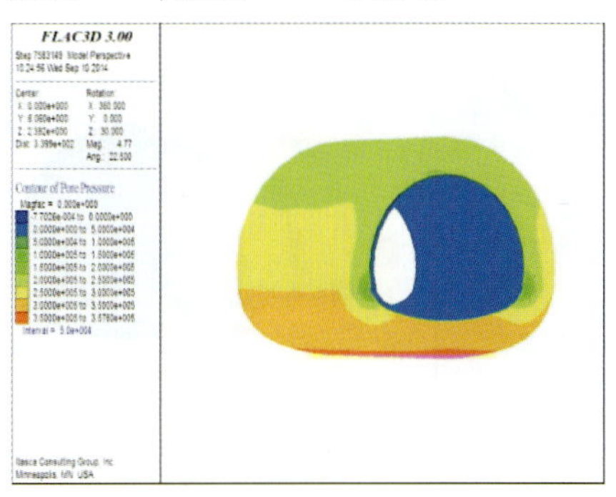

(b)2 m注浆圈水压云图

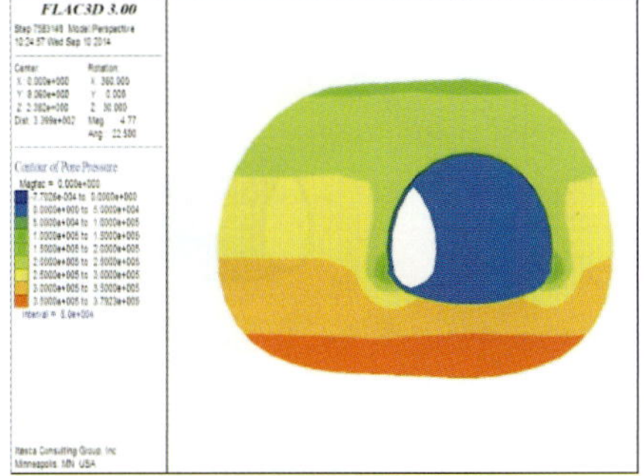

(c)4 m注浆圈水压云图

图 6.24　工况二 b 计算结果(单位:Pa)

⑥排水管水压为静水压的20%，且注浆圈厚度为4 m，如图6.25所示。

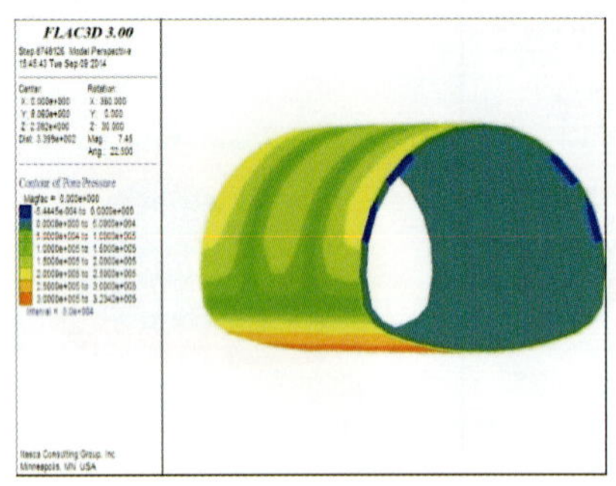

(a)二衬空隙水压云图

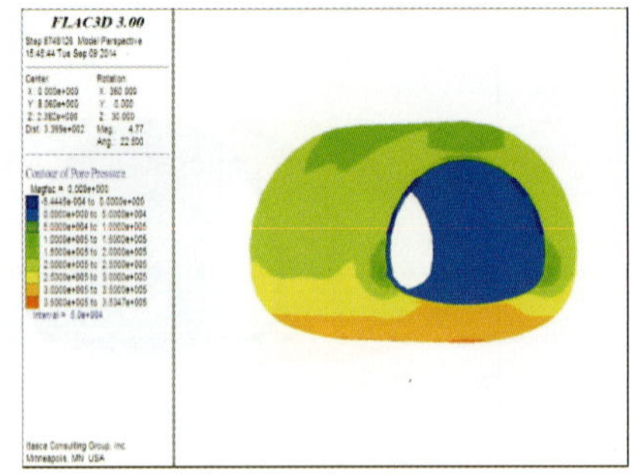

(b)2 m注浆圈水压云图

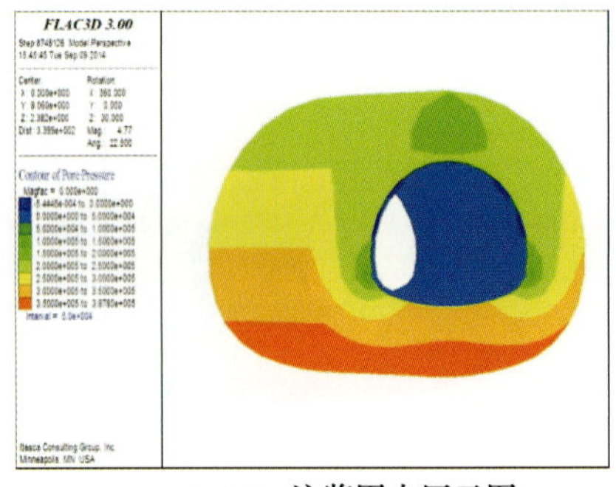

(c)4 m注浆圈水压云图

图6.25　工况二c计算结果(单位:Pa)

⑦排水管水压为静水压的40%，且无注浆圈时，如图6.26所示。

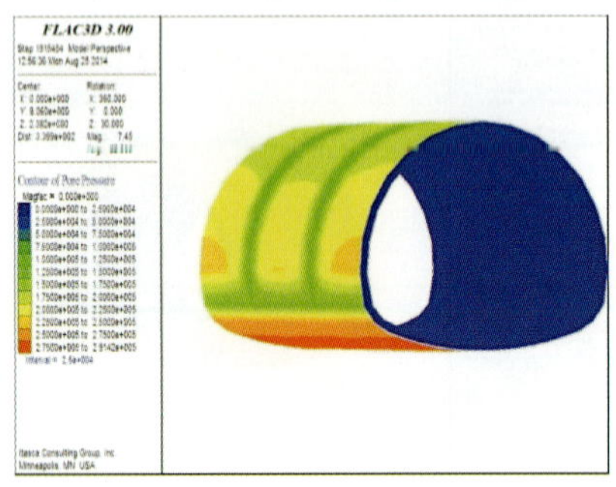

(a)二衬空隙水压云图

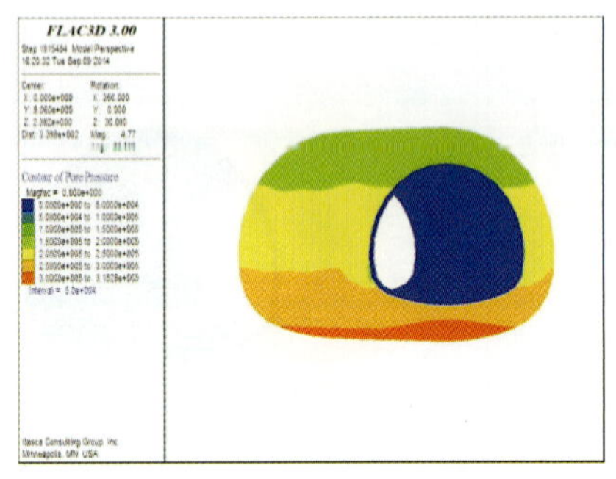

(b)2 m注浆圈水压云图

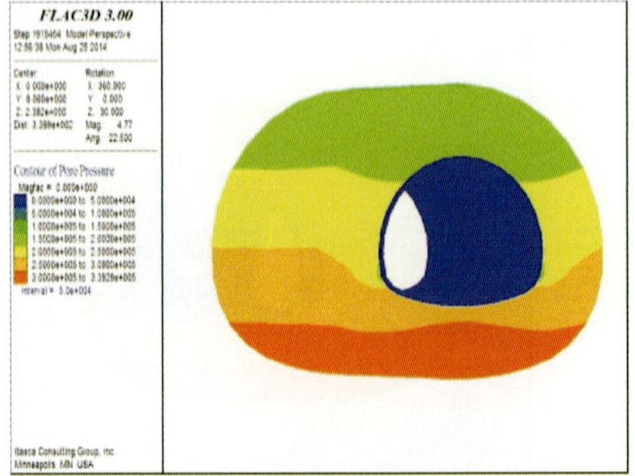

(c)4 m注浆圈水压云图

图6.26　工况三a计算结果(单位:Pa)

⑧排水管水压为静水压的 40%，且注浆圈厚度为 2 m，如图 6.27 所示。

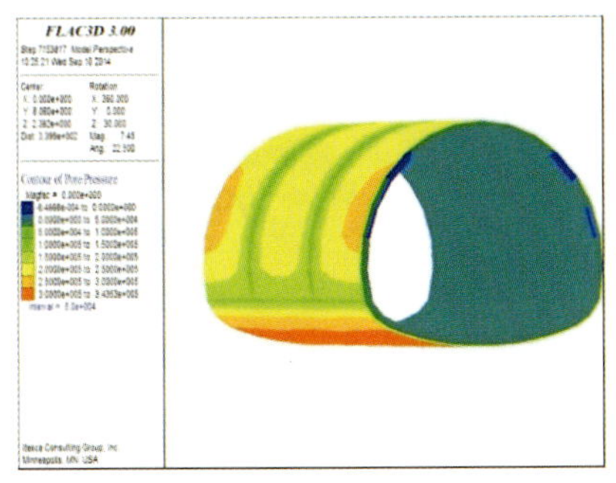

(a)二衬空隙水压云图

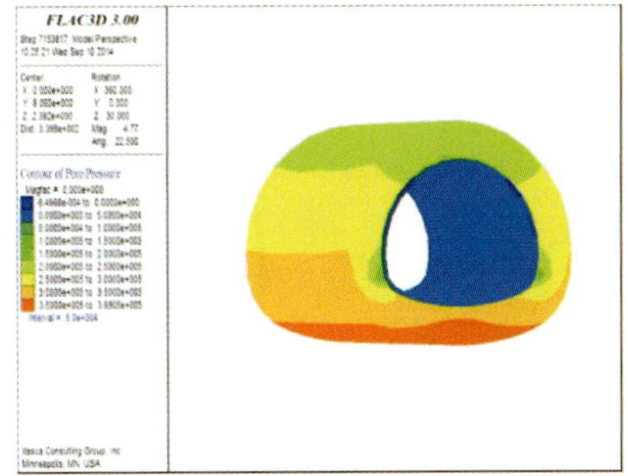

(b)2 m注浆圈水压云图

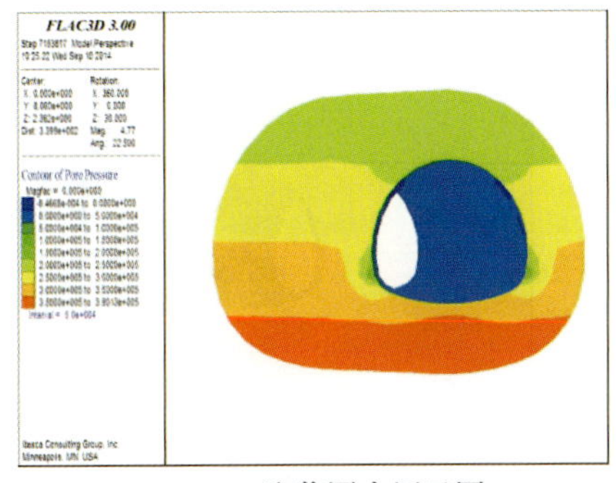

(c)4 m注浆圈水压云图

图 6.27　工况三 b 计算结果(单位:Pa)

⑨排水管水压为静水压的 40%，且注浆圈厚度为 4 m，如图 6.28 所示。

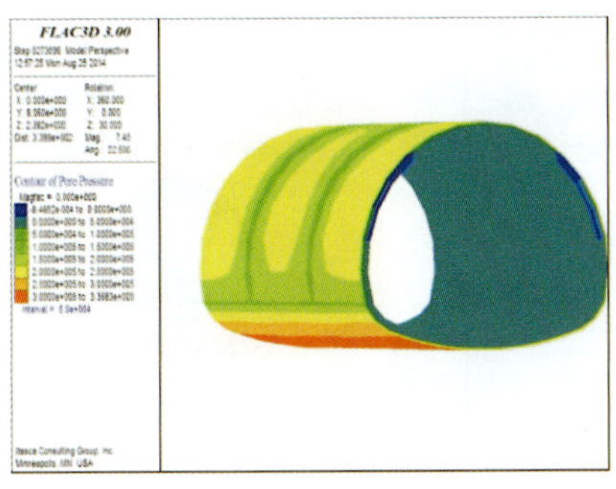

(a)二衬空隙水压云图

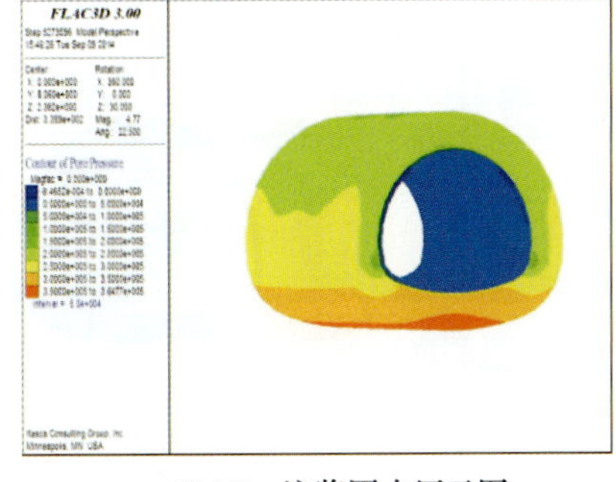

(b)2 m注浆圈水压云图

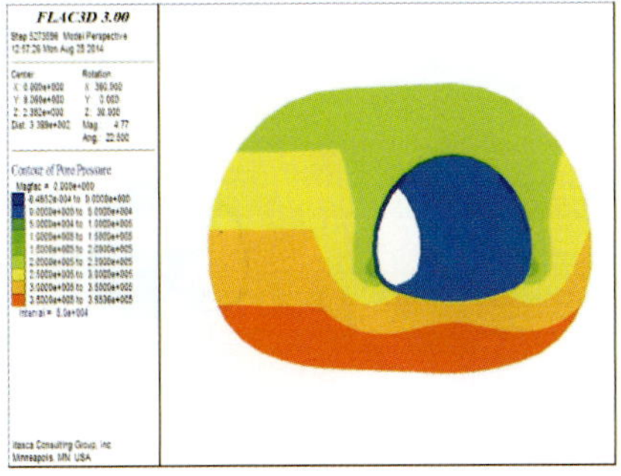

(c)4 m注浆圈水压云图

图 6.28　工况三 c 计算结果(单位:Pa)

⑩排水管水压为静水压的60%,且无注浆圈时,如图6.29所示。

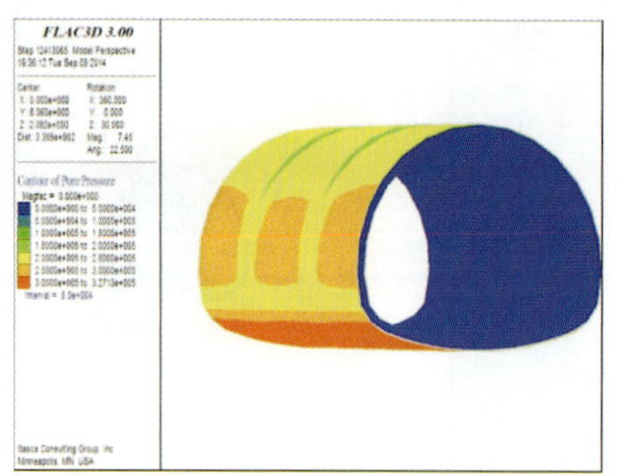

(a)二衬空隙水压云图

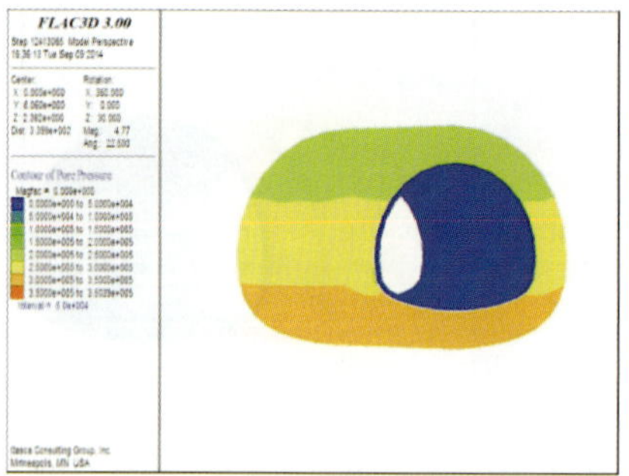

(b)2 m注浆圈水压云图

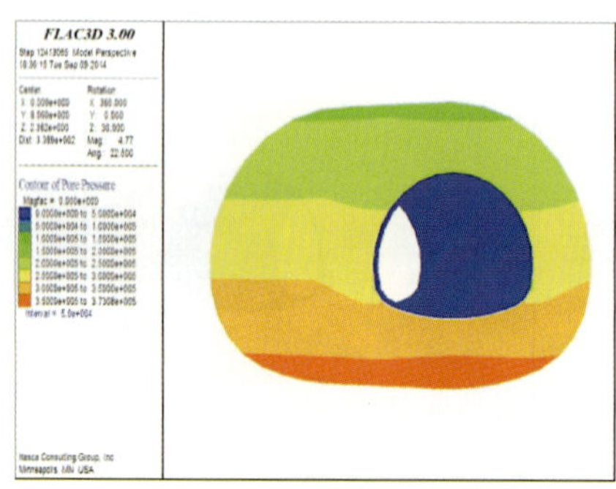

(c)4 m注浆圈水压云图

图6.29　工况四a计算结果(单位:Pa)

⑪排水管水压为静水压的60%,且注浆圈厚度为2 m,如图6.30所示。

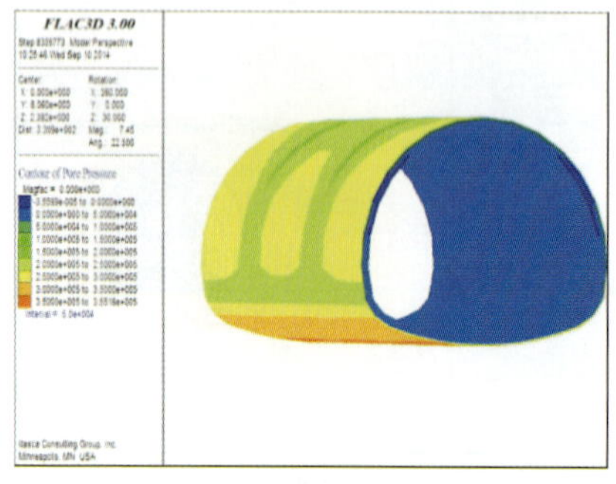

(a)二衬空隙水压云图

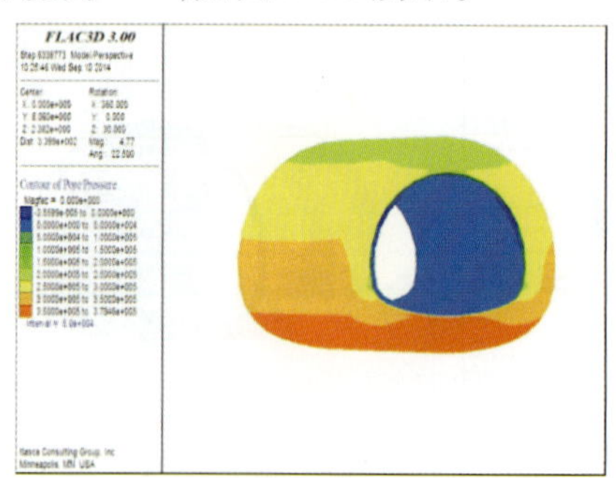

(b)2 m注浆圈水压云图

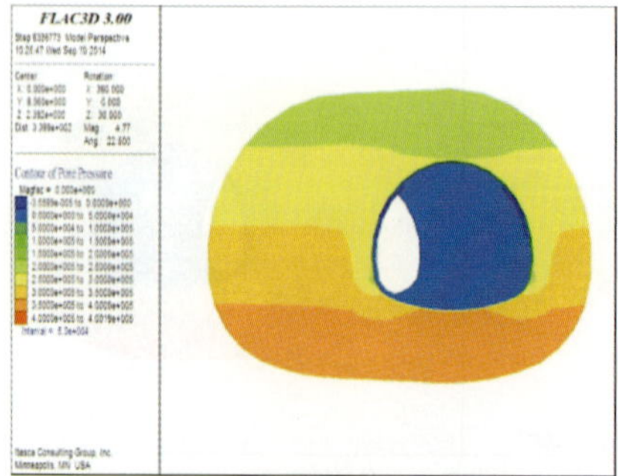

(c)4 m注浆圈水压云图

图6.30　工况四b计算结果(单位:Pa)

⑫排水管水压为静水压的 60%，且注浆圈厚度为 4 m，如图 6.31 所示。

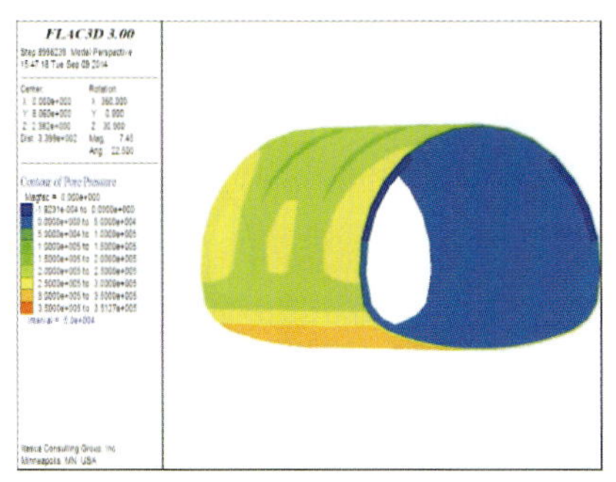

(a)二衬空隙水压云图

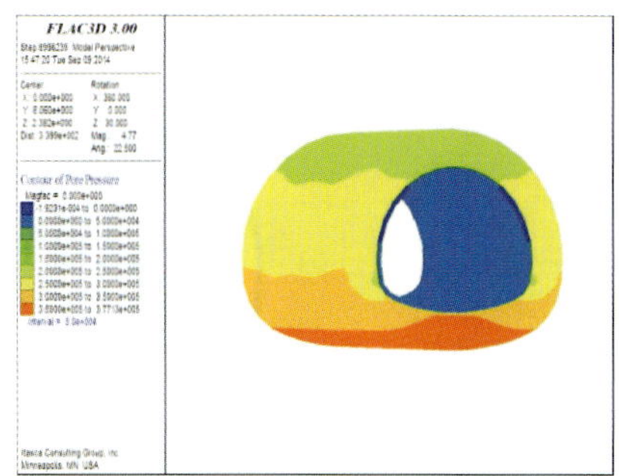

(b)2 m注浆圈水压云图

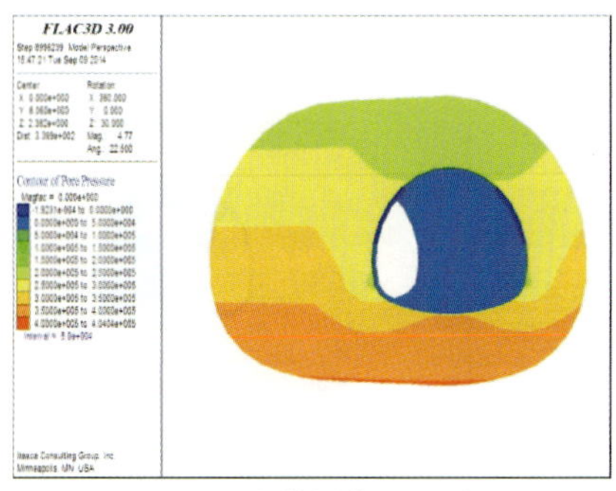

(c)4 m注浆圈水压云图

图 6.31　工况四 c 计算结果(单位:Pa)

⑬排水管水压为静水压的 80%，且无注浆圈时，如图 6.32 所示。

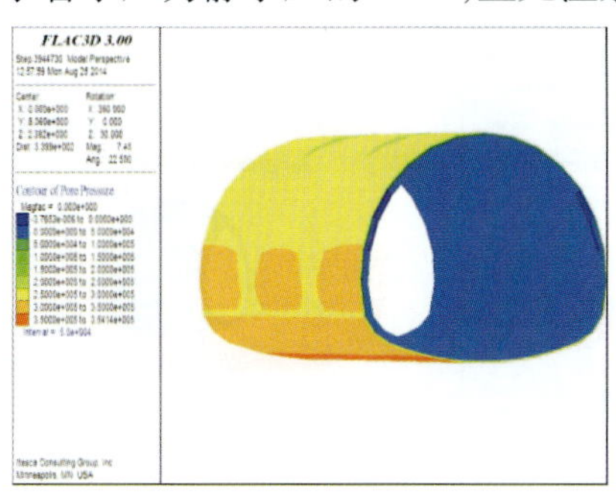

(a)二衬空隙水压云图

(b)2 m注浆圈水压云图

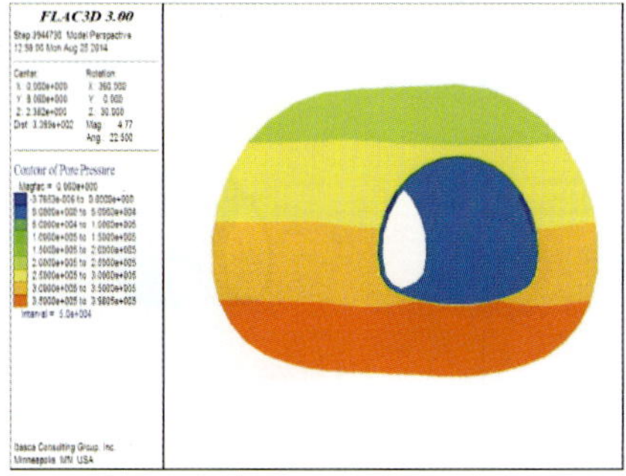

(c)4 m注浆圈水压云图

图 6.32　工况五 a 计算结果(单位:Pa)

⑭排水管水压为静水压的80%，且注浆圈厚度为2 m，如图6.33所示。

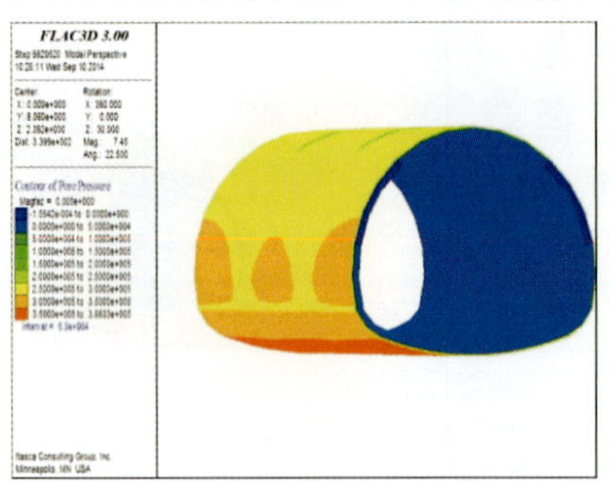

(a)二衬空隙水压云图

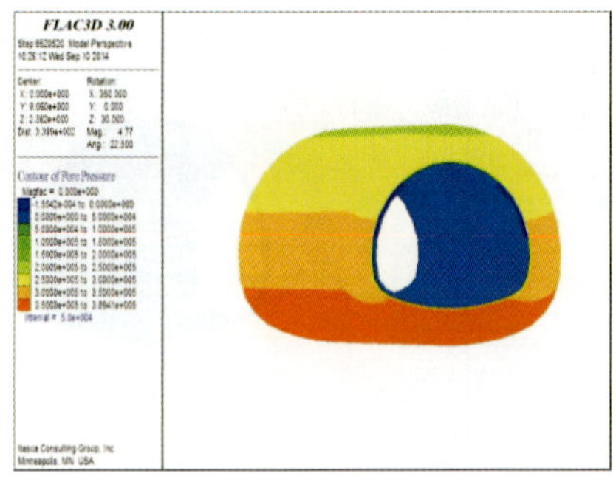

(b)2 m注浆圈水压云图

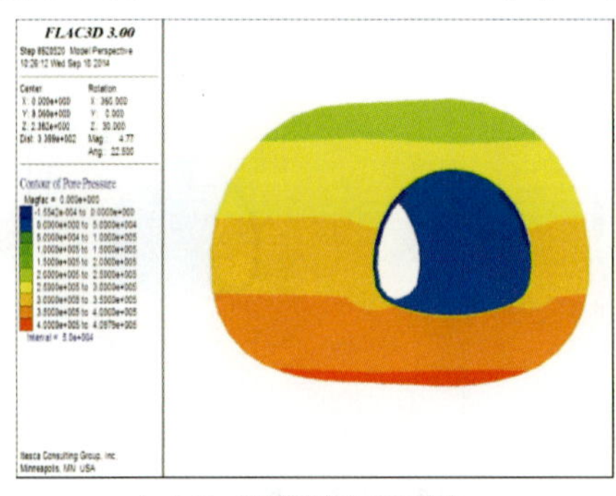

(c)4 m注浆圈水压云图

图6.33　工况五b计算结果(单位:Pa)

⑮排水管水压为静水压的80%，且注浆圈厚度为4 m，如图6.34所示。

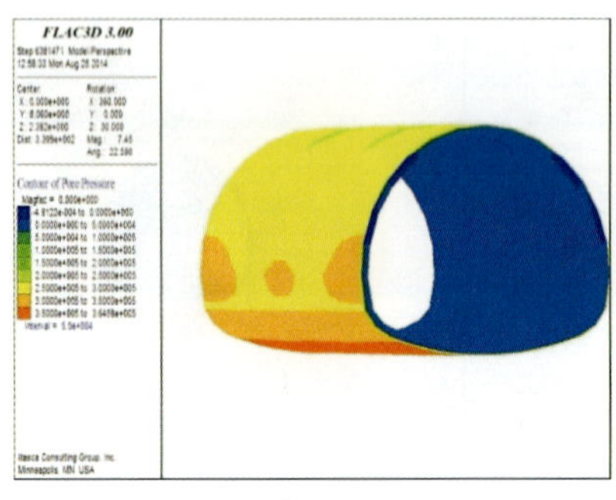

(a)二衬空隙水压云图

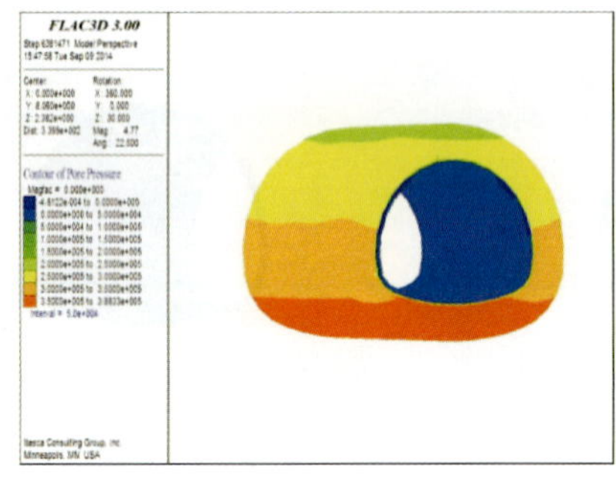

(b)2 m注浆圈水压云图

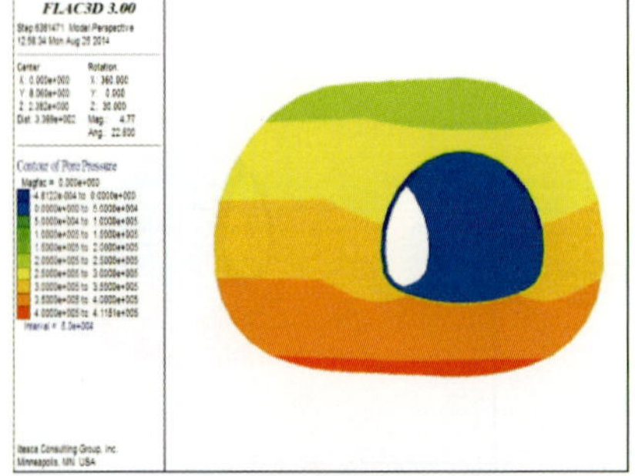

(c)4 m注浆圈水压云图

图6.34　工况五c计算结果(单位:Pa)

从图 6.20—图 6.34 可知，注浆圈和二衬背后的水压力呈对称分布，随着设定的排水管水压值不断增大（静水压的 0%，20%，40%，60%，80%），即允许排水量越来越小，二衬和注浆圈背后的水压力云图均出现相似的变化过程；排水管水压值为静水压的 0%，即排水系统畅通时，二衬背后孔隙水压分布特征明显，在横向和环向排水管位置水压值非常小，而其他区域水压力由拱顶至拱底逐渐增大且对称分布，表明渗入初衬的地下水均正常进入，并由排水系统排出；当排水管水压值达到静水压的 80%，即接近排水系统完全堵塞状态（静水压的 100%）时，孔隙水压逐渐趋于水平，接近初始应力状态（见 6.2.1 节、6.2.2 小节所述）。注浆圈的水压分布同样明显，在排水管水压值由静水压的 0% 至静水压的 80% 变化过程中（工况一至工况五），注浆圈水压分布云图呈现不规则“漏斗状”并逐渐平缓，最终接近水平分布的特征。

为探明二衬和注浆圈背后水压力值的变化特征，分析注浆圈范围对水压力的影响，计算中于不同位置选取水压力观测点。其布置如图 6.35 所示。

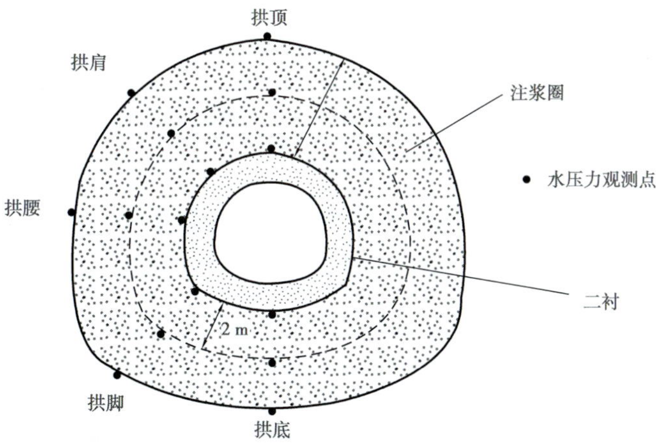

图 6.35　二衬和注浆圈背后水压力观测点布置图

其分析结果如下：

①以隧道结构的观测点位置为横坐标，水压力值为纵坐标绘制散点图进行分析（由于篇幅所限，仅以工况一、工况五为例分析）。

a. 排水管水压为 0（静水压的 0%，即排水系统畅通），且无注浆圈时，如图 6.36 所示。

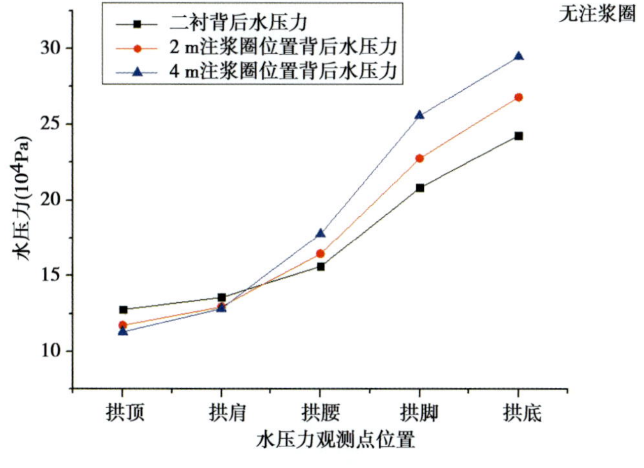

图 6.36　工况一 a 各观测点水压力

b. 排水管水压为 0,且注浆圈厚度为 2 m 时,如图 6.37 所示。

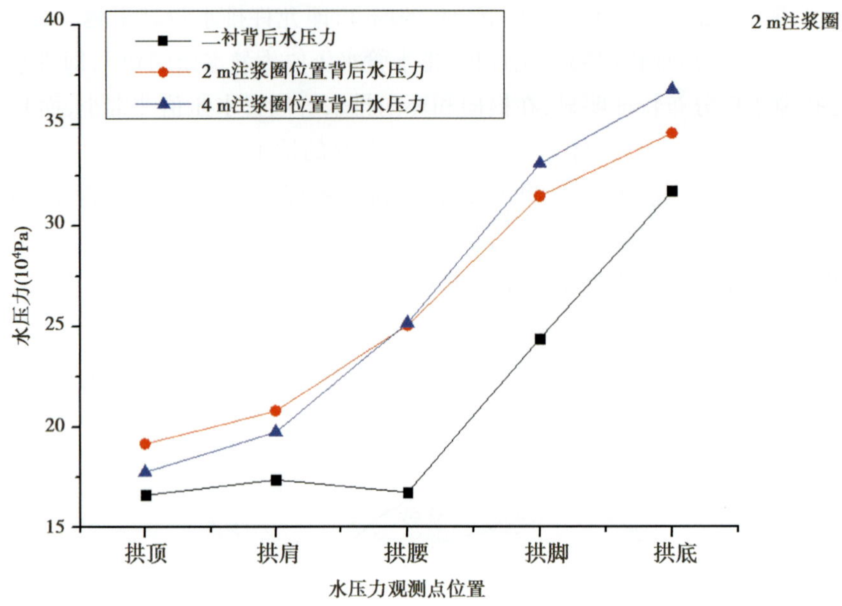

图 6.37　工况一 b 各观测点水压力

c. 排水管水压为 0,且注浆圈厚度为 4 m 时,如图 6.38 所示。

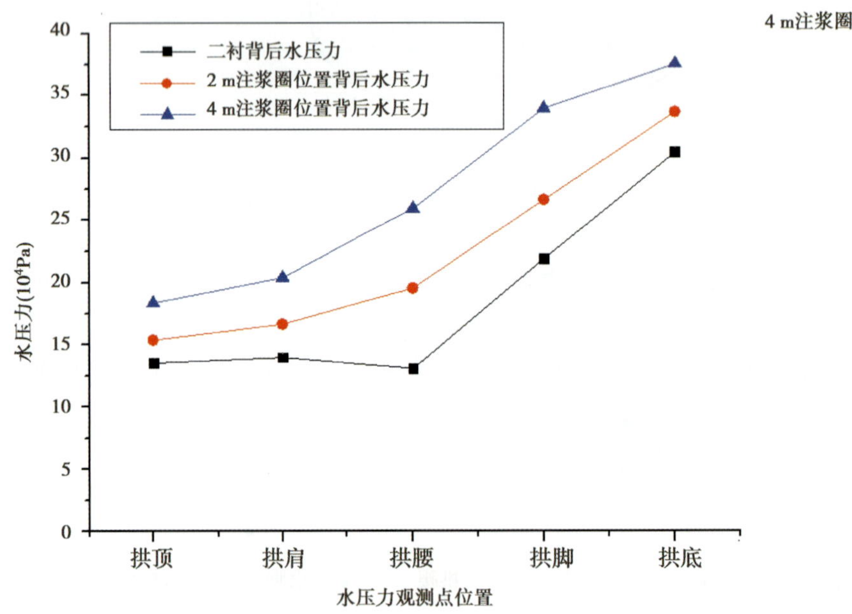

图 6.38　工况一 c 各观测点水压力

d. 排水管水压为 80% ,且无注浆圈时,如图 6.39 所示。

e. 排水管水压为 80% ,且注浆圈厚度为 2 m 时,如图 6.40 所示。

f. 排水管水压为 80% ,且注浆圈厚度为 4 m 时,如图 6.41 所示。

不同注浆范围下,各工况观测点水压力值见表 6.4—表 6.6。

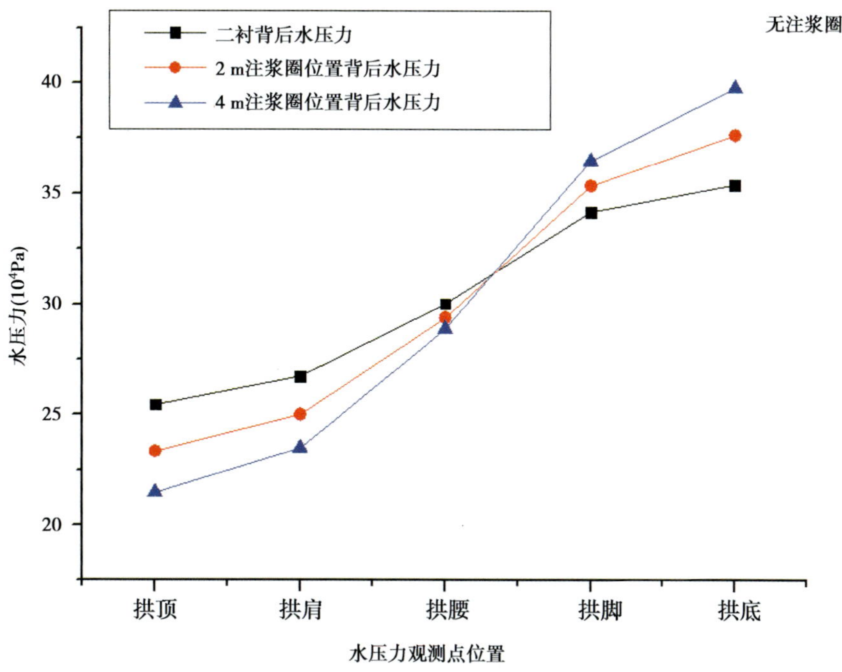

图 6.39　工况五 a 各观测点水压力

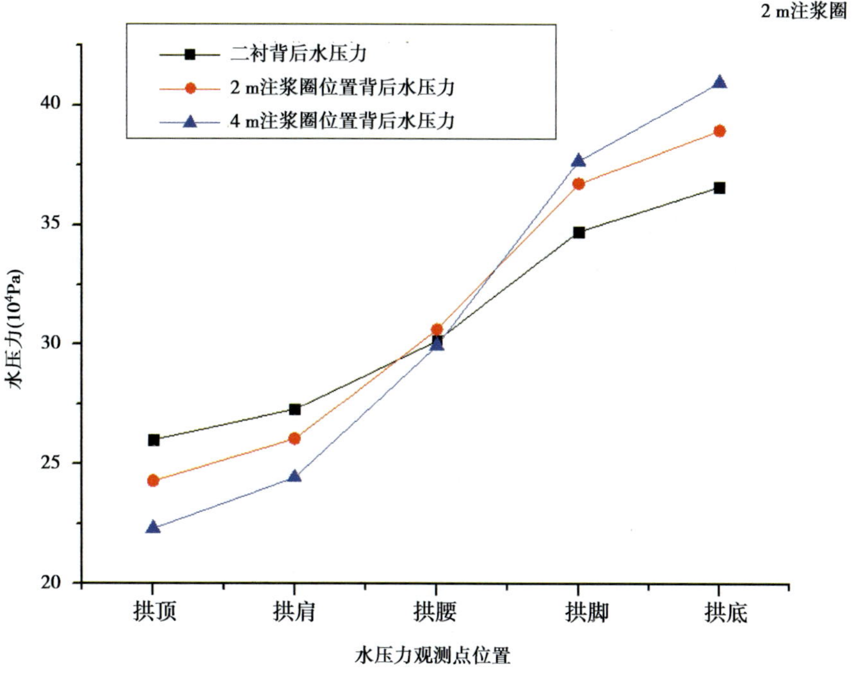

图 6.40　工况五 b 各观测点水压力

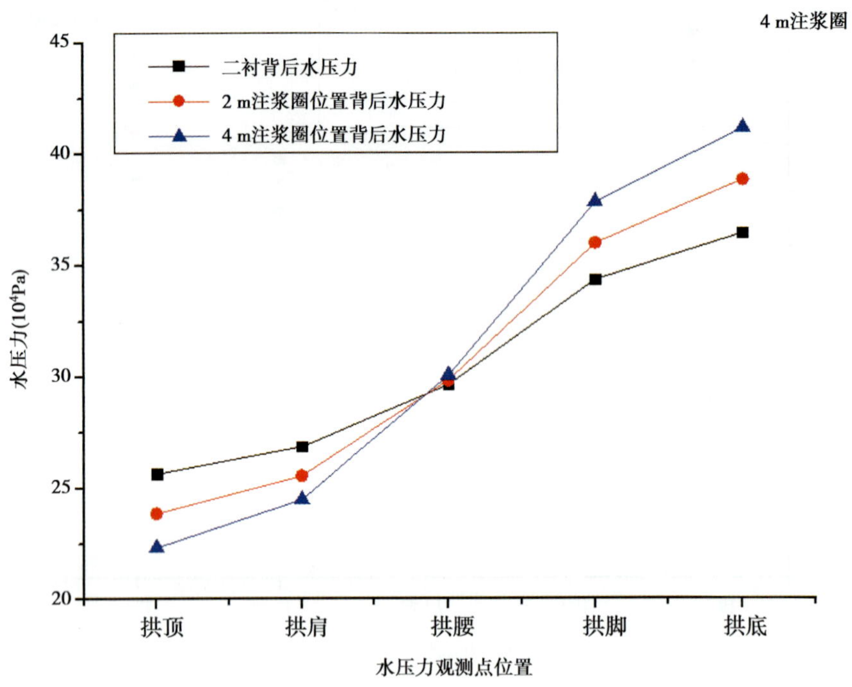

图 6.41 工况五 c 各观测点水压力

表 6.4 无注浆圈时各观测点水压力值

单位 10^4Pa

排水管水压力与静水压力比值	水压力观测点位置	拱顶水压力	拱肩水压力	拱腰水压力	拱脚水压力	拱底水压力
0%（工况一）	二衬背后	12.755	13.559	15.606	20.814	24.259
	2 m 注浆圈背后	11.739	12.95	16.452	22.743	26.782
	4 m 注浆圈背后	11.29	12.82	17.747	25.55	29.467
20%（工况二）	二衬背后	15.313	16.323	18.828	23.867	26.75
	2 m 注浆圈背后	13.955	15.379	19.258	25.586	29.206
	4 m 注浆圈背后	13.044	14.825	20.059	27.95	31.751
40%（工况三）	二衬背后	17.826	19.006	21.94	26.794	29.1
	2 m 注浆圈背后	16.13	17.724	21.94	28.297	31.488
	4 m 注浆圈背后	14.766	16.739	22.223	30.204	33.889
60%（工况四）	二衬背后	22.269	23.463	26.453	30.878	32.684
	2 m 注浆圈背后	20.436	22.027	26.197	32.252	35.011
	4 m 注浆圈背后	18.902	20.856	26.165	33.816	37.282
80%（工况五）	二衬背后	25.43	26.723	30.001	34.151	35.402
	2 m 注浆圈背后	23.333	25.007	29.369	35.337	37.662
	4 m 注浆圈背后	21.454	23.484	28.88	36.477	39.791

表6.5　2 m注浆圈时各观测点水压力值

单位:10^4 Pa

排水管水压力与静水压力比值	水压力观测点位置	拱顶水压力	拱肩水压力	拱腰水压力	拱脚水压力	拱底水压力
0%（工况一）	二衬背后	16.604	17.364	16.736	24.381	31.704
	2 m注浆圈背后	19.153	20.761	25.016	31.457	34.56
	4 m注浆圈背后	17.733	19.711	25.123	33.046	36.745
20%（工况二）	二衬背后	19.098	19.973	20.178	27.041	33.018
	2 m注浆圈背后	20.628	22.253	26.547	32.87	35.741
	4 m注浆圈背后	19.081	21.068	26.468	34.298	37.889
40%（工况三）	二衬背后	21.526	22.522	23.577	29.664	34.287
	2 m注浆圈背后	22.016	23.665	28.014	34.234	36.875
	4 m注浆圈背后	20.34	22.342	27.746	35.499	38.987
60%（工况四）	二衬背后	23.804	24.94	26.89	32.217	35.473
	2 m注浆圈背后	23.199	24.903	29.353	35.505	37.925
	4 m注浆圈背后	21.384	23.435	28.89	36.604	40
80%（工况五）	二衬背后	26.018	27.3	30.161	34.734	36.613
	2 m注浆圈背后	24.299	26.063	30.629	36.727	38.929
	4 m注浆圈背后	22.339	24.448	29.97	37.659	40.968

表6.6　4 m注浆圈时各观测点水压力值

单位:10^4 Pa

排水管水压力与静水压力比值	水压力观测点位置	拱顶水压力	拱肩水压力	拱腰水压力	拱脚水压力	拱底水压力
0%（工况一）	二衬背后	13.501	13.995	13.076	21.873	30.43
	2 m注浆圈背后	15.356	16.643	19.5	26.608	33.672
	4 m注浆圈背后	18.331	20.352	25.901	33.929	37.525
20%（工况二）	二衬背后	16.891	17.536	17.442	25.217	32.226
	2 m注浆圈背后	17.952	19.302	22.426	29.226	35.261
	4 m注浆圈背后	19.954	21.953	27.409	35.257	38.745
40%（工况三）	二衬背后	19.791	20.625	21.485	28.238	33.598
	2 m注浆圈背后	19.898	21.354	24.861	31.447	36.413
	4 m注浆圈背后	20.727	22.759	28.252	36.079	39.509
60%（工况四）	二衬背后	22.766	23.791	25.593	31.336	35.072
	2 m注浆圈背后	21.938	23.51	27.397	33.761	37.671
	4 m注浆圈背后	21.616	23.7	29.234	37.019	40.384

续表

排水管水压力与静水压力比值	水压力观测点位置	拱顶水压力	拱肩水压力	拱腰水压力	拱脚水压力	拱底水压力
80%（工况五）	二衬背后	25.632	26.853	29.622	34.349	36.433
	2 m 注浆圈背后	23.836	25.526	29.811	35.971	38.813
	4 m 注浆圈背后	22.322	24.458	30.051	37.827	41.137

由表 6.4—表 6.6 中的不同注浆范围下隧道二衬和注浆圈背后各观测点水压力值以及图 6.36—图 6.41 中的各观测点水压力变化规律分析可知，无论排水管水压力与静水压力比值或注浆范围如何改变，相同条件下位于二衬背后、2 m 注浆圈外和 4 m 注浆圈外各观测点水压力量值表现的规律基本相同，均呈现出拱顶水压力量值最小，从拱顶至拱底逐渐增大。但当排水管水压为静水压力的 40% 以内时，二衬背后拱肩至拱腰的测点水压力值有小幅下降，可能是受排水管位置的影响，也表明保持排水系统畅通对减小拱腰处水压力值较为有利。

由图 6.36—图 6.38 可知（工况一），在无注浆加固时，围岩-支护体系各特征点水压力表现为离二衬越近，拱顶和拱肩的水压力越大，而拱腰及以下部位的特征点则离二衬越近，其水压力量值越小，与隧道拱脚处设置纵向排水管有关；注浆后二衬背后拱腰以上测点水压力值有一定的下降，而拱腰以下测点在注浆后水压力有明显增长，但增长幅度有限，最大水压力量值出现在拱底；当采用 2 m 注浆圈加固时，2 m 注浆圈外观测点和 4 m 注浆圈外观测点的水压力在相同部位量值基本相同，且大于二衬背后测点，表明当排水系统正常工作时，注浆使地下水有集中于注浆圈外部的趋势，对减小二衬背后的水压力有一定帮助。

由图 6.39—图 6.41 可知，当排水管水压力为静水压的 80% 时（接近静水压状态，工况五），二衬和注浆圈背后各测点的水压力变化规律与图 6.36—图 6.38 有较大区别，无论注浆圈范围怎样变化，水压力的变化规律都是相似的，拱腰以上部位的测点注浆圈外水压力相对较小，而拱腰以下部位的测点二衬背后的水压力则较小；但各测点水压力量值均远大于其余工况时的对应测点值，表明由于隧道排水能力大幅减弱，控制水压力效果显著；二衬拱腰以上结构的水压力值均大于注浆圈外无加固时的测点，其原因主要是排水管的排水量太小，地下水有集中于二衬背后的趋势，此时注浆圈的作用不再明显，注浆圈背后的水压力可能随时间向二衬背后传递。

②以排水管水压与静水压力比值为横坐标，水压力值为纵坐标绘制散点图进行分析（仅分析二衬背后水压力分布）。

a. 二衬拱顶位置水压力如图 6.42 所示。

b. 二衬拱肩位置水压力如图 6.43 所示。

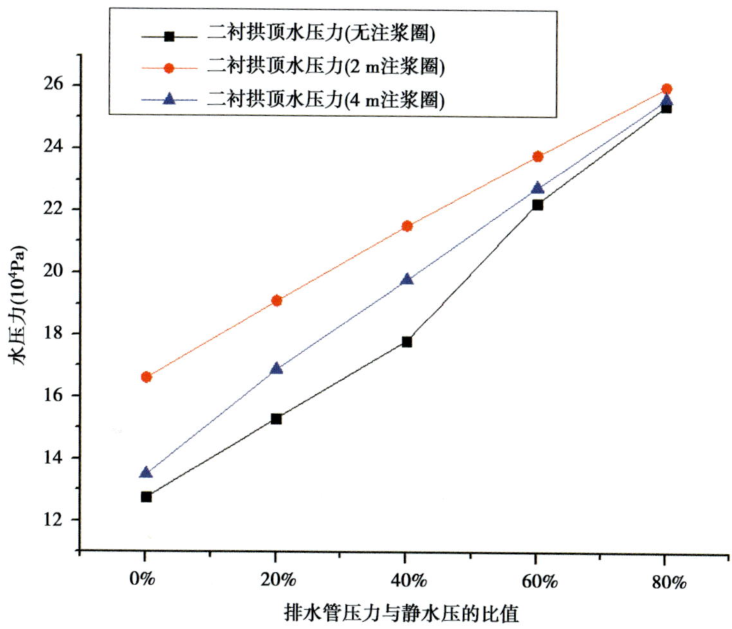

图 6.42　二衬拱顶位置水压力

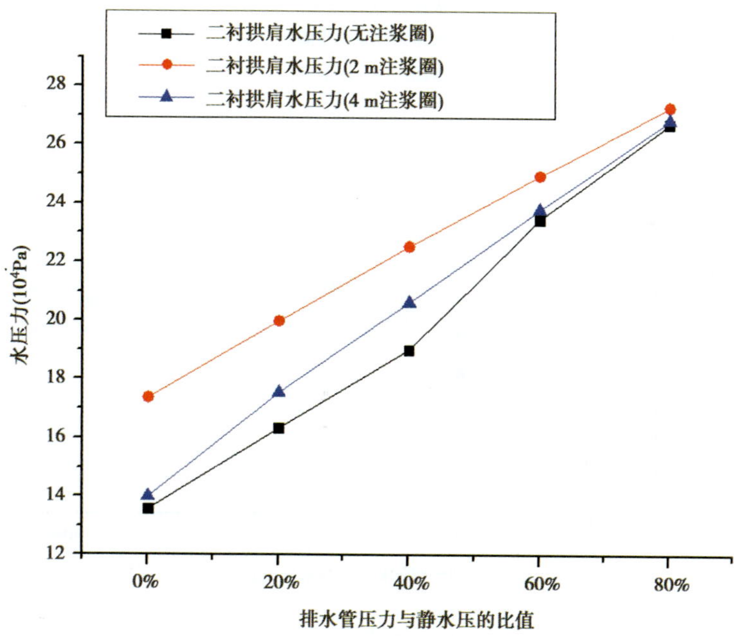

图 6.43　二衬拱肩位置水压力

c. 二衬拱腰位置水压力如图 6.44 所示。

d. 二衬拱脚位置水压力如图 6.45 所示。

e. 二衬拱底位置水压力如图 6.46 所示。

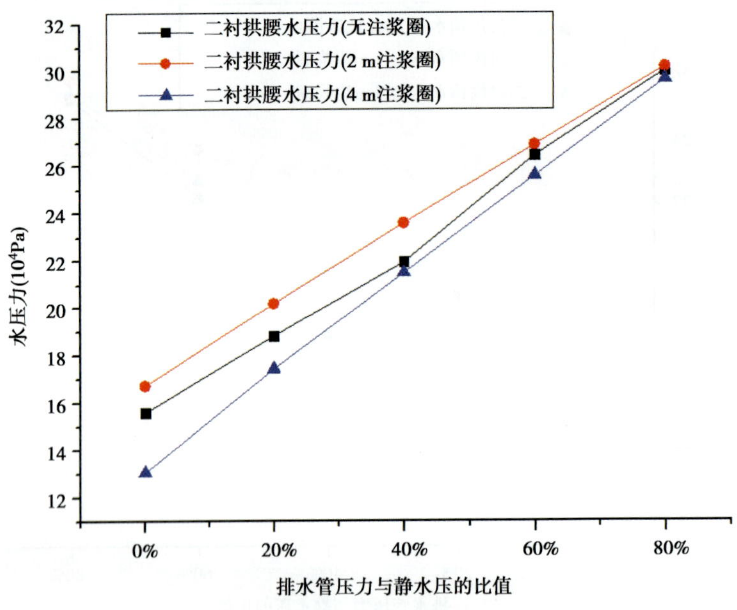

图 6.44　二衬拱腰位置水压力

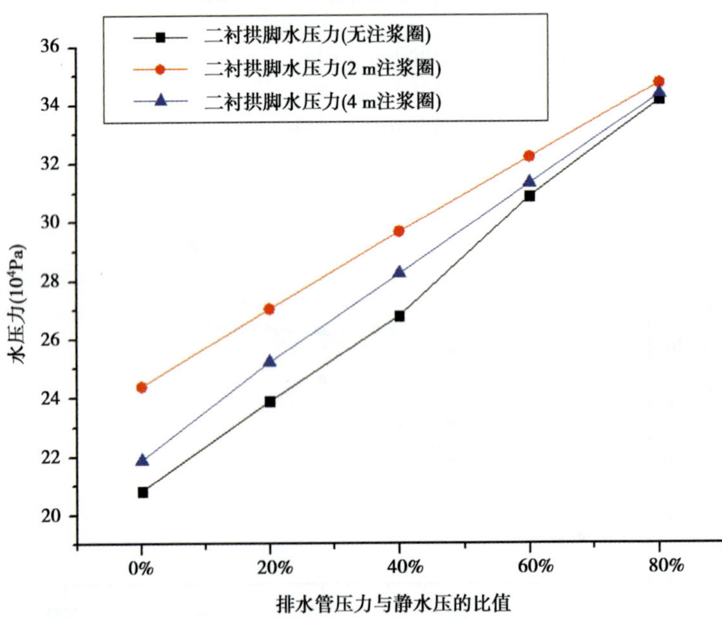

图 6.45　二衬拱脚位置水压力

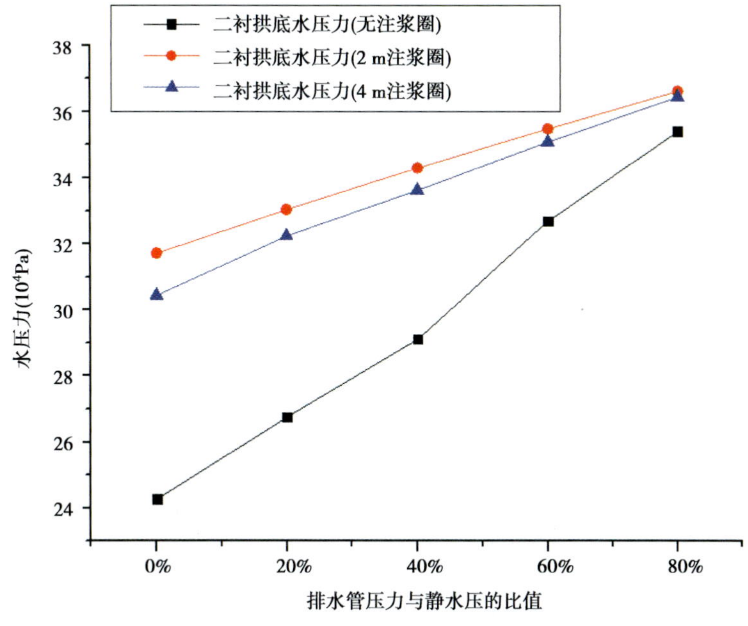

图6.46 二衬拱底位置水压力

由图6.42—图6.46可知，二衬背后各部位特征点变化规律基本相同，均表现出随着排水管压力与静水压力比值增加，其水压力值也递增的趋势，表明隧道排水量大小直接影响结构水压分布；从注浆效果分析，注浆对拱底部位测点影响较大，水压力存在一定改善，随着注浆范围扩大其水压力值有减小的趋势，施工中仍需重点监控该部位的水压力变化。

6.3 室内模型试验对隧道排水量-水压力关系的验证

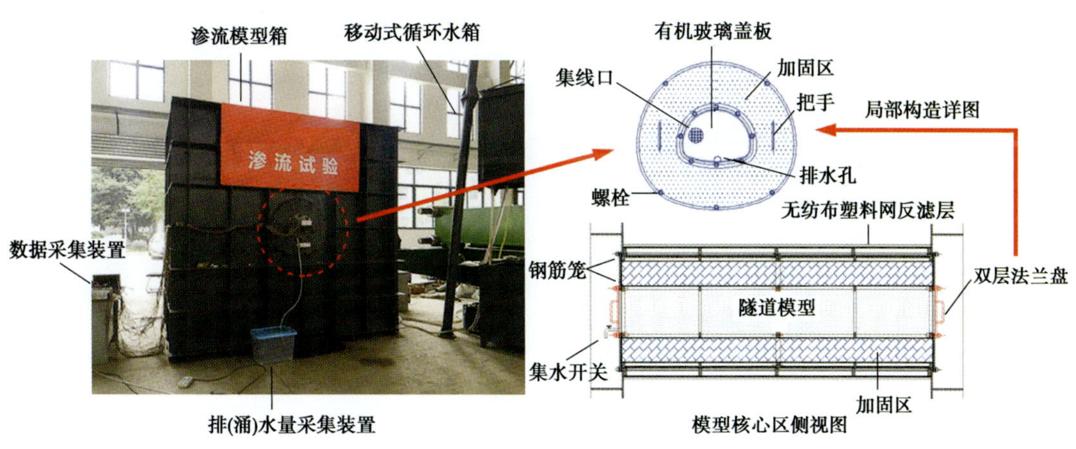

图6.47 矿山法隧道渗流模型试验系统

室内模型试验采用施工及运营期隧道渗流场模型试验系统（见图6.47），其构造和操作原理见4.4节所述，模型试验相似材料配比见表5.1，仅对二衬背后拱顶、拱底处的水压力与排水量的关系进行分析。试验通过主动控制排水孔的出水量达到限排的目的，以调节二衬外水压力值，数值模拟采用 $FLAC^{3D}$ 软件进行计算，建模过程与6.2.1小节所述类似，此处不再赘述。

二衬外水压力与排水量关系(见图6.48)的试验和数值分析结果基本吻合。相同排水量时,拱底处水压力远大于拱顶,逐步控制隧道排水量(主动关闭调水阀)后,拱顶和拱底的水压力均呈现增大的趋势,且拱顶水压力值的上升幅度大于拱底,表明二衬外拱顶位置受水压力-排水量的调控更加敏感。试验排水量为0.308 $m^3/(d \cdot m)$时(调水阀接近闭合),拱顶和拱底位置的水压力接近初始水压力,分别为270.33 kPa和369.52 kPa。

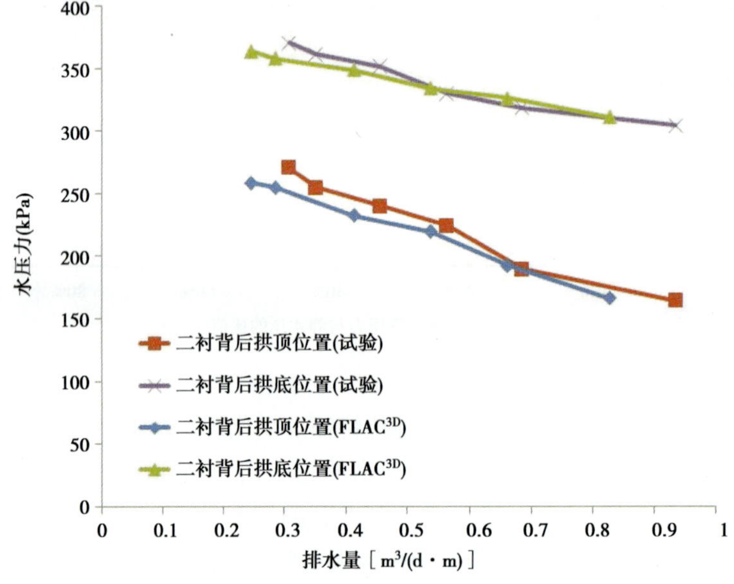

图6.48　二衬外水压力与排水量的关系

第7章 渗流场环境中矿山法隧道长期监测系统

为了对矿山法城市隧道渗流场演变规律进行实测验证,需要在渗流场环境中矿山法隧道中建立长期监测系统。本章主要针对国内矿山法隧道的长期监测系统进行了调研,列举几组工程实例如下:

7.1 传感器及采集设备选型

常见的矿山法城市隧道监测用传感器包括压力盒、钢筋计、应变计、水压计及地震加速度计等,传感器要求具有抗地下水腐蚀能力。目前,常用的传感器主要包括普通传感器和光纤传感仪器。光纤传感技术是现代通信的产物,是随着光纤及通信技术的发展而逐步发展起来的一门崭新技术。光在传输过程中,光纤易受到外界环境的影响,如温度、压力等,从而导致传输光的强度、相位、频率及偏振态等光波量发生变化。通过监测这些量的变化可获得相应的物理量。相对于传统电量型传感器(热电偶、热电阻、压阻式、振弦式、磁电式),光纤传感器具有抗电磁干扰、可工作于恶劣环境,传输距离远,使用寿命长,以及结构小巧等优点,但光纤传感仪器系列目前还不齐全[191-193]。

7.1.1 光纤光栅传感器

光纤布拉格光栅是最普通的一种光纤光栅,是一种性能优异的窄带反射滤波无源器件。当光波传输通过光纤布拉格光栅时,满足布拉格光纤光栅条件的光波矢将被反射回来,这样入射光栅波矢就会分成两部分:投射光波矢和反射光波矢,这就是光纤布拉格光栅的基本原理[194-195]。应力(应变)和温度是最能直接显著改变光纤布拉格光栅的物理量。

当布拉格光栅受到外界应力(应变)作用时,光栅周期会发生变化,同时光弹效应会导致光栅有效折射率的变化;当布拉格光栅受外界温度影响时,热膨胀会使光栅周期发生变化,同时,热敏效应会导致光栅的有效折射率变化。基于光纤布拉格光栅原理的传感器基本上都是直接或间接地利用应变或温度改变光栅中心波长而达到测试被测物理量的目的的[196]。

应力(应变)及温度的变化引起布拉格波长的变化,轴向应变与波长变化值之间的关系为

$$\Delta\lambda_B = \alpha_\varepsilon \varepsilon \tag{7.1}$$

式中　α_ε——光纤轴向应变下的波长变化关系的灵敏度系数，即

$$\alpha_\varepsilon = \lambda_B(1-P) \tag{7.2}$$

$$P = \frac{n_{\mathrm{eff}}^2}{2}[P_{12} - \gamma(P_{11} + P_{12})] \tag{7.3}$$

P_{11}，P_{12}——弹光系数，即轴向应变分别导致的纵向和横向的折射率的变化；

γ——纤芯材料的泊松比；

λ_B——中心波长；

n_{eff}——纤芯有效折射率。

温度变化与中心波长变化之间的关系为

$$\Delta\lambda_B = \alpha_T \Delta T \tag{7.4}$$

式中　α_T——光纤光栅温度传感器的灵敏度系数，即

$$\alpha_T = \lambda_B\left(\alpha + \frac{1}{n_{\mathrm{eff}}}\zeta\right)\mathrm{d}T \tag{7.5}$$

ζ——热光常数，即

$$\zeta = \frac{\mathrm{d}n_{\mathrm{eff}}}{\mathrm{d}T} \tag{7.6}$$

α——热膨胀系数，即

$$\alpha = \frac{1}{\Lambda}\frac{\mathrm{d}\Lambda}{\mathrm{d}T} \tag{7.7}$$

Λ——光栅周期。

通过应变、温度传感器基本工作原理可知，因传感器自身的特性，温度变化相对于应变变化对光纤光栅中心波长变化的影响更为明显。由于光纤光栅对应变和温度参数同时敏感，因此，在进行桥梁应变监测时，需要进行温度补偿，通常采用线性补偿方法。这种方法的依据是在 0～100 ℃和 0～1% 应变的测量范围内，忽略应变-温度交叉灵敏度影响，对测量结果影响很小，可把应变和温度对光栅波长的作用当成独立、线性叠加的。根据上述原理，在应变光栅传感器附近放置温度光栅传感器，使其处在同一温度场下，前者同时感受应变和温度的变化，波长变化由两部分叠加而成；后者仅能感受温度的变化，波长变化由温度引起，但两传感器所感受的温度变化相同。因此，考虑温度变化的应变可计算为

$$\varepsilon = \{(\lambda_{\varepsilon1} - \lambda_{\varepsilon0}) - (\lambda_{t1} - \lambda_{t0}) \div K_{tt}K_{\varepsilon t}\}K_\varepsilon + \varepsilon_0 \tag{7.8}$$

式中　ε——测量应变，$\mu\varepsilon$；

ε_0——初始应变，$\mu\varepsilon$；

$\lambda_{\varepsilon1}$——应变传感器初始波长，pm；

$\lambda_{\varepsilon0}$——应变传感器实测波长，pm；

λ_{t1}——补偿温度传感器初始波长，pm；

λ_{t0}——补偿温度传感器实测波长，pm；

$K_{\varepsilon t}$——应变传感器的温度系数，pm/℃；

K_{tt}——补偿温度传感器温度系数，pm/℃；

K_ε——应变传感器的应变系数，$\mu\varepsilon$/pm。

因此，在测量光栅的波长漂移中，扣除温度变化引起的波长漂移，即得应变单独作用引起

的波长漂移,从而达到温度补偿的目的[197]。

7.1.2　压力盒

TPC 型压力传感器主要用于观测围岩和初期支护以及初期支护和二次衬砌间接触压力。TPC 型振弦式压力计包括 1 个压力盒、1 根不锈钢管和 1 个装在坚固外壳中的压力传感器。压力盒是由两块钢板沿其外围焊接而成的。这就在中央形成了一个能变形的、充满不可压缩流体的承压模。压力盒的两侧都是活动的,因此,在内表面的测量结果更可靠。一短节厚壁不锈钢管焊接在压力盒的边缘上,并与装有振弦式压力传感器的圆柱形外壳互通。配有一根防水电缆,这样可远距离读取压力变化的读数。

外部土体的压力使组成压力计压力盒的薄膜两侧弯曲。压力传递到油,然后再传递给振弦式压力传感器。压力传感器的敏感元件是一根固定在振动膜片上的钢弦钢丝。油压的变化将改变振动膜片的位置,并因此影响钢丝的张力。张力与钢丝的共振频率或本征频率的平方成正比。实施中,在覆盖钢弦本征频率的一段频率范围内给靠近钢弦的一个线圈和磁铁加上拨弦电压,强迫钢弦振动。钢弦振动使线圈中产生电压。这个信号被读数仪放大。读数仪也能识别谐振频率,以确定钢弦的共振频率[198]。

周期 N 和振动钢弦应变 ε 之间的关系可用等式表达为

$$\varepsilon = \frac{K \times 10^9}{N^2} \tag{7.9}$$

式中　ε——应变,με;

N——振动周期,μs;

K——传感器常数,每种传感器的常数都是特定的。

具体技术指标如下:

介质:水银和油;

范围(kPa):175 ~ 7 000 ;

壁厚:厚和薄;

传感器类型:振弦式、气动式和电阻应变计式;

精度: ±0.5% , ±0.25% , ±10% ;

分辨率:0.1% ;

厚度(cm):0.61 和 0.99;

圆形直径(cm):22 和 22.9;

矩形尺寸(cm):10 × 20,15 × 25。

7.1.3　水压计

PWS 型渗压计主要用于观测初期支护和二次衬砌内孔隙水压力变化情况,适合于长期监测水位和孔隙水压力的一种稳定性好、精度高的传感器,输出为频率信号,与电缆电阻和接点电阻无关,信号适宜于远距离传输。

PWS 型渗压计是一个振动膜压力传感器。传感元件是把柔软的压力膜焊接在坚固的圆柱体空腔上而组成的，除振弦外的所有部分都是由高强不锈钢组成。高强度的振动弦一端夹在膜的中间，其另一端夹在空腔的另一端，在制造过程中振弦预紧到一定的张力状态然后密封确保寿命和稳定，读数仪连接到电磁线圈后激励线圈并测量线圈的振动周期。

传感器安装有三重防水保护：防水接头、陶瓷、带 O 形线圈的防水头。

使用过程中，压力导致膜的变形而使弦的张紧度和共振频率改变，从而精确测量弦的共振频率，采用渗压计的压力计算公式便可以计算压力。

PWS 型渗压计直径较小，可安装在土体和混凝土中或安装在钻孔中，甚至安装在直径小至 19 mm 的测压管内，如图 7.1 所示。

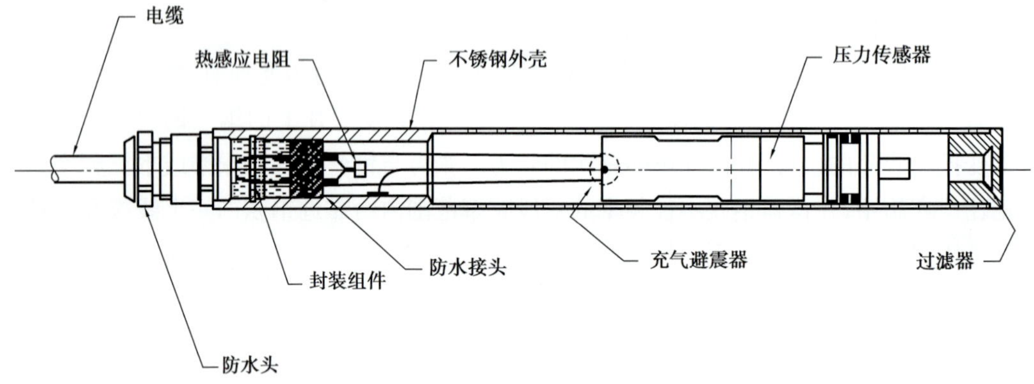

图 7.1　PWS 渗压计

渗压计内有压力传感器和温度电阻，其一端装有高通或低通过滤器，另一端是电缆接口，用环氧密封。所有部件都由不锈钢制造而成。

渗压计的过滤器用 O 形线圈密封，由于过滤器的隔离作用，因此，压力膜可免遭外界微小颗粒的破坏，而传感器仅仅可测量到液体底部压力。在率定和浸润饱和时过滤器可以很容易卸开，当作为压力传感器使用时，可用管螺纹接头代替过滤器。PWS 型渗压计技术参数见表 7.1。

表 7.1　渗压计参数表

工作性能	
测量范围	0.1 ~ 70 MPa
	15 ~ 10 000 psi
分辨率	0.01 μs/0.01L. U. / 0.01 Hz. /0.1 ℃
精度	±0.1% F. S.
温度飘移	±0.1% F. S. /℃
最大超载	2 倍量程范围
构　造	
型号	PWS
外壳	袖珍型
材料	不锈钢

续表

构　造	
外径(mm)	19
长度(mm)	200
透水石	50 μm 低气压烧结的不锈钢式 备选:16 μm 高气压的陶瓷式
热感应电阻与电缆	
测量范围	-40 ~ 65 ℃
精度	±0.5% F.S.
热感应电阻热常量	1 分/℃(2 分/℉)
电缆	标准:双绞线 22AWG,IRC-41 屏蔽式 备选:双绞屏蔽线,中心有 Kevlar(2PK-13 或 2PK-15)

渗压计的感应元件是一端连接到压力膜的钢琴线,由两个电磁线圈激励。压力通过隔膜改变钢琴线的张紧程度,张紧程度与钢琴线自身的共振频率成比例[199]。

MB-6T 读数仪产生一个频率信号使钢琴线以共振频率振动;反过来,钢琴线使线圈产生一个与频率成比例的 AC 电压。MB-6T 采用的石英晶体振动计 100 个振动周期后,显示周期或线性读数(与频率的平方成比例)。

渗压计的周期 N 与应变的关系为

$$\varepsilon = \frac{K \times 10^9}{N^2} \tag{7.10}$$

式中　ε——微应变;

N——周期,μs;

K——1.015 6。

7.1.4　收敛变形监测系统

隧道收敛监测系统是用于隧道断面收敛变形监测的自动监测系统。它由安装在隧道二次衬砌壁上的一系列连接杆组成,主要安装在隧道的拱顶。该系统主要包括 3 个部分:数据量测部分、数据采集及传输部分和数据处理部分。

数据量测部分即传感器部分,主要是安装有进口位移传感器和倾斜传感器的测头和伸缩测杆,每个测头内含有高精度的温度传感器可进行温度测量。测杆为刚性的不锈钢可以伸缩的杆件,测杆的长度根据现场要求定制,一般为 2 m。系统设计保证测杆在收缩时仍然保持在直线状态,通过位移传感器量测杆件的伸缩量,倾斜传感器量测值反映的是测杆的转动情况。隧道壁安装固定支点,测杆安装在两个固定支点间[200]。

数据采集及传输部分包括数据采集仪和数据传输部分。

数据采集仪采用澳大利亚 dataDater 公司 DT80G 采集仪,所有量测部分的位移和倾斜以及温度传感器均接入 DT80G 数据采集仪进行集中采集处理。

数据传输部分是监控计算机和数据处理专用程序软件，它接收所有断面传感器的数据，经计算后每个断面的变形情况以图形和数值的方式显示，并具有查询和报警功能。具体软件功能可根据用户的需要专门开发。

7.1.5 采集设备选择

1）便携式光纤光栅解调器

光纤光栅解调器的工作原理如图 7.2 所示。发光管发出的宽带光谱由传感光栅反射回来，成为几条窄带光谱，可调波长选择器和探测器在计算机的控制下进行扫描检测，测出传感光栅的特征波长，再通过计算得出温度、应变等被测参量。

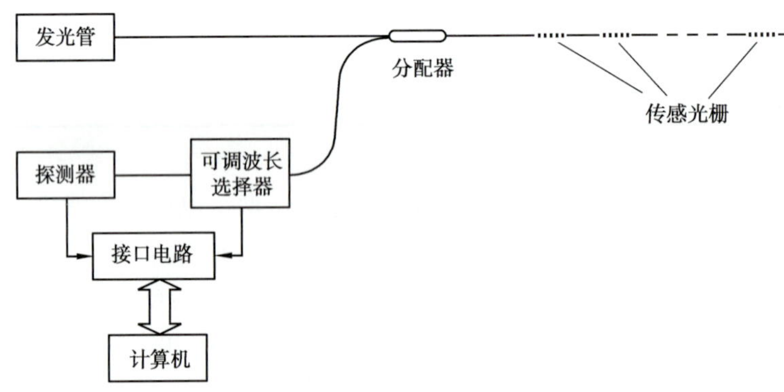

图 7.2 便携式光纤光栅解调器原理图

对施工阶段光纤光栅传感器数据采集，主要使用的是便携式光纤光栅解调器，主要是对二次混凝土内部应力和初期支护钢支撑应力进行测量，如图 7.3 所示。

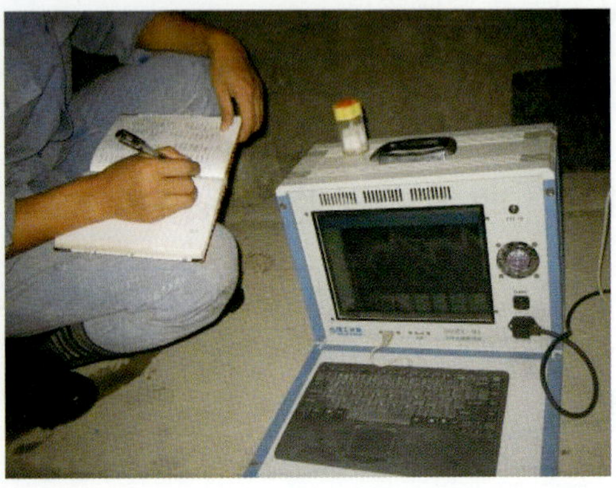

图 7.3 便携式光纤光栅解调器的现场使用

2）自动化光纤光栅解调器

BGD-4M40 型自动化光纤光栅解调器的工作原理如图 7.4 所示。超发光管 SLED 发出的宽带光谱经过可调谐法布里腔（FFP）线性调制后经光纤耦合器同时进入四路测量光栅阵列，各传感光栅反射回来的窄带光谱，由光电探测器转换成电信号，再由 DSP 数据处理系统进行处理。波长数据通过计算机网卡传送,根据测得的波长值进行标定从而得到应变、温度等其他被测参数[201]。

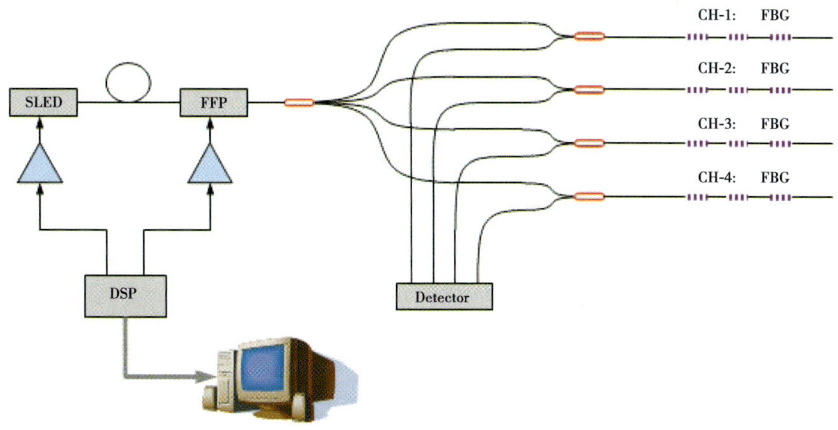

图7.4　BGD-4M40型自动化光纤光栅解调器原理图

3)便携式频率采集仪

便携式频率采集仪可选用加拿大RocTest公司的MB-6TL振弦式数据记录器。MB-6TL振弦式读数器是一台带自备电源的便携式设备,设计成用于读取IRAD GAGE振弦式仪器的数据,如图7.5所示。为了读取这种仪器的数据,读数前应进行以下操作:

①发出一个扫频使钢弦振动,这一步便是钢弦的"激振"。

②一旦钢弦被激振,MB-6TL便将振弦产生的信号放大到接近线圈的信号,测量其振动周期。

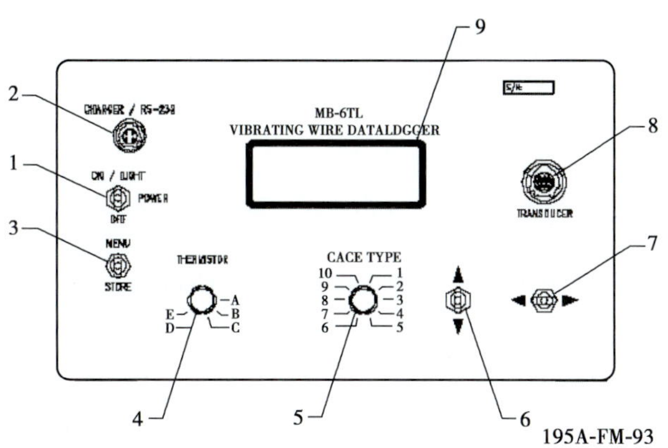

图7.5　MB-6TL振弦式读数器

采用正弦波激振的差动电路以排除谐振问题,如采用方波扫描技术,读数器可能发生谐振。

MB-6TL装备了差动读数电路,它能抗电子噪声的干扰,这种电路的灵敏度能读出很弱的信号,使MB-6TL能读取其他读数器无法读取的仪器数据。

对于NORMAL(普通)读数,钢弦的振动周期直接以微秒显示(1 μs = 10^{-6}s)。对于LINEAR(线性)读数,其振动周期是用线性化函数计算出"线性化读数"。此读数器能同时显示

NORMAL(N)和 LINEAR(L)两种数据和以℃及℉表示的温度值。在读数器的位置 1 和 7 用来读 VBS 和 MSMS-4 这两种仪器,这时的线性化读数频率(F)代替,以赫兹(Hz)为单位。

MB-6TL 振弦式数据记录器的技术规格见表 7.2。

表 7.2　便携式频率采集仪 MB-6TL 参数表

尺　寸	15 cm×15 cm×25 cm
质　量	3.1 kg
测量范围	振弦:周期 180～2 300 μs,频率 435～5 600 Hz 温度:－40～170 ℃(3 kΩ 热敏电阻) 电阻:0～100 kΩ
激励模式	正弦波
显示分辨率	振弦:周期 0.01 ms(普通),0.01 单位(线性),0.01 Hz(频率) 温度:±0.1 ℃(±0.1 ℉) 电阻:0.1% of F.S.
电　池	12 V 直流,2.3 Ah,可充电
电池寿命(典型)	连续使用 20 h(开着背景灯时 10 h)
操作温度	－5～45 ℃
存放温度	－30～55 ℃
显示器	液晶,4 行;每行 20 个字符,带背景灯
存　储	随机内存:128 K 静态 RAM;可存储读数:4 000 组数据 仪器识别:8 个字符,由用户规定
通　信	RS-232;9 600 波特率;8 个数据位;无奇偶校验;1 个停止位;传输格式:ASCII
实时时钟	时间格式:24 h(时:分:秒);日期显示格式:年/月/日 精度:±30 s/月

4) 自动化数据采集仪

自动化数据采集仪可采用澳大利亚 Datataker 公司 GeoLogger DT515 型采集仪,如图 7.6 所示。该采集仪专门设计适用于岩土工程和结构监测,能实现全天候自动监测,具有很好的稳定性和极好的性能价格比。

图 7.6　GeoLogger DT515 型采集仪(左)和通道扩展模块(右)

7.2　工程实例 1

7.2.1　长期监测断面及内容

以我国某渗流场环境中的矿山法城市隧道而言，为了获取该隧道在运营阶段中结构应力特征，围岩、初期支护和二次衬砌之间的接触压力以及渗压力大小，长期监测断面选取左线隧道 12 个断面，右线隧道 8 个断面，服务隧道 1 个断面，共 21 个断面。长期监测的内容包括：

①初期支护水压力监测。

②围岩与初期支护间接触压力监测。

③钢支撑内力监测。

④二次衬砌水压力监测。

⑤初期支护与二次衬砌间接触压力监测。

⑥二次衬砌内力监测。

⑦二次衬砌表面应变监测。

根据各个断面在隧道纵向的分布位置及其地质条件上的差异，运营期长期监测各个断面监测项目也有所不同[202-203]。

7.2.2　测点布设

对不同的监测项目，根据工程实际需要对各个断面的传感器数量进行优化，最终确定主洞及服务洞各个监测断面不同监测项目的测点布置情况，如图 7.7 所示。

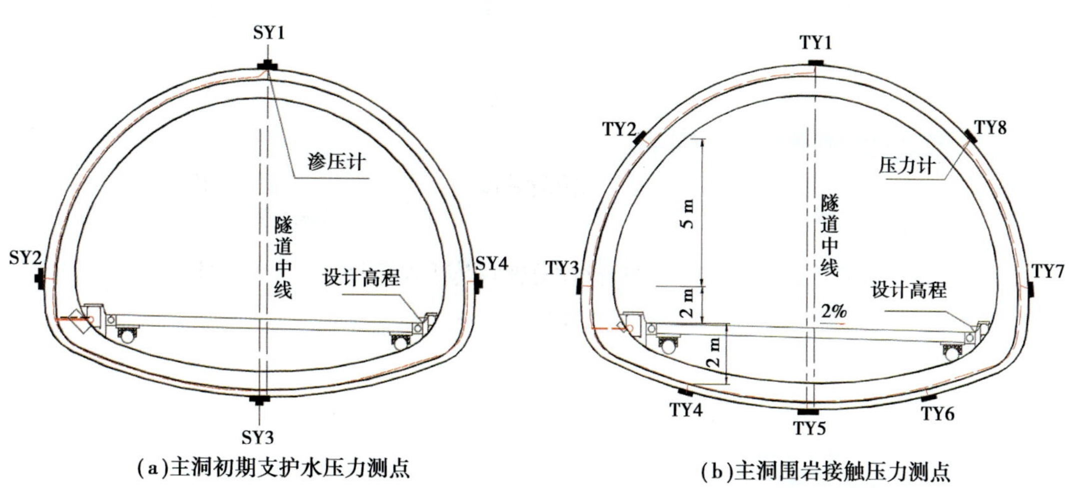

(a)主洞初期支护水压力测点　　(b)主洞围岩接触压力测点

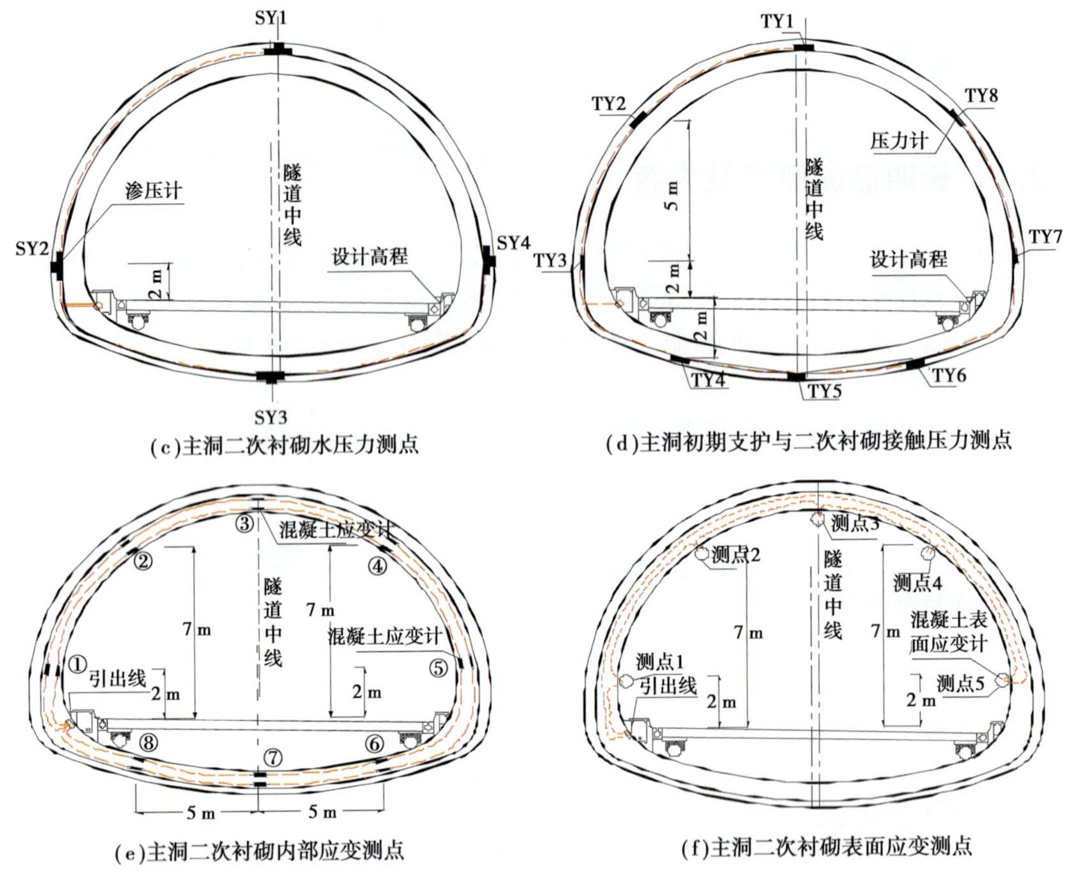

图 7.7　工程实例 1 长期监测方案

7.3　工程实例 2

7.3.1　长期监测断面及内容

上一节的主要对象是双线隧道，本节在此基础上增加了渗流场环境中的单线隧道测点分布，为了获取该隧道在运营阶段中的结构应力特征，围岩、初期支护和二次衬砌之间的接触压力，以及渗压力的大小，其监测内容包括：

①初期支护水压力监测。

②围岩与初期支护间接触压力监测。

③初期支护与二次衬砌间接触压力监测。

④二次衬砌内力监测。

根据单双线隧道断面形式不同，其测点分布也存在差异。

7.3.2　测点布设

测试元件需要满足抗干扰性强、长期耐久性、测试数据稳定等要求。除需要实现读取动态数据的功能，还需要实现数据长期、远程采集传输。因此，选用光纤光栅传感器，具体布设情况如图7.8所示[204-206]。

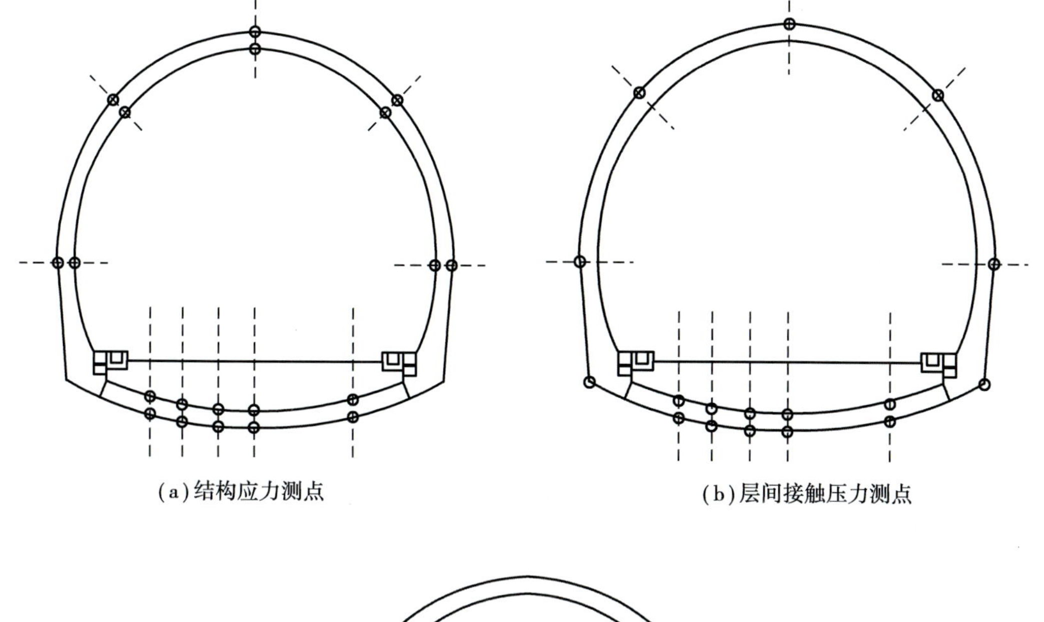

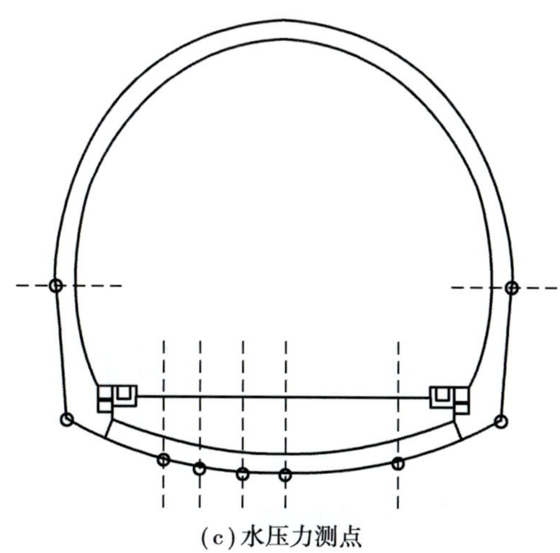

图7.8　双线隧道监测断面测点布设示意图

单线隧道测点则对称分布，具体布设情况如图7.9所示。

由图7.8和图7.9可知，对于双向通车的城市隧道而言，传感器布设可集中在单侧，根据受力特征进行预测；对于单线隧道而言，传感器布设则可按照隧道中心对称布设，且渗压力计可按照地下水水位进行确定。

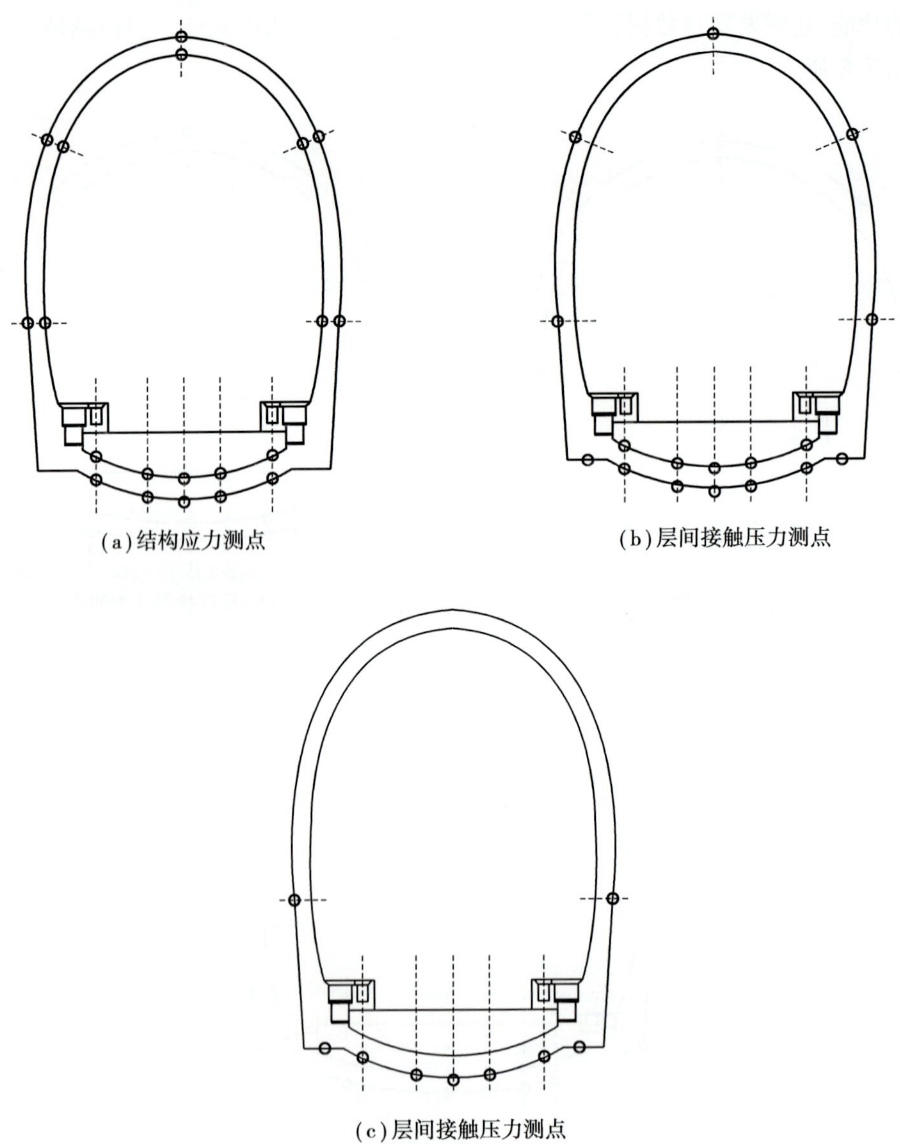

图7.9　单线隧道监测断面测点布设示意图

7.3.3　长期远程自动监测

当采用光纤光栅传感器时,需要对传感器进行组网,将组网后的主光缆接入洞口机房,利用无线网络实现监控数据的远程自动采集。

光纤光栅远程传输系统的工作环境需要满足温度稳定、干燥等条件。常见的隧道洞外通信机房如图7.10所示。

(a)通信机房

(a)通信机柜

图7.10　远程数据采集装置

参考文献

[1] 何川,封坤,方勇. 盾构法修建地铁隧道的技术现状与展望[J]. 西南交通大学学报,2015,50(1):97-109.

[2] 关宝树. 中国高铁隧道矿山法修建技术创新高[J]. 中国经济周刊,2015(02):7-8.

[3] 王梦恕,谭忠盛. 中国隧道及地下工程修建技术[J]. 中国工程科学,2010,12(12):4-10.

[4] 王梦恕. 21 世纪山岭隧道修建的趋势[J]. 铁道标准设计,2004(9):38-40.

[5] 孙钧. 海底隧道工程设计施工若干关键技术的商榷[J]. 岩石力学与工程学报,2006,25(8):1513-1521.

[6] 李鹏飞,王帆,张成平,等. 城市地下道路立交隧道合理间距及支护加强范围研究[J]. 现代隧道技术,2015,52(6):111-117.

[7] 李铮,汪波,何川,等. 城市浅埋隧道穿越饱和砂土复合地层时适宜的施工工法[J]. 中国铁道科学,2015,36(1):75-82.

[8] 施增富. 浅谈地下工程和隧道建设在"平战"中的地位与作用[J]. 中国人民防空,2005(04):27-28.

[9] 李铮,汪波,骆耀文,等. 城市隧道下穿密集建筑区静、动力响应特征分析[J]. 铁道科学与工程学报,2015,12(2):384-392.

[10] 张京,胡鹏,李国峰. 城市隧道结构设计研究[J]. 地下空间与工程学报,2014,10(S1):1679-1682,1745.

[11] 孔文涛,何亚伯,李祺,等. 城市隧道施工期间既有建筑物安全性模糊综合评判[J]. 现代隧道技术,2014,51(1):124-129.

[12] 代春泉,王磊,黄明琦. 城市隧道施工风险指数法评估[J]. 北京工业大学学报,2012,38(2):250-256.

[13] 常先军,彭新平. 梧桐山隧道塌方治理中劈裂灌浆的应用[J]. 建筑技术,1998(06):384-385.

[14] 蒋树屏,刘元雪,谢锋,等. 重庆市朝天门两江隧道越江段盾构法合理覆盖层厚度研究[J]. 岩石力学与工程学报,2007,26(6):1188-1193.

[15] Chuan He, Bo Wang. Research progress and development trends of highway tunnels in China[J]. Journal of Modern Transportation,2013,21(4):209-223.

[16] 钟广. 矿山法修建城市隧道的施工力学行为及工程环境影响研究[D]. 北京:中国铁道

科学研究院,2013.

[17] 关宝树. 关于提高我国隧道设计施工技术水平的几个关键问题[J]. 铁道工程学报,2003(03):59-66.

[18] 王春景. 运营公路隧道结构病害安全性评估及综合处治技术研究[D]. 长沙:中南大学,2010.

[19] 王树仁,何满潮,刘招伟. 岩溶隧道突水灾变过程分析及控制技术[J]. 北京科技大学学报,2006,28(7):613-618.

[20] 谭洪强,邓红卫,马浩鹏,等. 基于未确知测度理论的公路隧道水害危险性评价[J]. 中国安全生产科学技术,2015,11(4):166-172.

[21] 刘赟君,张志强,谢蒙均,等. 既有高速公路隧道渗漏水病害及整治措施[J]. 广西大学学报:自然科学版,2015,40(4):989-997.

[22] 邹育麟,何川,何聪,等. 重庆岩溶地区季节性富水营运隧道渗漏水病害特征及其成因机制分析[J]. 现代隧道技术,2014,51(4):18-27.

[23] 刘新荣,石建勋,刘元锋,等. 隧道水灾害模型试验研究[J]. 中国公路学报,2013,26(1):121-126.

[24] 张成平,张顶立,王梦恕,等. 城市隧道施工诱发的地面塌陷灾变机制及其控制[J]. 岩土力学,2010,31(S1):303-309.

[25] 李铮,汪波,何川,等. 多重防腐锚杆抗腐蚀性试验研究[J]. 岩土力学,2015,36(4):1071-1077,1146.

[26] 苏彦鸿,黄振明. 城市道路隧道防水措施与对策[J]. 长安大学学报:自然科学版,2002,22(4):37-38.

[27] 张安平. 关于公路隧道排水技术及排水材料的讨论[J]. 岩石力学与工程学报,1999,18(2):115-118.

[28] 石建勋. 连拱隧道渗漏水病害机理与防治技术研究[D]. 重庆:重庆大学,2012.

[29] 李兴高,刘维宁. 公路隧道防排水的安全型综合解决方案[J]. 中国公路学报,2003,16(1):69-74.

[30] 李鹏飞,张顶立,周烨. 隧道涌水量的预测方法及影响因素研究[J]. 北京交通大学学报,2010,34(4):11-15.

[31] 李利平,石少帅,李术才,等. 特长深埋隧道裂隙水综合预测方法与应用[J]. 地下空间与工程学报,2013,9(3):603-609.

[32] 雷波,漆泰岳,王睿,等. 海底隧道不同防排水条件下衬砌结构开裂情况研究[J]. 铁道科学与工程学报,2015,12(4):859-865.

[33] 卓越,王梦恕,周东勇. 连拱隧道施工对地下水渗流场的影响研究[J]. 土木工程学报,2010,43(5):104-110.

[34] 吴金刚. 高水压隧道渗流场的流固耦合研究[D]. 北京:北京交通大学,2007.

[35] 任文峰. 高水压隧道应力场-位移场-渗流场耦合理论及注浆防水研究[D]. 长沙:中南大学,2013.

[36] 杨志锡,杨林德. 圆形坑道各向异性稳定渗流的一个解析解[J]. 同济大学学报:自然科

学版,2001,29(3):273-277.

[37] 杜朝伟,王梦恕,谭忠盛. 水下隧道渗流场解析解及其应用[J]. 岩石力学与工程学报,2011,30(S2):3567-3573.

[38] 耿萍,丁梯,何悦,等. 节理岩体中隧道开挖后渗流场重分布影响因素研究[J]. 铁道标准设计,2016,60(1):111-113,127.

[39] 严绍洋,李亮辉,高燕希,等. 公路隧道开挖渗流场的有限差分法分析[J]. 中外公路,2007,27(6):120-123.

[40] 赵瑞,许模,范辰辰. 隔挡式背斜区隧道群地下水渗流场模拟演化[J]. 现代隧道技术,2015,52(3):69-74.

[41] 蔡臣,黄涛,贺玉龙. 广深港客运专线下穿珠江狮子洋隧道渗流场数值研究[J]. 铁道建筑,2013(06):68-70.

[42] 华福才. FLAC^{3D}在青岛地铁渗流场中的应用[J]. 岩土力学,2013,34(1):299-304.

[43] 李德,李德武,王钎. 永寿梁隧道渗流场分析[J]. 铁道科学与工程学报,2011,8(4):64-67.

[44] 贾善坡,陈卫忠,于洪丹,等. 泥岩隧道施工过程中渗流场与应力场全耦合损伤模型研究[J]. 岩土力学,2009,30(1):19-26.

[45] 黎春林,缪林昌. 盾构施工渗流场有限元模拟及其对临近土层的影响分析[J]. 东南大学学报:自然科学版,2010,40(5):1066-1072.

[46] 刘福胜,徐国元,黄文通. 山岭隧道地下水渗流及加固参数的解析研究[J]. 华南理工大学学报:自然科学版,2012,40(2):112-117,123.

[47] 张社荣,杨璐玲,钟登华. 裂隙岩体渗流场分析及其三维有限元程序设计[J]. 岩土力学,2005,26(1):46-49,56.

[48] 李海枫,张国新,朱银邦. 裂隙岩体三维渗流网络搜索及稳定渗流场分析[J]. 岩石力学与工程学报,2010,29(S2):3447-3454.

[49] Bouvard M, Pinto N. Aménagement Caprivari-Cahoeira étude en charge[J]. La Houille Blanche,1969(7):747-760.

[50] Streltsova T D. On the leakage assumption applied to equations of groundwater flow[J]. Journal of Hydrology,1973,20(3):237-253.

[51] Strelsova T D. Hydrodynamics of groundwater flow in a fractured formation[J]. Water Resources Research,1976,12(3):405-414.

[52] Chapuis R P. Predicting the saturated hydraulic conductivity of soils:a review[J]. Bulletin of engineering geology and the environment,2012,71(3):401-434.

[53] 尹士清. 戴云山隧道涌水量的预测和验证分析[J]. 铁道工程学报,2015(12):70-75.

[54] 熊浩,赵凯,陈国兴. 海底隧道排水衬砌渗流场解析[J]. 地下空间与工程学报,2015,11(2):499-504.

[55] 林传年,李利平,韩行瑞. 复杂岩溶地区隧道涌水预测方法研究[J]. 岩石力学与工程学报,2008,27(7):1469-1476.

[56] 徐帮树,张宪堂,张芹. 海底隧道涌水量预测及应用研究[J]. 武汉理工大学学报:交通

科学与工程版,2007,31(4):599-602.

[57] 成建梅,罗伟,徐子东,等. 火山岩体围岩隧道断层带涌水量计算方法综合研究:以青云山隧道为例[J]. 地质科技情报,2015(06):193-199.

[58] 房倩,张顶立,黄明琦. 基于连续介质模型的海底隧道渗流问题分析[J]. 岩石力学与工程学报,2007,26(S2):3776-3784.

[59] 郭牡丹,王述红,荣晓洋,等. 基于流固耦合理论的隧道涌水量预测[J]. 东北大学学报:自然科学版,2011,32(5):745-748.

[60] 王纯祥,蒋宇静,江崎哲郎,等. 复杂条件下长大隧道涌水预测及其对环境影响评价[J]. 岩石力学与工程学报,2008,27(12):2411-2417.

[61] 陈英姿. 大坳隧道隧址区渗流场与隧道涌水量数值模拟及预测[D]. 成都:成都理工大学,2014.

[62] 李豫馨,夏强,许模,等. 隧道开挖过程涌水量的动态模拟[J]. 现代隧道技术,2015,52(5):125-130,144.

[63] 王媛,金华,李冬田. 裂隙岩体深埋长隧洞断裂控水模型及突、涌水量多因素综合预测[J]. 岩石力学与工程学报,2012,31(8):1567-1573.

[64] Post V,Kooi H,Simmons C. Using hydraulic head measurements in variable-density ground water flow analyses[J]. Ground Water,2007,45(6): 664-671.

[65] Chiu P Y,Yeh H D,Yang S Y. A new solution for a partially penetrating constant-rate pumping well with a finite-thickness skin[J]. International journal for numerical and analytical methods in geomechanics,2007,31(15):1659-1674.

[66] Shante V K S,Kirkpatrick S. An introduction to percolation theory[J]. Advances in Physics,1971,20(85): 325-357.

[67] 小林滋,伊藤一正,佐藤邦明. 地球化学的モデリングを利用した地下水質解析の紹介——地下水中のヒ素濃度変化の解析を例として[J]. Journal of Ground Water Technology,2006,48.

[68] 落合敏郎. 堰堤漏水に関する研究[J]. Bulletin of the National Institute of Agricultural Sciences,1956.

[69] Bear J. Hydraulics of groundwater[M]. Courier Corporation,2012.

[70] Muskat M. The flow of homogeneous fluids through porous media[J]. 1982.

[71] No A W G,de Travail No A G. Recommendations for the treatment of water inflows and outflows in operated underground structures[J]. Tunnelling and Underground Space Technology,1989,4(3):343-407.

[72] Carslaw H S,Jaeger J C. Conduction of Heat in Solids[M]. Oxford Univergity Press,1959.

[73] Renard P. Approximate discharge for constant head test with recharging boundary[J]. Ground water,2005,43(3):439-442.

[74] Karanth K R. Ground water assessment:development and management[M]. Tata McGraw-Hill Education,1987.

[75] Molinero J,Samper J,Juanes R. Numerical modeling of the transient hydrogeological response

produced by tunnel construction in fractured bedrocks[J]. Engineering Geology,2002,64(4):369-386.

[76] Noorishad J,Ayatollahi M S,Witherspoon P A. A finite-element method for coupled stress and fluid flow analysis in fractured rock masses[C]//International Journal of Rock Mechanics and Mining Sciences & Geomechanics Abstracts. Pergamon,1982,19(4):185-193.

[77] Barton N,Bandis S,Bakhtar K. Strength,deformation and conductivity coupling of rock joints[C]//International Journal of Rock Mechanics and Mining Sciences & Geomechanics Abstracts. Pergamon,1985,22(3): 121-140.

[78] Heuer R E. Estimating rock tunnel water inflow[C]//Proceedings of the Rapid Excavation and Tunneling Conference. SOCIETY FOR MINING,METALLOGY & EXPLORATION,INC, 1995:41-60.

[79] Hwang J H,Lu C C. A semi-analytical method for analyzing the tunnel water inflow[J]. Tunnelling and Underground Space Technology,2007,22(1):39-46.

[80] 张祉道. 隧道涌水量及水压计算公式半理论推导及防排水应用建议[J]. 现代隧道技术,2006,43(1):1-6,11.

[81] 丁浩,蒋树屏,杨林德. 外水压下隧道衬砌的力学响应及结构对策研究[J]. 岩土力学,2008,29(10):2799-2804.

[82] 崔岩,崔京浩,吴世红,等. 浅埋地下结构外水压折减系数试验研究[J]. 岩石力学与工程学报,2000,19(1):82-84.

[83] 刘立鹏,汪小刚,贾志欣,等. 水岩分算隧道衬砌外水压力折减系数取值方法[J]. 岩土工程学报,2013,35(3):495-500.

[84] 高新强. 高水压山岭隧道衬砌水压力分布规律研究[D]. 西南交通大学,2005.

[85] 张民庆,黄鸿健,苗德海,等. 岩溶隧道水压力的研究与确定[J]. 铁道工程学报,2008(05):53-58.

[86] 张鹏. 海底隧道衬砌水压力分布规律和结构受力特征模型试验研究[D]. 北京:北京交通大学,2008.

[87] 宋凯,刘丹,刘建. 山岭隧道衬砌水压力变化规律研究[J]. 现代隧道技术,2015,52(6):99-105.

[88] 汪优,王星华,刘建华,等. 基于流固耦合的海底隧道注浆圈渗流场影响分析[J]. 铁道学报,2012,34(11):108-114.

[89] 许金华,何川,夏炜洋. 水下盾构隧道渗流场应力场耦合效应研究[J]. 岩土力学,2009,30(11):3519-3522,3527.

[90] 王志杰,何晟亚,袁晔,等. 基于等效周长法研究隧道衬砌水压力荷载及内力[J]. 铁道科学与工程学报,2015,12(3):577-583.

[91] 李鹏飞,张顶立,赵勇,等. 海底隧道复合衬砌水压力分布规律及合理注浆加固圈参数研究[J]. 岩石力学与工程学报,2012,31(2):280-288.

[92] Bobet A. Effect of pore water pressure on tunnel support during static and seismic loading[J]. Tunnelling and Underground Space Technology,2003,18(4):377-393.

[93] Bobet A. Analytical solutions for shallow tunnels in saturated ground[J]. Journal of Engineering Mechanics,2001,127(12):1258-1266.

[94] Lee I M,Park K J,Nam S W. Analysis of an underwater tunnel with the consideration of seepage forces [J]. Proceedings, Tunnel and Metropolises, Balkema, Rotterdam, 1998: 315-319.

[95] Lee I M,Nam S W. The study of seepage forces acting on the tunnel lining and tunnel face in shallow tunnels[J]. Tunnelling and Underground Space Technology,2001,16(1):31-40.

[96] Nam S W,Bobet A. Liner stresses in deep tunnels below the water table[J]. Tunnelling and Underground Space Technology,2006,21(6):626-635.

[97] Nam S W,Bobet A. Radial Deformations Induced by Groundwater Flow on Deep Circular Tunnels[J]. Rock Mechanics & Rock Engineering,2007,40(1):23-39.

[98] 彭海波. 多孔介质的水-气二相流-固耦合模型研究[D]. 天津:天津大学,2012.

[99] 辛维,闫子超,梁文全,等. 用于弹性波方程数值模拟的有限差分系数确定方法[J]. 地球物理学报,2015,58(7):2486-2495.

[100] 牛琪瑛,刘峰,郭英,等. 运用 $FLAC^{3D}$ 对水泥土桩加固液化砂土地基的分析[J]. 工程力学,2013,30(s1):39-43.

[101] 郭晓亮,高乐. $FLAC^{3D}$ 在越岭隧道涌水分析中的应用[J]. 铁道工程学报,2015,32(8):76-80.

[102] 白国良. 基于 $FLAC^{3D}$ 的采动岩体等效连续介质流固耦合模型及应用[J]. 采矿与安全工程学报,2010,27(1):106-110.

[103] 杨新安,黄宏伟,丁全录. FLAC 程序及其在隧道工程中的应用[J]. 上海铁道大学学报. 1996,17(4):39-44.

[104] 张宪堂,王洪立,周红敏,等. $FLAC^{3D}$ 在海底隧道涌水量预测中的应用[J]. 岩土力学. 2008,29(s1):258-262.

[105] 李强. 堤防工程流固耦合分析[D]. 河北:河北工程大学,2014.

[106] 李廷春,李术才,陈卫忠,等. 厦门海底隧道的流固耦合分析[J]. 岩土工程学报,2004,26(3):397-401.

[107] 陈俊儒. 基于流固耦合的海底隧道注浆圈合理参数研究[D]. 湖南:中南大学,2009.

[108] 雷卫东,李清新,陈锐. 非饱和土稳态二维渗流的边界元法研究[J]. 水利学报,2015,46(z1):95-100.

[109] 中华人民共和国交通部. JTG D70—2004 公路隧道设计规范[S]. 北京:人民交通出版社,2004.

[110] FONG F L,LUNDIN T K,CHIN K. Impact of environmental regulations on groundwater discharges in tunnel:a case study[C]//North American Tunneling. Rotterdam:A. A. Balkema,1998:73-78.

[111] 刘文剑. 基于渗流场-损伤场耦合理论的隧道涌水量预测研究[D]. 长沙:中南大学,2008.

[112] 王建秀,朱合华,叶为民. 隧道涌水量的预测及其工程应用[J]. 岩石力学与工程学报,

2004,23(7):1150-1153.

[113] 王建宇. 再谈隧道衬砌水压力[J]. 现代隧道技术,2003,40(3):5-10.

[114] 黄涛,杨立中. 渗流与应力耦合环境下裂隙围岩隧道涌水量的预测研究[J]. 铁道学报,1999(6):75-80.

[115] 国家铁路局. TB10049—2014 铁路工程水文地质勘察规范[S]. 北京:中国铁道出版社,2015.

[116] 李术才,赵岩,徐帮树,等. 海底隧道涌水量数值计算的渗透系数确定方法[J]. 岩土力学,2012,33(5):1497-1504,1512.

[117] 李苍松,谷婷,齐成,等. 非扰动开挖隧道模型的水压力试验研究[J]. 岩石力学与工程学报,2013,32(9):1785-1790.

[118] 史小萌,刘保国,肖杰. 水泥和石膏胶结相似材料配比的确定方法[J]. 岩土力学,2015,36(5):1357-1362.

[119] 张杰,侯忠杰. 固-液耦合试验材料的研究[J]. 岩石力学与工程学报,2004,23(18):3157-3161.

[120] 黄庆享,张文忠,侯志成. 固液耦合试验隔水层相似材料的研究[J]. 岩石力学与工程学报,2010,29(z1):2813-2818.

[121] 李术才,周毅,李利平,等. 地下工程流-固耦合模型试验新型相似材料的研制及应用[J]. 岩石力学与工程学报,2012,31(6):1128-1137.

[122] 胡指南,谢永利,来弘鹏. 大型沉管隧道模型试验相似材料研究[J]. 现代隧道技术,2015,52(1):114-118.

[123] HYUK Sangjung, YUN Suhan, SUNG Raechung, et al. Evaluation of advanced drainage treatment for old tunnel drainage system in Korea[J]. Tunnelling and Underground Space Technology,2013(38):476-486.

[124] WANG Xiuying, TAN Zhongsheng, WANG Mengshu, et al. Theoretical and experimental study of external water pressure on tunnel lining in controlles drainage under high water level [J]. Tunnelling and Underground Space Technology,2008(23):552-560.

[125] 郭文敏,秦积舜,吕爱华,等. 地应用相似第二定理研究聚驱采出程度数学模型[J]. 西南石油大学学报:自然科学版,2008,30(4):81-85.

[126] 邓可嘉. 相似理论第二定理的数学证明[J]. 化工学报,1981(2):179-185.

[127] 李勇. 新型岩土相似材料的研制及在分岔隧道模型试验中的应用[D]. 济南:山东大学,2006.

[128] 王秀英,王梦恕,张弥. 计算隧道排水量及衬砌外水压力的一种简化方法[J]. 北方交通大学学报,2004,28(1):8-10.

[129] 高新强,仇文革,孔超. 高水压隧道修建过程中渗流场变化规律试验研究[J]. 中国铁道科学,2013,34(1):50-58.

[130] 卓越. 钻爆法浅埋水下隧道防排水理论及应用研究 [D]. 北京:北京交通大学,2013.

[131] 王育奎,徐帮树,李术才,等. 海底隧道涌水量模型试验研究[J]. 岩土工程学报,2011,33(9):1477-1482.

[132] 杨梅. 土力学实验教程[M]. 成都:西南交通大学出版社,2012.

[133] 刘维正,石名磊,缪林昌. 天然沉积饱和黏土渗透系数试验研究与预测模型[J]. 岩土力学,2013,34(9):2501-2507.

[134] 曾玲玲,洪振舜,陈福全. 压缩过程中重塑黏土渗透系数的变化规律[J]. 岩土力学,2012,33(5):1286-1292.

[135] 王秀英,王梦恕,张弥. 山岭隧道堵水限排衬砌外水压力研究[J]. 岩土工程学报,2005,27(1):125-127.

[136] 张成平,张顶立,王梦恕,等. 高水压富水区隧道限排衬砌注浆圈合理参数研究[J]. 岩石力学与工程学报,2007,26(11):2270-2276.

[137] 刘爱华,彭述权,李夕兵,等. 深部开采承压突水机制相似物理模型试验系统研制及应用[J]. 岩石力学与工程学报,2009,28(7):1335-1341.

[138] 何川,张建刚,杨征. 层状复合地层条件下管片衬砌结构力学特征模型试验研究[J]. 岩土工程学报,2008,30(10):1537-1543.

[139] 谭忠盛,曾超,李健,等. 海底隧道支护结构受力特征的模型试验研究[J]. 土木工程学报,2011,44(11):99-105.

[140] 李术才,宋曙光,李利平,等. 海底隧道流固耦合模型试验系统的研制及应用[J]. 岩石力学与工程学报,2013,32(5):883-890.

[141] 李俊亭. 地下水流数值模拟[M]. 北京:地质出版社,1989.

[142] McDonald M G,Harbaugh A W. A modular three-dimensional finite difference groundwater flow model[R]. Techniques of Water Resources Investigation 06-AI,U. S. Geological Survey,1988.

[143] 杨林. 非线性流固耦合问题的数值模拟方法研究[D]. 青岛:中国海洋大学,2011.

[144] 吴剑锋,朱学愚. 由 MODFLOW 浅谈地下水流数值模拟软件的发展趋势[J]. 工程勘察,2000(2):12-15.

[145] 郝治福,康绍忠. 地下水系统数值模拟的研究现状和发展趋势[J]. 水利水电科技进展,2006,26(1):77-81.

[146] 罗敏. 岩溶蓄水构造区隧道涌突水量计算探析[D]. 成都:成都理工大学,2011.

[147] 刘建. 岩溶隧道地下水环境负效应评价体系研究[D]. 成都:西南交通大学,2011.

[148] 何爽. 渗透变形理论在基坑降水中的应用[D]. 武汉:中国地质大学,2008.

[149] 陶月赞,姚梅. 地下水渗流力学的发展进程与动向[J]. 吉林大学学报:地球科学版,2007,37(2):221-230.

[150] 王均勇. 水库下游城市隧道渗流场演化及结构安全性研究[D]. 成都:西南交通大学,2015.

[151] 张维佳. 水力学[M].2 版. 北京:中国建筑工业出版社,2015.

[152] 张国强. 流体力学[M]. 北京:机械工业出版社,2006.

[153] 董东林. 地下水运动及污染数值模拟:Feflow 及 Modflow 应用[M]. 北京:地质出版社,2010.

[154] 毛邦燕. 现代深部岩溶形成机理及其对越岭隧道工程控制作用评价[D]. 成都:成都

理工大学,2008.

[155] 王国斌. 沪蓉西高速公路乌池坝岩溶隧道用水成灾机理研究[D]. 武汉:中国地质大学,2012.

[156] Huang Y,Fu Z,Chen J,et al. The external water pressure on a deep buried tunnel in fractured rock. Tunnelling and Underground Space Technology,2015(48):58-66.

[157] M. E. Harr. Groundwater and seepage[M]. New York:McGraw-Hill,1962:232-256.

[158] Diyuan Li,Xibing Li,Charlie C Li,et al. Case studies of groundwater flow into tunnels and an innovative water-gathering system for water drainage[J]. Tunnelling and Underground Space Technology,2009(24):260-268.

[159] G Fernandez,J Moon. Excavation-induced hydraulic conductivity reduction around a tunnel-part 1:Guideline for estimate of ground water inflow rate[J]. Tunnelling and Underground Space Technology,2010(25):560-566.

[160] 刘强,谭忠盛,王秀英. 水下隧道渗流场分布规律的模型试验研究[J]. 土木工程学报,2015,48(S1):388-392.

[161] Perazzelli P,Leone T,Anagnostou G. Tunnel face stability under seepage flow conditions[J]. Tunnelling and Underground Space Technology,2014(43):459-469.

[162] 张鸣远,景思睿,李国君. 高等工程流体力学[M]. 西安:西安交通大学出版社,2006.

[163] Goodman. Groundwater inflows during tunnel driving[J]. Engineering Geology,1965,2(2).

[164] 陈雨孙. 单井水力学[M]. 北京:中国建筑工业出版社,1977.

[165] 刘金刚. 基于生态环境保护的隧道排水控制研究[J]. 现代隧道技术,2014,51(3):61-66.

[166] Arjnoi P,Jeong J H, Kim C Y,et al. Effect of drainage conditions on porewater pressure distributions and lining stresses in drained tunnels[J]. Tunnelling and Underground Space Technology,2009(24):376-389.

[167] Fernandez G,Alvarez T A. Seepage-induced effective stresses and water pressures around pressure tunnels[J]. Geotech. Eng. 1994,120(1):108-128.

[168] P Bagnoli,M Bonfanti,GD Vecchia,et al. A method to estimate concrete hydraulic conductivity of underground tunnel to assess lining degradation[J]. Tunnelling and Underground Space Technology,2015(50):415-423.

[169] MANDANA MERIANO,NICK EYLES. Groundwater flow through Pleistocene glacial deposits in the rapidly urbanizing Rouge River-Highland Creek watershed City of Scarborough, southern Ontario,Canada[J]. Hydrogeology Journal,2003,4(11):288-303.

[170] KATHERINE GURLEY KAHN,SHEMIN GE,et al. Characterization of the shallow groundwater system in an alpine watershed:Handcart Gulch,Colorado,USA[J]. Hydrogeology Journal,2007,11(16):103-121.

[171] 黄信,李忠献. 动水压力作用对深水桥墩地震响应的影响[J]. 土木工程学报,2011,44(1):65-73.

[172] 李昊,张园,文恒. 水力自动滚筒闸门振动特性的数值模拟及试验研究[J]. 水利学报,2015,46(11):1360-1370.

[173] 高新强,仇文革. 深埋单线铁路隧道衬砌高水压分界值研究[J]. 岩土力学,2005,26(10):1675-1680.

[174] 向科,周顺华,詹超. 浅埋地下结构浮力模型试验研究[J]. 同济大学学报:自然科学版,2010,38(3):346-357.

[175] 张有天. 岩石隧道衬砌外水压力问题的讨论[J]. 现代隧道技术,2003,40(3):1-4.

[176] Dimitrios Kolymbas,Peter Wagner. Groundwater ingress to tunnels-The exact analytical solution[J]. Tunnelling and Underground Space Technology,2007(22):23-27.

[177] 柳群义,朱自强,何现启,等. 水位涨落对库岸滑坡孔隙水压力影响的非饱和渗流分析[J]. 岩土力学,2008,29(z1):85-89.

[178] 黄德发,王宗敏,杨彬. 地层注浆堵水与加固施工技术[M]. 徐州:中国矿业大学出版社,2003.

[179] Sembenelli P G,Sembenelli G. Deep Jet-Grouted Cut-Offs in Riverine Alluvia for Ertan Cofferdams[J]. American Society of Civil Engineers,1999,125(2):142-153.

[180] 李立新,邹金锋. 破碎岩体隧道注浆参数确定方法[J]. 中南大学学报,2013,44(8):3432-3438.

[181] 王秀英,谭忠盛. 水下隧道复合式衬砌水压特征研究[J]. 现代隧道技术,2015,52(1):89-97.

[182] 王博,刘耀炜,孙小龙,等. 断层对地下水渗流场特征影响的数值模拟[J]. 地震,2008,28(3):115-124.

[183] 张成平,张顶立,王梦恕,等. 厦门海底隧道防排水系统研究与工程应用[J]. 中国公路学报,2008,21(3):69-75.

[184] 丁浩,蒋树屏,李勇. 控制排放的隧道防排水技术研究[J]. 岩土工程学报,2007,29(9):1398-1403.

[185] 李伟,杨丹,李庆. 高水压山岭隧道衬砌结构水压力特征研究[J]. 铁道工程学报,2013,182(11):57-61.

[186] Marlyn L Shelton. 水文气候学——视角与应用[M]. 刘元波,译. 北京:高等教育出版社,2011.

[187] 项彦勇. 地下水力学概论[M]. 北京:科学出版社,2011.

[188] 郑波,王建宇,吴剑. 轴对称解对隧道衬砌水压力计算的适用性研究[J]. 现代隧道技术,2012,49(1):60-65.

[189] 邹金锋. 考虑水-力耦合时交通隧道非线性解析[J]. 工程力学,2011,28(12):105-110.

[190] 程天健. 城市矿山法隧道防排水问题研究[D]. 成都:西南交通大学,2014.

[191] 王明年,罗勇,李自强,等. 重载铁路隧道基底围岩水土压力动力研究[J]. 水文地质工程地质,2016,43(4):96-102.

[192] Meng Wang,Le Liu,Zefeng Wang,et al. Mitigation of stimulated Raman scattering in kilo-

watt-level diode-pumped fiber amplifiers with chirped and tilted fiber Bragg gratings[J]. High Power Laser Science and Engineering,2019(7).

[193] 郭振,张文华,杨辉,等. 基于光纤光栅的高灵敏度位移传感器研制[J]. 光纤与电缆及其应用技术,2019(4):17-19,40.

[194] 何锐,吴文飞,陈华鑫,等. 光纤光栅传感器在道路测试及工程应用的研究进展[J]. 硅酸盐通报,2017,36(6):1911-1920.

[195] 杨丽琴. 基于光纤光栅的高速公路隧道机电设备安全监测[J]. 交通科技,2017(2):97-99.

[196] 陈平超,李捷. 隧道中光纤光栅火灾探测系统应用研究[J]. 工程技术研究,2019,4(4):62-63.

[197] 许黎明,陈晓坚,彭正勇,等. 海底隧道联络通道冻结法施工健康监测技术研究[J]. 隧道建设:中英文,2018,38(2):295-299.

[198] 侯昌银. 厦门东通道海底隧道土建结构功能性检测技术研究[D]. 成都:西南交通大学,2010.

[199] 童建军,王明年,梁东,等. 海底隧道二次衬砌承载力试验及安全性评价[J]. 地下空间与工程学报,2015,11(3):573-578.

[200] 吉艳雷. 厦门东通道海底隧道二次衬砌安全性及锈蚀行为研究[D]. 成都:西南交通大学,2008.

[201] 王明年,童建军,周国军. 海底隧道锈蚀工字钢与喷射混凝土的粘结滑移试验研究[J]. 工程力学,2013,30(4):310-315,330.

[202] 李海军. 厦门海底隧道初期支护变异对支护体系安全性影响研究[D]. 成都:西南交通大学,2009.

[203] 陈炜韬. 厦门海底隧道陆域段土质围岩稳定性及预加固技术研究[D]. 成都:西南交通大学,2009.

[204] 李自强. 重载铁路隧道结构的动力特征及设计方法研究[D]. 成都:西南交通大学,2018.

[205] 李自强,王明年,于丽,等. 重载铁路隧道底部围岩损伤机理研究[J]. 铁道学报,2019,41(7):162-170.

[206] 李自强,徐湉源,吴秋军,等. 破碎围岩重载铁路隧道基底结构动力特性现场试验研究[J]. 岩土力学,2018,39(3):949-956.